縄張り本能を刺激する

# はじめてのアユルアー

つり人編集部 編

Contents

## 第2章 タックル解説&アイテム紹介



## 第3章 釣り方解説

Contents




構成
伊藤 巧
グラフィックデザイン
村山 修（M.O.G.DESIGN）
イラスト
石井 正弥

アユルアーの心得

## 漁業規則を遵守して楽しむ

アユルアーを楽しむうえで注意したいのが川の「遊漁規則」です。ルアーおよびリールを使ってのアユ釣りが禁止されていたり、ハリ数やハリスの長さにいたるまで厳格なルールを設けられています。ルアー釣りが禁止されている川ではアユルアーはできません。釣行を思い立ったら、最初に釣りをしたい川の管轄漁協の規則と詳細を確認しましょう。その川のルールを調べ、詳細を把握したうえでマナーを守って楽しみましょう。なお、漁協が管理する河川で釣りをするには遊漁券が必要です。また、川には友釣りをはじめ、さまざまなスタイルでアユ釣りを楽しむ人で賑わっています。他の釣りのジャマにならないよう充分な距離を取って楽しみましょう。

# アユルアーのススメ

## Let's Try Ayu Lure Fishing

至福のファイトを満喫したら、一気に抜き上げて
フィニッシュ。会心の１尾に心が満たされる

アユルアーは釣りそのものが癒し。清らかな流れに身を置けば、日ごろたまったストレスも霧散する

## 藻類を食べて育つアユが格好のルアーターゲットになる!?

「これほど引きが強烈とは想像していませんでした」とは、初めてアユルアーを体験したアングラーの多くが口にする言葉です。掛かった瞬間に思わず腰を落としてアユの引きをこらえ、そして「これは面白い!」と口を揃えるのです。

ここ数年でアユのルアーフィッシングが盛り上がってきました。アユはシーバスやブラックバスといったフィッシュイーターとは異なり、アカ(川の石などに着生する藻類)を主食とする成熟して20㎝を超える程度の小さな魚です。しかし、その優美な姿からは想像もできない激しいファイトでアングラーを魅了してくれます。

そんなルアーフィッシングのスタイルは『アユルアー』をはじめ『アユイング』や『キャスティングアユ』と呼び、各地で人気を博しています。アユがルアー釣りのターゲットとして認知されたのは最近のことですが、ルアーフィッシングに理解を示す漁協もシーズンごとに増え、フィールドの環境は整いつつあります。先駆者たちの試行錯誤が続いた黎明期を経て、専用タックルも続々と登場。今ならストレスなく楽しむことができます。最も新しいルアー釣り。それがアユルアーなのです。

自分の縄張りを守ろうとする習性を利用してアユを掛ける。釣ったを実感できるゲーム性が魅力。立て続けに釣ろうものなら誰もが魅了される。天然アユがルアーで釣れるというインパクトは大きく、シーズンを重ねるほど注目度が増している

## 「釣った!」を体感できるゲーム性が魅了する

アユルアーの魅力は抜群のゲーム性にあります。最大の山場は、自分がねらいを定めたポイントにルアーを送り込み、イメージした通りに縄張りアユを掛ける瞬間です。何となく掛かった偶然性の強いヒットではなく、そこに縄張りを張っているであろうアユをねらい撃ちするので『掛けた』という大きな達成感を味わうことができ、何尾釣っても飽きることはありません。

そんなアユルアーは、実は20年以上前から存在しています。道中でオトリアユが入手できない河川で、手早くオトリに使えるアユを確保するために使う「友ルアー」が考案されました。これはアユザオを用いて鼻カン仕掛けにセットしての使用、つまり友釣りで使うことを前提にしたルアーでした。友釣りファンに向けての提案だったこともあってアングラーの間で話題に上ることもありません。この友ルアーは現在も改良されながらリリースされており、ポケットにしのばせている友釣りファンも多いはずです。

それから10年ほどの時が流れるなかで、ルアーでアユを掛けること自体が面白いという人が増えてきました。そして「ルアーを使った友釣り」から「友釣りの要素を取り入れたルアー釣り」が派生したのです。ノベザオを使ったルアー釣りは「リアユ」などのルアーで広まり、現在はアユルアー人気を支える1つのスタイルとして確固たる地位を築いています。ノベザオと友釣り仕掛けをそのまま使うことから一見友釣りのようでもありますが、れっきとしたルアー釣りです。このスタイルならばリールを使ったアユ釣りが禁止されている河川でも楽しめる川があります。2023年にはルアー専用のノベザオがリリースされることもあり、注目のアイテムは今後も増えていきそうです。

そして近年はリールザオでの攻略が始まりました。トラウトロッドもしくはシーバスロッドやエギングタックルなどを流用しての試行錯誤が繰り返され、徐々に釣り方が成熟して現在に至ります。「アユイング」や「キャスティングアユ」など呼び方はいろいろありますが、穂先の軟らかいロングロッドを用いる現在の釣り方が確立したのは2020年以降です。まだ生まれて間もないジャンルだけに、今後もタックルは充実し、新しいメソッドが編み出されることでしょう。

ねらった石にミノーを送り込むと、
縄張りアユが体当たりしてくる姿が
見える。そして、ガツンという衝撃が
伝わってくると同時に大きくロッドが絞り込まれる

また強烈でスリリングなファイトも魅力です。ひとたび掛かるとドラグを滑らせながらロッドは大きく弧を描きます。強引に寄せようとすれば身切れするので雑なファイトはできません。バレないよう慎重に寄せたら、フィニッシュは抜き上げてランディングネットまで飛ばして取り込みます。このタックルの性能とテクニックをフル活用する抜群のゲーム性に多くのアングラーが魅了されています。

アユの引きが強いのには理由があります。それはハリの掛かり方が異なるからです。ほとんどの釣りは魚の食性に訴えて口にハリを掛けます。口に掛かると魚は思うように抵抗できません。一方、アユルアーはアユの攻撃本能を利用します。縄張りに侵入してきたミノーを追い払おうと体当たりしてきたところをハリに掛けます。理想はアユが全力で泳げる背掛かりです。しかも背中に掛かるとアユは横を向くので、川の流れを全身で受けます。この相乗効果が生み出す引きは強烈の一言です。その衝撃的な引きは一度味わえば病みつきになることでしょう。

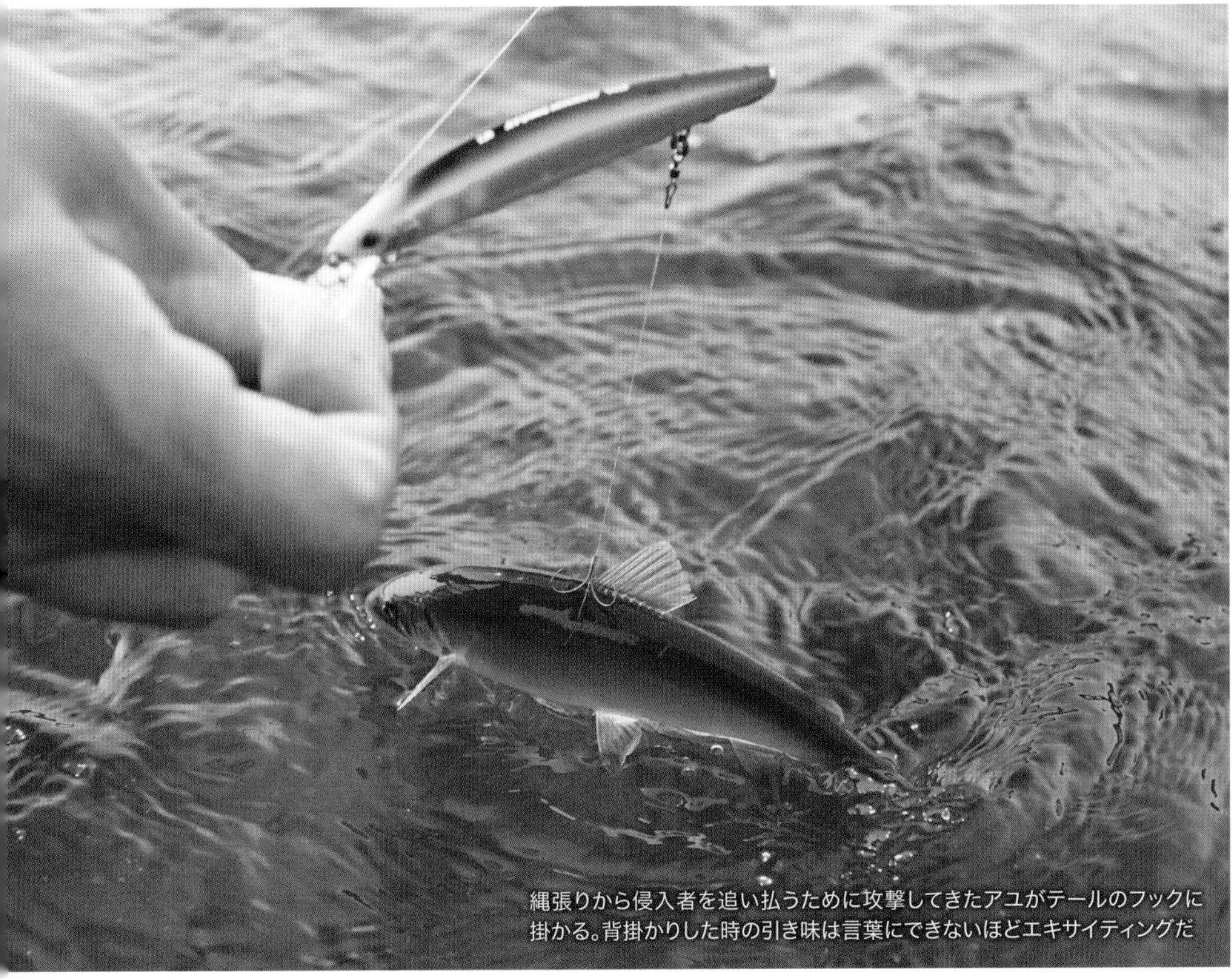

縄張りから侵入者を追い払うために攻撃してきたアユがテールのフックに掛かる。背掛かりした時の引き味は言葉にできないほどエキサイティングだ

# アカの付く石を探したら ミノーを送り込んで挑発

アユは一年で生涯をまっとうする年魚です。幼魚時代を冬の海で過ごし、春を迎えると川に上ります。そしてアカを食んで瞬く間に成熟し、秋に産卵して儚い一生を終えます。遡上期には数cmだった稚魚が盛夏には20cmを超えるまで成長します。河川によっては尺を超え、アユ釣りファンを熱狂させています。

アユの付く石を見極めて攻略する。天然アユは超がつく高級食材なので大切に持ち帰りたい

秋の産卵に向けて良質なアカをたらふく食べて早々と成熟するため、太陽がよく当たるめぼしい石には強くて大きなアユが付いて縄張りを張っています。また、底石が小さい河川では、複数の石をテリトリーとして巡回しています。アカの着生が良好な石は他のアユにとっても魅力的なので、シーズン中は川のあちらこちらで激しい縄張り争いが繰り広げられます。自分の縄張りに侵入してきたライバルのアユは、勢いよく体当たりして追い払います。そんな縄張りを守ろうとするアユの習性を利用した釣りといえば友釣りが広く知られていますが、アユルアーも同じようにアユの攻撃本能に訴えます。

アユルアーは清流で涼を楽しみ手軽に
始められるライトゲームでもある

アカの付いた目ぼしい石に向かってミノーを送り込むと、縄張り意識の強いアユが侵入してきたルアーを追い払おうと攻撃を仕掛けてきます。そしてミノーのテール部分に体当たりしてきたところで、ものの見事に掛けバリの餌食になるという寸法です。先にも書いたようにアユの攻撃本能に訴えるので、上手に挑発して怒らせなければなりません。

こうして簡単にアユルアーの概要を解説した時点でお分かりのとおり、釣果を左右するのは縄張り意識の強い元気なアユが付く石の見極めです。追い気の強いアユがいない場所にいくらミノーを送り込んだところでヒットは望めません。なお、縄張りアユを釣ってしばらくすると次のアユが付くので、翌日も同じ石でアユがヒットします。アユルアーのキモは〝石を釣る〟ことです。アユが付きやすい石をいち早く見つけることが好釣果に結びつきます。

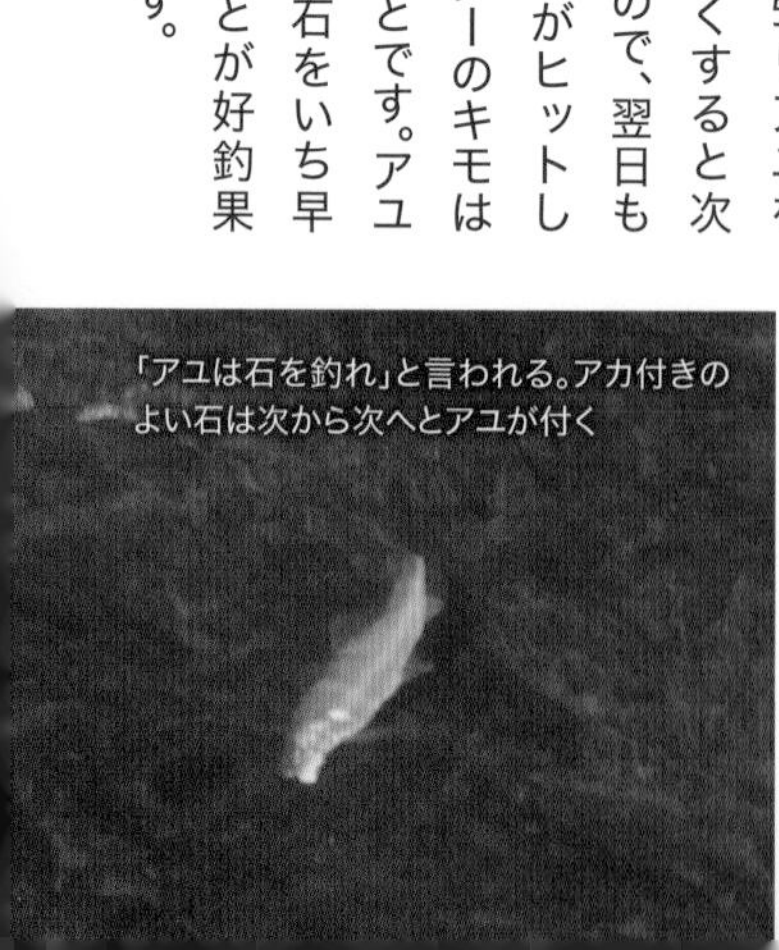

「アユは石を釣れ」と言われる。アカ付きの
よい石は次から次へとアユが付く

第1章

# アユルアーの基礎知識

# 鮮やかな黄斑が見事な年魚

## 日本の風土に馴染んだアユは地域ごとに成長速度が異なる

アユはサケ目アユ科の日本を代表する淡水魚です。養殖も盛んで誰でも知っている身近な魚ですが、実際に川で釣った経験がある人は少ないことでしょう。日本列島をはじめ朝鮮半島や中国大陸東部など東アジアに広く分布しています。川に上ったアユは、川底に転がる石に付く釣り人がアカと呼ぶ藻類を主食にしています。ゴロゴロと石が転がる清流らしい川相は日本で多く見られます。まさに日本の風土と川に適応した魚といえます。

アユは1年という短い一生のうちに海と川を行き来する遡河回遊魚です。晩秋に生まれてすぐ海に下り、厳しい冬の生存競争を生き抜いた個体が春先に群れで遡上します。川での暮らしぶりは一般にもよく知られていますが、海でプランクトンを食べて過ごす幼魚時代については最近まであまり詳しく分かっていませんでした。魚体は紡錘型をしており、20㎝前後で成熟します。地域の気候や河川の環境によって成長速度が異なり、大きいものでは30㎝ほどに成長します。背ビレと尾ビレの間にある脂ビレが特徴で、体色は背中がオリーブグリーン、腹側は銀白色をしています。天然は藻類を常食しているので養殖に比べて体色が濃く、胸ビレなどの縁辺が黄色みを帯び、エラブタの後方に「追い星」と呼ばれる黄斑が浮かび上がっています。

アユの産卵は秋に河川の下流域で行なわれます。近年は暖冬傾向が強いので冬まで産卵が見られる河川もあります。そして15℃前後で水温が推移していれば産卵から2週間ほどで孵化します。仔魚のサイズは5〜7㎜です。仔魚は海に下って冬の間にプランクトンを食べて5㎝程度まで成長し、春先に群れをなして川に上ってきます。東北や北海道などの寒い地域では海での生活期間が長く、10月に下って翌年の5月まで海で過ごす個体もいます。南に下るほど海で過ごす期間が短くなる傾向が強く、四国や九州などの河川には下ってからわずか3ヵ月で遡上してくる個体もいます。

一般的に稚アユは春先に遡上してくるイメージが強いですが、アユ釣りが解禁する6月までは断続的に見られます。なお、稚アユが遡上する流域は、遡上する稚アユの数によって大きく変動します。遡上数が多い年は過密状態を回避する

ため上流域まで散らばり、遡上が少ない年はあまり上流まで遡上しません。なお、早く生まれた成長のよいアユほど上流域を目指す傾向があります。上流ほどアユが少なく過密を避けられるので、他のアユと争うことなく余裕を持ってアカを食むことができるからと考えられています。しかし、下流域でも大きな石が転がり生きていくには困らないほど規模が大きい河川では、むしろ水温が上流域より高くなるぶんアユにとって過ごしやすく感じるようで、上流を目指さない個体や群れもいます。

冬を乗り切った稚アユたちは一斉に川の上流を目指す。春の訪れを伝える風物詩だ

深いオリーブグリーンに鮮烈な追い星のコントラストが美しい天然のアユ。ヒレ縁辺のオレンジも目に眩しい。アユの体色が黄色くなるのは、ラン藻に含まれるゼアキサンチンというカロテノイド系の色素に由来しており、ラン藻をたくさん食べたアユほど黄色みが強くなる

## ミノーに好反応を示すのは海産と湖産の天然アユたち

既知のとおりアユは内水面漁業における重要な魚種なので、漁獲量を安定させるため全国的に種苗放流が行なわれており、「天然アユ」と「人工アユ」に分けられます。天然アユは人の手が加わらない環境で育ったアユで、主に海から遡上してきたアユを差します。海産アユともいいます。また、琵琶湖で自然繁殖しているアユも天然アユに含まれます。琵琶湖のアユは海に下ることなく陸封化して、世代交代を繰り返すうちに遺伝子が変化。縄張り意識が強くて追い気が旺盛です。全国各地の河川に放流されており、海産アユに対して湖産アユと呼びます。友釣りで非常に人気が高い湖産アユですが、もちろんミノーに対する反応も抜群で、天然遡上と合わせて湖産アユがアユルアーのメインターゲットになります。加えて各地のダム湖で繁殖している陸封アユも世代を繰り返して広い意味では天然アユとされ、貴重な水産資源として河川に放流されているケースもあります。

◀アユの雌雄は尻ビレの形状で見分けらる。三角形状に大きく張り出す雌（写真右）に対して雄は地味で長方形に近い

縄張りを主張して追い合う天然アユ。よいアカが付いたエリアに魚が密集していると熾烈なナワバリ争いが各所で見られる（写真提供：高橋勇夫）

人工アユは種苗センターなど人の管理下で、ある程度の大きさまで育てて川に放たれたアユを指します。種苗アユの生産技術は年々向上していますが、天然アユとは相違点があるので慣れれば簡単に見分けることができます。アユの下アゴには本来小さな側腺孔が4対きれいに並んでいますが、人工アユには並びが不自然などの形態異常が見られます。また、天然アユに比べて人工アユは、やや頭部や鱗が大きいという微妙ながらも特徴があります。人工アユは狭い水槽で育てられた影響なのか川に放流された後も散らばらずに群れる傾向が強く、群れアユと呼ばれます。縄張りを持たずに集団で移動しているので追い気が薄く、ルアーでの攻略が難しいアユです。

## ラン藻を食む天然アユの美しい追い星に息を呑む

アユが主食としている「アカ」とは、川底に生えるラン藻やケイ藻といった付着藻類のことです。これらの藻類はタンパク質を豊富に含んでいます。特にラン藻はタンパク質の含有量が多くてカロリーも高いので、ラン藻を多く食べるアユは驚異的な速度で育ちます。アカは光合成によってどんどん増えるので、流れてくる川虫や羽虫に比べて供給が安定しており、

▲上のアユが人工産で下が天然。いずれもシーズン後期の大型化した魚である。鱗のきめ細かさに注目して欲しい

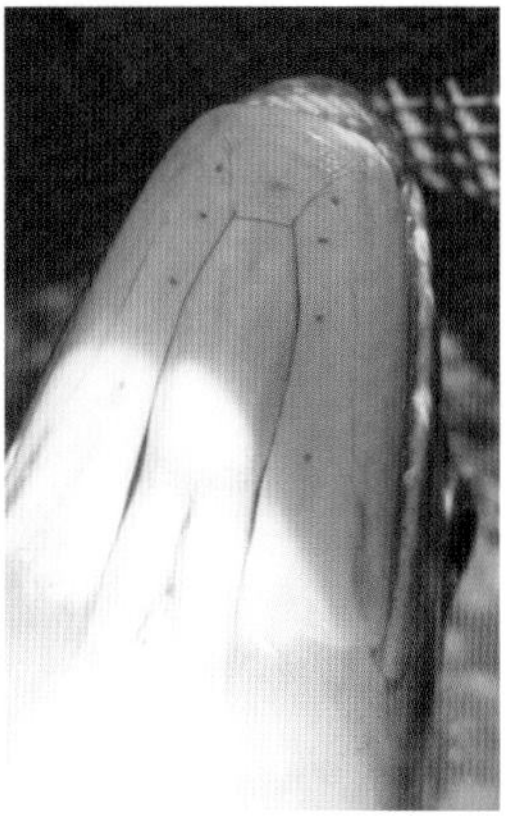

▲天然アユの下顎側線孔。下アゴの両側に4つずつ確認できるが、人工アユは3対しかなかったり並びが不揃いのケースが目立つ

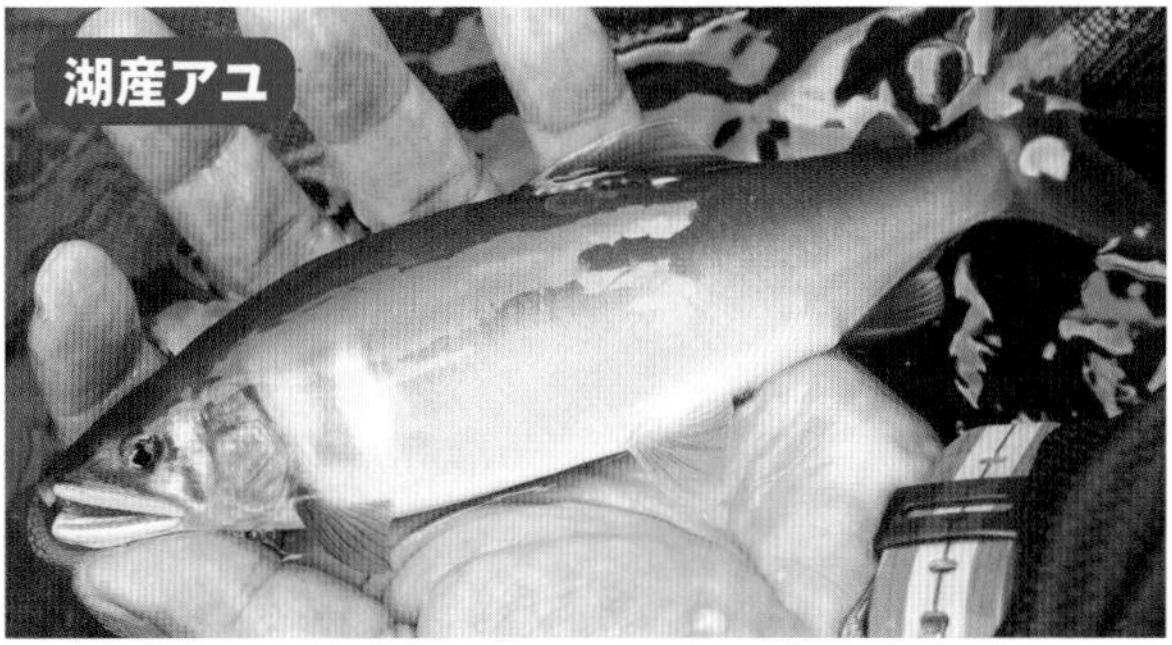


▲ぷっくらとして肉付きがよく鱗もきめ細かい。背ビレが長いのも特徴である

アカの着生のよい石を独占できればエサを求めて広範囲を回遊する必要もありません。ゆえにアユたちは目ぼしい石を見つけたら縄張りを張り、必死で他のアユを追い払うようになります。

ちなみに縄張りを持つ追い気の強いアユほど黄色い追い星が鮮やかに浮き出るといわれていますが、縄張りを持つことが追い星を鮮やかにする条件ではありません。アユの追い星はゼアキサンチンというカロテノイド型の色素に由来しています。この色素はラン藻に多く含まれており、アユが食べることで体内に取り込まれて体表に強い黄色みが出てくるというわけです。つまりラン藻をたくさん食べているアユは、縄張りの有無に関係なく追い星の黄色みが強くなります。

とはいえ良質なラン藻を腹いっぱい就餌できる環境下にあるアユほど追い星が鮮明に浮き出るわけですから、結果としていいアカの付く岩や石を縄張りにしている追い気の強いアユである確率が高いという具合です。この鮮烈な追い星と深い緑色の魚体のコントラストが実に艶めかしく、手にした多くの釣り人がアユの美しさに魅了されます。

▼岐阜県種苗センター施設内の様子。人工アユは人の管理下で孵化させ、水槽である程度の大きさまで育ててから河川に放流する。水槽で育てられたゆえに縄張り意識が薄く、ルアーへの反応はいまひとつ

# アユのライフスタイルと食べる楽しみ

## 冬はエサの豊富な海で過ごし春に川を目指す効率的な生活

稚アユの遡上は春の風物詩です。川の水が温む春に堰を越えようと懸命に跳ねるアユの姿を目にします。アユはなぜ春になると川を遡上するのでしょう。川と海を比較すると、寒い地方では海、暖かい地方では川が棲みやすいと考えられます。そして同じように夏は川、冬は海が生産性で勝ります。コイやナマズといった淡水魚の多くは、春から夏にかけて産卵します。これは川の生産性が高まる時期に合わせて産卵することで仔魚が生き残りやすくなるからです。ところがアユは秋に産卵期を迎えます。秋から冬にかけて川にはエサが少なくなるので、孵化した仔魚は生まれた直後に温かくてエサの豊富な海に降ります。こうした季節によって変化する自然の生産性という側面から見ると、夏場は川で生活し、冬は海で生活するというのは、実に効率的な生き方といえます。海と川のいいとこ取りをするアユのライフスタイルは、まさに魚の生き方として最先端といえます。

ちなみにアユにはサケのような厳密な母川回帰はありません。アユの仔魚は孵化した直後のまだ未熟な状態で海に降るので、帰るべき川を記憶する時間がないというのが理由です。最新の研究で日本列島に棲んでいる海産アユは6系統に分かれることが分かりましたが、稚魚の移動範囲は基本的には狭い。生まれた河川からあまり遠くへは移動していません。よって最寄りの川に遡上することを考えると、一定の割合で生まれた川に戻っているとは考えられます。

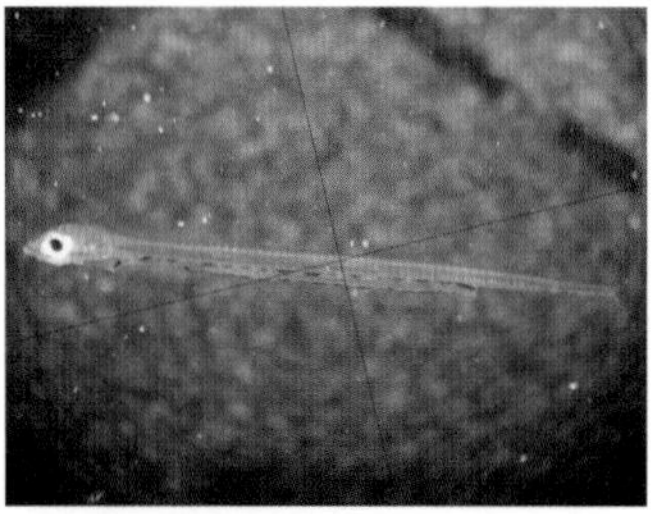

▲孵化したばかりの仔魚

▲稚アユは海から川に遡上する時にシラスからアユらしい体型に変態する。川を上る段階では、すでに見た目はアユになっている

## 縁辺の黄色みや黄斑はライバルへの警告カラー

アユが縄張りを持つ魚であることはよく知られていますが、川を遡上してすぐはまだ個体として成熟していないので縄張りを持つ意識はなく、一定の範囲に群れて行動しています。群れから離れて単独行動をとるようになると、気に入った石をエサ場として縄張りを張ります。縄張りの広さはおおよそ1m四方ですが、アユの魚影によって範囲は変化します。その縄張りの中にあるアカを独占するので、他のアユが縄張りに侵入してくると、排除しようと激しく威嚇攻撃してきます。

▲アユの遡上はまとまった雨をきっかけに始まる。川から冷たい雨水が流れ出ると堰を切ったかのように大挙して上流を目指す

アユルアーは、この縄張りを守ろうとする習性を利用してアユにルアーを攻撃させてハリに掛けていきます。ルアー釣りでありながら食性ではなく縄張り本能を利用するのが特徴的なスタイルです。縄張りアユはヒレの縁辺が黄色くなってエラブタ横の追い星(黄斑)も鮮やかに浮かびます。この追い星は縄張りアユのトレードマークとも言えるでしょう。縄張りアユがなぜ黄色くなるのかというと、アユは黄色を識別する能力に優れており、縄張りを持つ個体が黄色くなることでお互いの識別が容易になるからです。これによって縄張りアユ同士での無駄な争いを避けることができます。また、縄張りを持たないアユに対しては、立ち入り禁止の看板的な意味合いになります。

▶人の手で飼育された人工アユは、闘争心が薄く群れで行動する魚が多い。アカは食むものの独占欲もなく、ルアーに対する反応は渋い(写真提供:高橋勇夫)

アユの代表的な行動パターンといえば縄張りもしくは群泳です。アカを食んでいる天然アユは縄張りを張り、人の手で育てられたアユは群れで回遊しています。行動パターンに違いが見られますが、群れアユも川で口にするのは石に付くアカです。集団で縄張りに入って縄張りアユの威嚇攻撃を気にせずアカを食み、食い散らかしたところでまた違うエリアへ

縄張りを守ろうとする天然アユの習性に訴えるアユルアー。日本古来の友釣りをルアー釣りに落とし込んだ特徴的なゲーム性は、他のルアー釣りにはない

と移動していきます。縄張りアユも群れアユの来襲にはなす術がなく、群れアユこそ最強集団といえなくもありませんが、目ぼしい石に付くアカを独占する概念を喪失しているのか追い気があまりなく、ルアーへの反応もいまひとつです。

## ラン藻を食んで育ったアユを頬張れるのは釣り人の特権

興味深いことに多くのアユが上ってきた河川は、ケイ藻よりもラン藻が増えるという調査結果があります。アユがいない川では石の表面に付くアカの多くはケイ藻ですが、アユが食んでケイ藻が削られるとケイ藻より成長の早いラン藻が取って替わります。縄張りアユは同じ石のアカを食むので、ラン藻を食べる割合が増えてきます。ラン藻は正確には藻類ではありません。シアノバクテリアという真正細菌で光合成を行なう厳核生物です。タンパク質や脂質が豊富に含まれていることからハイカロリーなのです。ケイ藻からラン藻に置き換わったアカを食べ続けた強い縄張りアユはコンディション抜群の良型に育ちます。

そんなアカを食んで育ったアユを語る上で欠かせないのが優れた食味です。良質なアカを食んで成熟した天然アユからはスイカを思わせる果物のような甘い香りが漂い、魚特有の

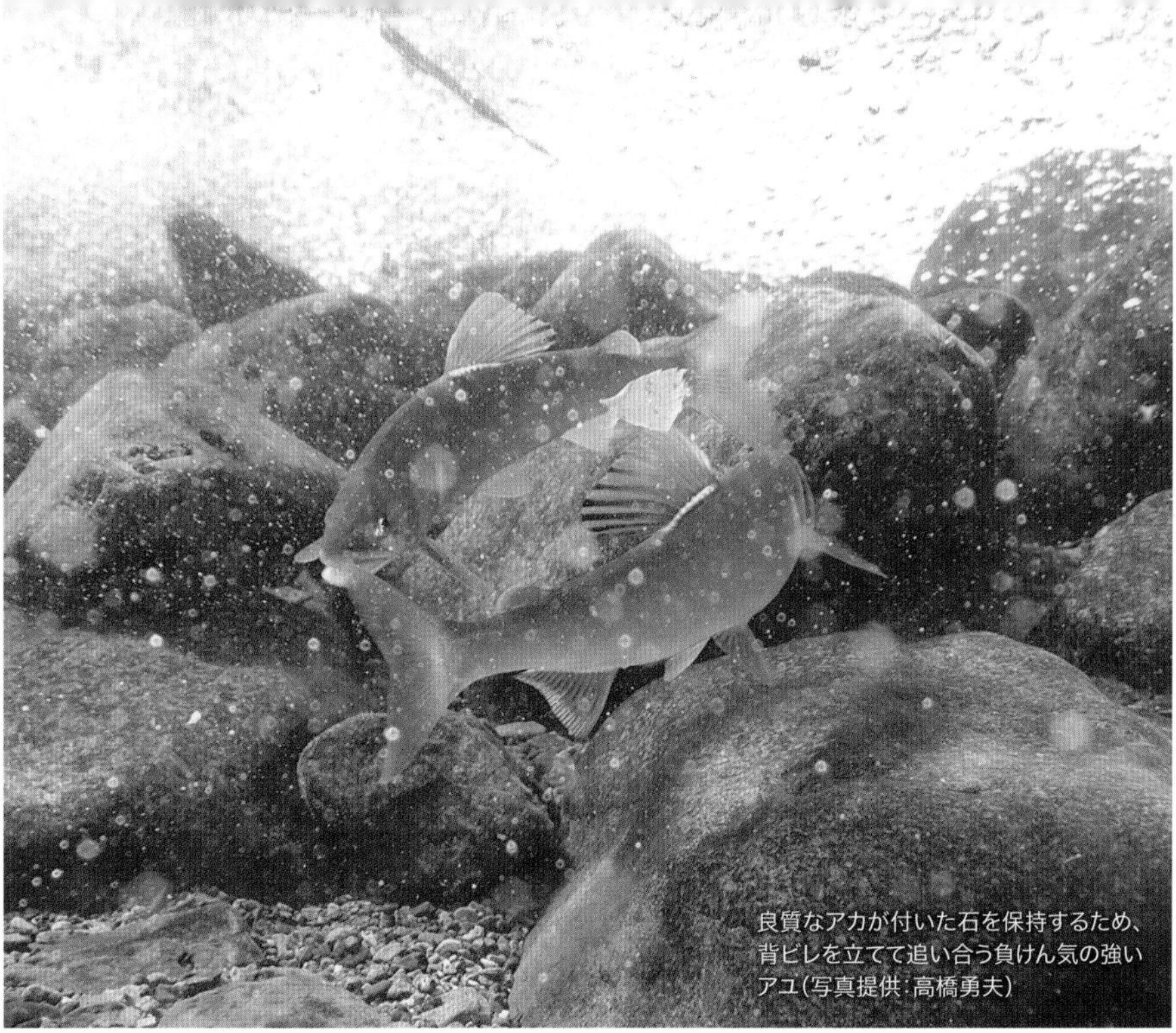

良質なアカが付いた石を保持するため、背ビレを立てて追い合う負けん気の強いアユ(写真提供:高橋勇夫)

生臭さをほとんど感じません。天然アユは高級料亭などに持ち込まれる超がつく高級魚です。ならばアユルアーで釣ったアユも美味しくいただくのが基本。自宅で好みに調理して口にできるのは、まさに釣り人の特権です。シンプルに串に波打ちして塩を振り、じっくり水気を飛ばしながら焼き上げるだけでも極上の味わいです。自分で釣ったアユを塩焼きにしてかぶりつく。想像しただけでお腹が鳴ります。

他にもフライ、空揚げ、天ぷら、一夜干し、燻製、タデ味噌焼き、南蛮漬け、アユご飯と、アユはシンプルな調理法でその旨みを堪能できます。いろいろ挑戦して贅の限りを尽くしてみてはいかがでしょう。

ちなみにアユは、川の水質や石質、食んでいるアカなどの影響を大きく受けるので、河川によって大きく異なります。アユの食味は、ミネラルを豊富に含んでいたり石灰岩が多い河川のアユは美味しいといわれており、その優れた食味からブランド化している河川も数多くあります。時間が許されるならば、アユルアーが可能な全国各地の有名河川を渡り歩いて、釣ったアユを食べ比べるなんて贅沢な楽しみ方もありでしょう。

◀釣りを満喫した後は、大切に持ち帰って味覚を楽しむ。釣って楽しく食べて美味しい魚がどれも釣り物として人気が高いが、とりわけアユは魅力的だ

# アユルアーは「瀬」を釣る

## まずは浅い瀬で釣りを覚えて徐々に難易度を上げていく

アユは白泡に染まる激流から流れが淀んでいる淵にいたる川の広い範囲に散らばっていますが、闇雲にルアーをキャストしていても簡単に釣れるものではありません。しっかり川の筋を読んでエリアを絞り込んでアプローチしましょう。

アユルアーがマッチするのは「瀬」です。瀬とは渓流や清流において流れの状況を表す言葉で、比較的浅くて流れが速くなっている場所を指します。川に傾斜がついていたり、岩盤が突き出て流れが絞られていたりと地形の変化に富んでおり、底には大小の石が沈み、流れを一層複雑にしています。瀬の強い流れは常に石を磨いてアユが好んで食べる良質なアカを育てます。

なお、瀬は川相によって呼び名が変わります。友釣りでよく耳にしますがアユルアーでも使います。なお明確な区別する定義があるわけではなく、瀬の捉え方は人それぞれの感覚で異なりますが、おおよそのロケーションをイメージしてエントリーの目安にしましょう。

**■チャラ瀬**／水面の所々で波立っているものの、チャラチャラと流れる水深が膝ぐらいまでの浅い瀬。敷き詰められた小さな石の隙間に砂が堆積していて移動しやすく、浅いこともあってビギナーでも安全に釣りを楽しめます。水中の様子も把握しやすいので、アユルアーに慣れるには打ってつけのフィールドです。全体的に変化に乏しくてアカが付くような目ぼしい石が少ないので、見落としがちなポイントですが、活性の高いアユが縄張りを張っていることが多々あります。釣れる時はルアーを入れると即掛かりになることも。

**■ザラ瀬**／小さめの石が敷き詰められた川面全体がザラザラと波立っている瀬。チャラ瀬と区別しにくいかも知れませんが、ザラ瀬はチャラ瀬よりも水深があって、水面に出ている波も大きい瀬になります。チャラ瀬の水深が膝下だとすればザラ瀬は膝から股下ぐらいまでの瀬になります。川底の勾配もチャラ瀬よりは急で流速も強めです。チャラ瀬同様に釣りやすいアユルアーのメインフィールドです。水深が太ももに達している場所で転倒すると立つのに苦労するので、釣りに慣れるまではザラ瀬までで止めておきましょう。

## チャラ瀬

チャラ瀬は激浅の瀬とあって魚影が薄そうに思えるが、特に追い気の強いアユが縄張りを張りやすい。浅いなかでも水深のある場所を探っていく。安全なので入門者向け

なお、比較的安全なザラ瀬ですが、流れの強い筋が潜んでいるかも知れないので慎重に移動しましょう。

**■早瀬**／極端に流れが絞り込まれず全体的に白波が立っているような瀬を差しています。ザラ瀬よりも大きな石が転がり、水当たりがよいので良質なアカが付きやすく、縄張りアユが多い有望ポイントです。流れが強くて不規則なのでルアーを安定させづらく攻略難易度は高め。流れの強い瀬での釣りに慣れた中級者以上の釣り場といえます。急瀬や荒瀬より流速は弱いので積極的に攻めたい瀬ですが、アカが付いている石は大変滑りやすいので、川の移動に慣れている人でも油断は禁物です。初めてエントリーする場合は、少しでも危険を感じたら無理に入らないようにしましょう。

**■急瀬**／早瀬より流速が増して押しも強くなった瀬。岩盤が張り出すなどして流れが絞り込まれているような急流を指します。荒瀬ほど激しく波立っていませんが水量があり、しかも筋によってはかなり深いので、ウエイトを追加しないままのルアーでは川底まで入れられません。大型のアユが縄張りを張っている一級スポットですが攻略難易度は高く、アングラーには釣りの技術だけでなく、川の流れを受け流す身体の捌き方も求められます。立ち込まずに釣りができそうなら岸から釣りましょう。

傾斜はきつくないながらも波が立つザラ瀬（右下）は、アユルアーのメインステージ。ルアーをポイントに入れやすく、浅いのでサイトフィッシングが楽しめる。早瀬（左上）はザラ瀬と同じようにヒザから股下程度の水深の瀬だが、石は大きめで流れも速い。縄張りアユが多い有望スポットだ。早瀬より流速が増して押しも強くなった急瀬（左下）は、岩盤が張り出すなどして流れが絞り込まれているような急流

**■荒瀬**／言葉どおり荒々しく流れる瀬です。川の傾斜がきつくて流れの落差が大きく、激しく波を立たせて流れています。押しも極めて強く、よほどのエキスパートでない限り友釣りマンですら安全な岸寄りからサオをだします。ルアーはもちろんオトリアユも入れにくい急流なのでサオ抜けになりやすく、残った大型の魚が付きます。アユ玉オモリを打つなどして強制的にルアーを沈めて攻略します。水深があって危険なので、不用意に流れの筋まで立ち入らないようにしましょう。荒瀬で足を滑らせると流心に引っ張られていくので無理に起き上がろうとせず、流れが緩まる瀬尻に流れ着くまで溺れないよう姿勢を保つことを心がけましょう。危険を回避する意味でも下流に荒瀬が控えているような瀬には入らないことです。

**■ガンガン瀬**／荒瀬と同じニュアンスで使われることが多い急流帯です。水量もあって激しく流れる瀬なのでビギナーは近づかないようにしましょう。

**■段々瀬**／川底の石が段々畑のように階段状になっている瀬。大きな石が転がり、その脇を早瀬のように勢いよく水が流れています。流れの筋も複雑なので攻略難易度は高めですが、その分サオが抜けやすく周囲より一回り大きいアユが掛かることが多いです。

流れの落差が大きく激しく流れる荒瀬（右上）は上級者向け。オモリの使い方が明暗を分ける。荒瀬と同じように扱われるガンガン瀬（右下）。段々瀬（左上）は、落差が大きく落ち込みが連続する段状に構成される瀬。勾配のきつい段々瀬もあれば緩やかな段々瀬もある

**■平瀬**／流れは穏やかながら水量がある瀬。川面にはピッチの大きい凹凸が生じて所々で波立っているものの、白泡は立たない程度の瀬です。深いと腰ほどの水深があるので場所を見誤るとルアーを底に届けることができません。いかにも釣れそうに見えますが、実は攻略難易度の高い瀬になります。全体にゆったり流れてるように見えますが底の流れが速く、流れの強い筋に足を突っ込むと足もとをすくわれる可能性があります。水深があるぶん底石も見えにくくなっているので移動には充分な注意が必要です。

**■瀬肩**／瀬の上流、瀬が始まる部分を指します。穏やかに流れていた川が落ち込んで流れが強まり、白波を立てて勢いよく流れだす所です。水通しがよく新鮮なアカが付くので多くのアユが縄張りを張っています。瀬に入っているアユが多いかどうかは、瀬肩を見るとおおよその判断が可能です。また、波立つ前の部分を差す瀬肩に対して、波立ちの起点を差すニュアンスで使われるのが瀬頭です。

**■瀬尻**／瀬の流れが収束する部分。瀬が終わって再び穏やかに流れます。健全な川の川相は、瀬と淵が連続します。よって瀬尻は主に深みへの落ち込みとなります。

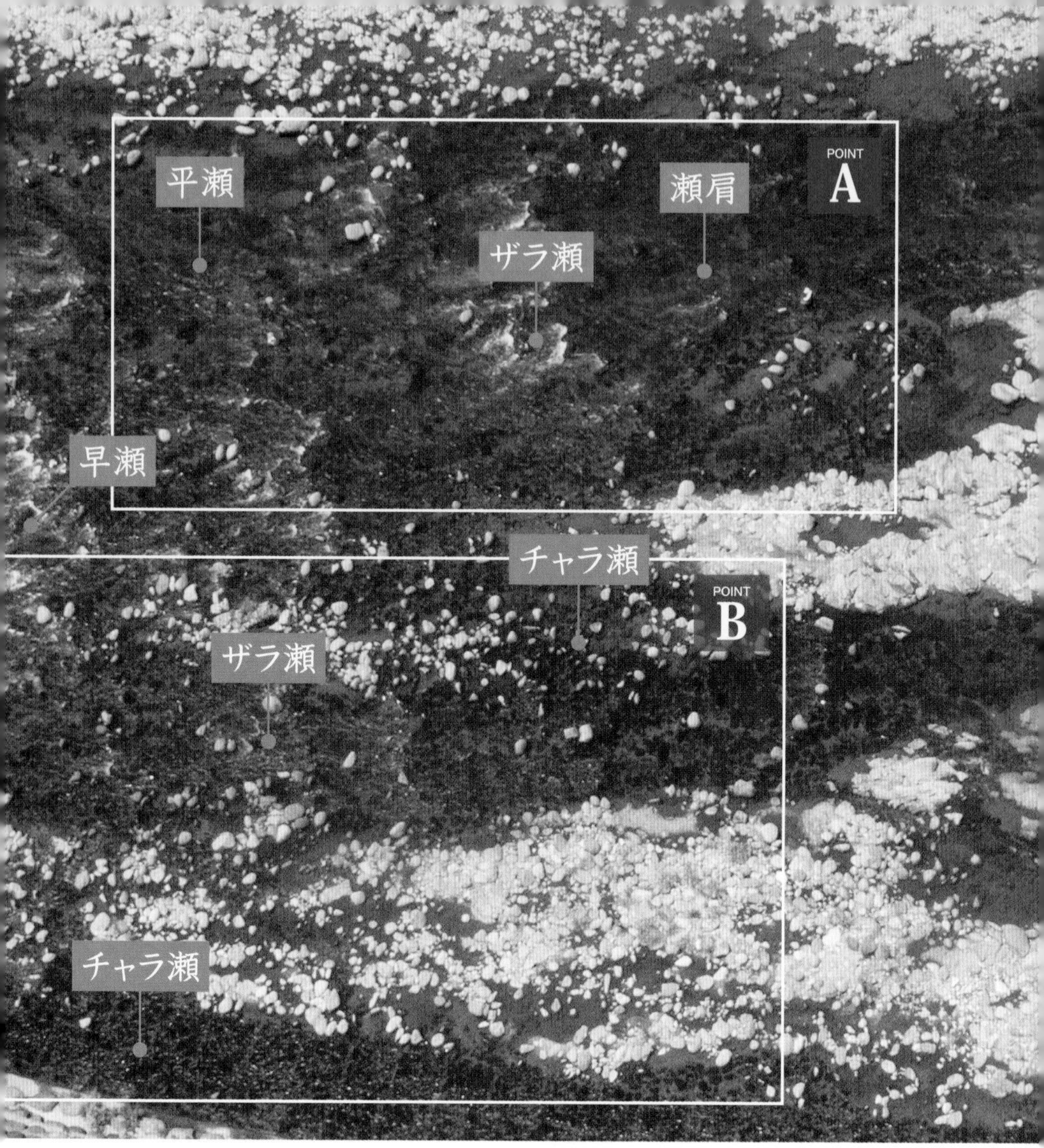


POINT B

チャラ瀬とザラ瀬の混合エリア。護岸寄りは同じ形状のブロックが整然と敷き詰められているので、同じようなねらい方で釣れるパターンフィッシングが成立する可能性が高い。ただし流れが弱そうなのでフローティングミノーでは釣りにくくシンキングミノーの出番。このザラ瀬は近くにアユをストックするトロ場がないので、叩かれた後に復調するまで時間を要する。先行者がいなければ最初に入りたい

POINT A

トロ場からザラ瀬への切り替わり。トロ場は水深があるようで、多くのアユが溜まってザラ瀬との間を行き来していると思われる。日中の暑い時間帯は浅トロの石周りを探り、夕方にザラ瀬を探れば連続ヒットが期待できそうだ。平瀬との間も大きな石が転がって流れが変化しており、元気な縄張りアユが釣れそうだ

**POINT D** 早瀬から流れが強まり荒瀬になっている。ここは段々瀬でもあって川底の落差が大きい。このためルアーでの攻略は難しそうに思えるが、流心の脇を探れば面白い。すぐ下流が水をたたえるトロ場なので、白泡に包まれている瀬落ちでも差してくるアユが顔を出す可能性はある

**POINT C** 流れが絞られて岩盤に激しく打ち付けるように流れる荒瀬。大アユが縄張りを張っている可能性があるので、足場のよい岩があれば釣り座を構え、ルアーから10㎝ほど離してアユ玉オモリを打って強制的に底に送り込んでみる。白泡に覆われてアユの警戒心は薄いので、いれば一発で掛かる

## トロ場

瀬が収束する瀬尻を過ぎると流れが穏やかなトロ場や淵になる。トロ場は水深があって流れも緩慢になるのでアユルアーには向かない。ただし多くのアユをストックしている。夕方などの活性が上がる時間にはトロ場のアユも瀬に入ってくる。瀬尻より上で待ち構えたい

**■トロ場**／川の流れが緩やかでトロリと見える場所です。場所によっては胸丈ほどの水深があります。瀬肩の上流や瀬尻の下流に控えており、川底は平たんで波も立ちません。やや浅いエリアを浅トロ、深い場所を深トロといいます。平瀬同様に水深があるのでルアーを底まで届けられないと釣りになりません。水通しがよくて底石が大きい浅トロはビギナーでも釣りやすいエリアですが、止水状態で川床が砂礫で埋もれているような深トロは期待が持てません。なお多くのアユはトロや淵に群れなし、そこから活性が上がると瀬に差して石に付きます。瀬の上下に大きなトロや淵があると差してくるアユのストック量が多いと考えられます。

**■淵**／河川が曲がっている外側など深く掘れている場所。大きな岩や岩盤に囲まれて流れは緩やか。ほぼ流れはなく水深もあるのでアカが付きにくく、縄張りを持たないアユや群れアユが身を寄せています。追い気の薄い魚が多いこともあってアユルアーで探るには不向きな場所です。たとえアユの姿が見えても、スルーが正解です。

以上が一般的な瀬や淵のバリエーションです。アユルアーを成立させるには流れが必須条件ですが、流れのある場所には思わぬ危険が潜んでいます。くれぐれも無理のないよう安全を最優先して釣りを楽しみましょう。

# 第2章
# タックル解説&アイテム紹介

# 夏の川を楽しむためのアイテム

## 川で快適に過ごすにはアンダーシャツが重要

アユルアーは川遊びの感覚で楽しむ夏のライトゲームです。厳しい陽射しが照り付ける炎天下でも、冷たい川に立ち込めば爽快です。そんな魅力的なアユルアーを満喫するために、各メーカーから手軽さのなかにも安全面と機能性を備えたウェアやシューズなどが多数リリースされています。自分好みに合ったアイテムを活用してアユルアーライフを楽しみましょう。

最初に気を使いたいのはウェアです。肌触りのよいコットン系は釣りの行き帰りで着用して、フィールドでは速乾素材のウェアで固めましょう。清流ならではの心地よさを満喫するためにもウェア選びは非常に大切です。

アンダーシャツは川に浸かることが多いので吸湿発散性と速乾性に優れたものが前提。アウトドアでテクニカルシャツと呼ばれるポリエステル素材の生地に凹凸を設けた肌に張りつきにくいタイプが快適です。なかでもヒンヤリと感じる接触冷感素材がおすすめ。ＵＶ加工や防虫繊維を織り込んだ高機能シャツもあります。アンダーにロングシャツを着て、アウターにフィッシングベストを合わせましょう。足場が不安定な川底も多いので、転倒が心配な人はフィッシングベストの代わりにライトゲーム用のフロートベストや友釣り用の膨張式小型ライフジャケットを装着すると安心です。また、山間部を流れる清流域は夏といえども朝晩は冷え込みますし、不意の雨に対応するため薄手のレインジャケットが欠かせません。ウェアのポケットにコンパクトに収納できるパッカブルタイプならベストやバッグに仕舞えるので重宝します。

速乾性に優れたハーフパンツにアンダータイツ。足もとはウェーディングシューズ。真夏の釣りにはウェットスタイルが爽快だ

ウェーディングスタイルは防水仕様。アユベルトに引き舟、タモ、ペットボトルホルダー、ハリやルアーが入れられるスリングバッグ。解禁初期や終盤はこんなスタイルでもよい

## 高機能シャツ

吸湿発散性と速乾性に優れた服で

ジオライン クールメッシュ ラウンドネックシャツ（モンベル）

フロント　バック

GM FTアイスインナーシャツ／ロング（ゴールデンミーン）

## 滑らない足回りを選ぶ 真夏は断然ウェットスタイルがよい

流れのある川の中を行き来するので、足回りの装備に手は抜けません。当然アユルアーの条件が整う川底にはアカが付いているので滑り止め対策が必須です。ここで最初に考えたいのは、最初から軽装のウェットスタイルで立ち込むか、濡れないようにウェーダーを履くかです。時期や地域にもよりますが、開幕初期や秋の終盤戦ではウェーダーを利用して、真夏は軽装でザブザブと濡れながら楽しむスタイルがおすすめです。

ウェーダーは、股下までのものを「ヒップウェーダー」、腰までを「ウエストハイウェーダー」、胸まで覆えるものを「チェストハイウェーダー」と呼びます。チャラ瀬程度の浅場で遊ぶならヒップウェーダーで充分ですが、太ももよりも深い瀬に立ち込むとなれば、ウエストハイもしくはチェストハイが必要になります。素材は夏場の使用を考えると薄手のナイロンがよく、内部の蒸れを軽減するゴアテックス製などの透湿タイプが快適です。サイズ感としては、あまりゆとりがあると中に空気が溜まりやすく、転倒すると足側が浮き上がって危険です。なるべくジャストサイズを選び、履いたら必ず一度しゃがんで中の空気を抜き、アユベルトをきっちり締めてから立ち込むことが大切です。

ライトスタイルには膝をガードしてくれるプロテクトタイツやゲーターがあるとよい

## ウェーディングシューズ

フエルトに違いあり。アユタビは秀逸だ

ウェーディングシューズ
羊毛フェルト（シマノ）

鮎タビ
先割・レギュラー・フェルトスパイク
GM908(がまかつ)

ウェーディングシューズ
WS-2201C
フェルトソール(ダイワ)

## ウェーダー

主要な3タイプ。
チェストハイが安心

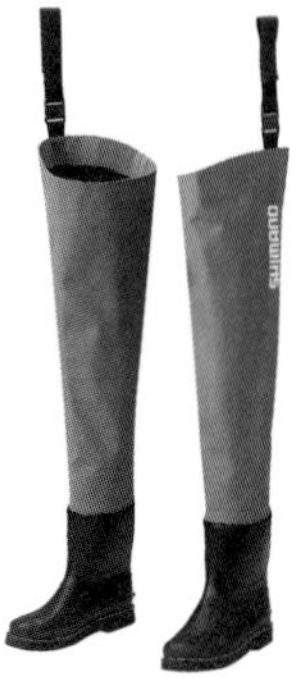

ハイパーウェーダー
ヒップ・フェルトソール
(シマノ)

ハイパーウェーダー
ウエストハイ・カット
フェルトソール（シマノ）

タイトフィットソルトブレス
ストッキングジップウェーダー
SW-4052BS-T（ダイワ）

足回りは、上からウェーディングシューズを履くソックスタイプとシューズと一体化しているブーツタイプがあります。ブーツタイプはフィット感に欠けます。シューズを履くことで足回りが安定するソックスタイプを推奨します。

ウェーディングシューズはフェルト底やフェルトピン底が一般的です。ちなみにウェーディングシューズはどれもソールが硬く作られていますが、友釣り用のアユタビはソフトです。靴底の屈曲性が高いため足もとが不安定な川原でも安定感のある動きができます。

真夏はウェーダーを履くと暑いので、ウェットスタイルが快適です。ラッシュガードやプロテクトタイツに速乾素材のハーフパンツという出で立ちならば、たとえ濡れても夏の晴天なら10分ほどで乾燥します。

ラッシュガードは化学繊維を組み合わせて作った身体にフィットするアンダーウェアです。吸汗速乾加工が施されているので汗や水を素早く吸い上げて気化させるので、常にツルツルした感触が保たれます。この乾く際の気化熱が体温を下げる役割を果たしているので、夏場では欠かすことのできないウェアといえます。雨天での釣りではレインウェアの内側も快適さをキープしてくれます。また、水辺にはいろいろな草木が生い茂り、素肌を露出しているとケガをしやすいので、ラッシュガードは必須のアイテムといえます。プロテクトタイツは、

## アユベルト

タモや引き舟はもちろん
ロッドホルダーもセットすると便利

ダイワ鮎ベルト
DA-4202 S
（ダイワ）

フィッシングベルト（シマノ）

ロッドホルダー（シマノ）

## プロテクトタイツ&ゲーター&ソックス

ウエットウエーディングの足回りを快適＆安全にするアイテム

プロテクトゲーター
ソックス付き
GM3594（がまかつ）

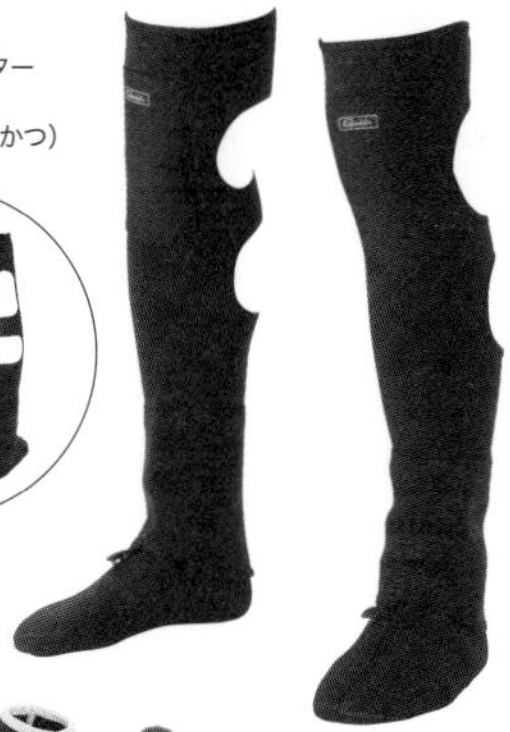

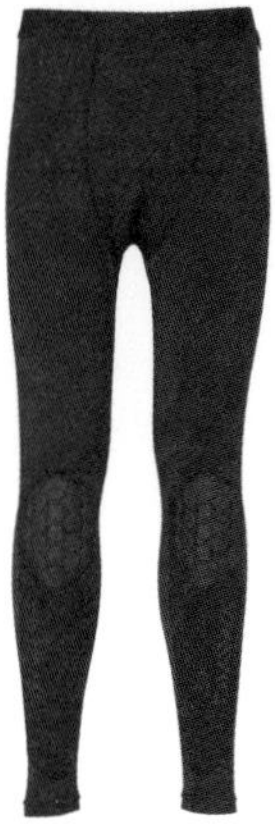

ネオプレンソックス
（オーナーばり）

DU-5023PP
ボディープロテクトタイツ
（ダイワ）

ラッシュガードのような厚手のタイツにヒザやスネを保護するクッションを設けた安全性の高いアンダータイツで、河原でヒザを付いてもケガから身を守ってくれます。

なお、ウェットスタイルにはネオプレンソックスがウェーディングブーツとの相性もよく、足の疲労感や冷えを軽減できます。ちなみにウェットスタイルは、水に濡れることが前提ですのでウェーダースタイルと違って長時間釣りをしていると足がふやけます。

## しっかり釣趣を味わい尽くす アユルアーに不可欠な小物

そして、アユルアーをストレスなく楽しむためのアイテムも数多くあります。しっかり活用しましょう。

▼**アユベルト**／引き舟をつないだり、アユダモを腰に差すために用いる友釣りベルト。ドリンクホルダーやマナーケースといった便利グッズも取り付けられます。腰の負担も軽減するので必ず装着しましょう。

▼**偏光グラス**／アユルアーで欠かせないアイテムが偏光グラスです。偏光レンズを装着すれば水面のギラつきがカットされるので、水中のようすが驚くほど分かるようになります。

## ネット

友釣り用の鮎ダモは
枠が大きく受けやすい

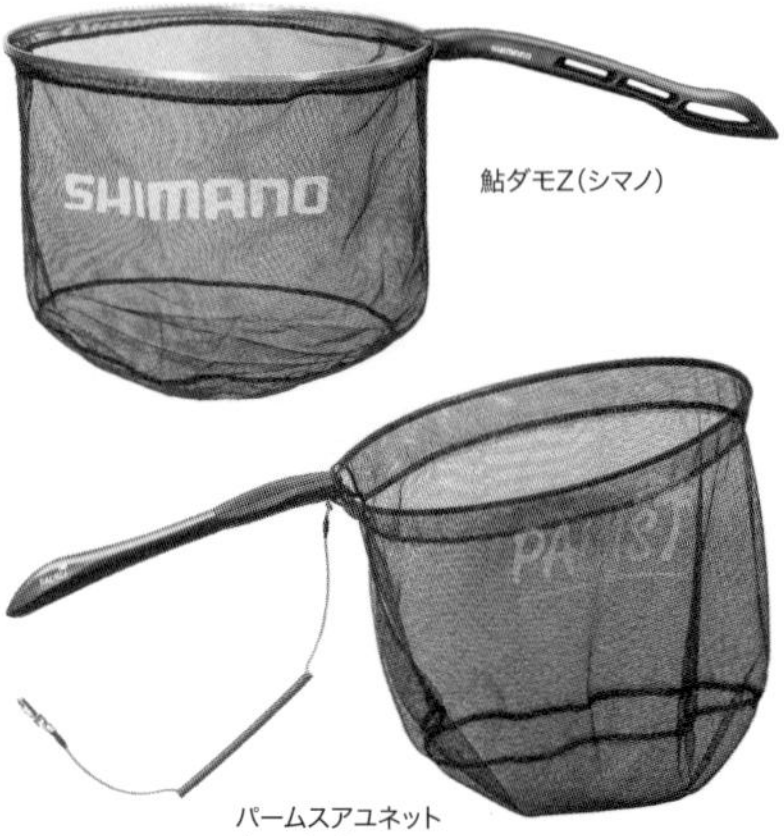


鮎ダモZ（シマノ）

パームスアユネット
（パームス）

## 引き舟

川に浸かり続けるアユ釣りには
絶対あったほうがよいアイテム

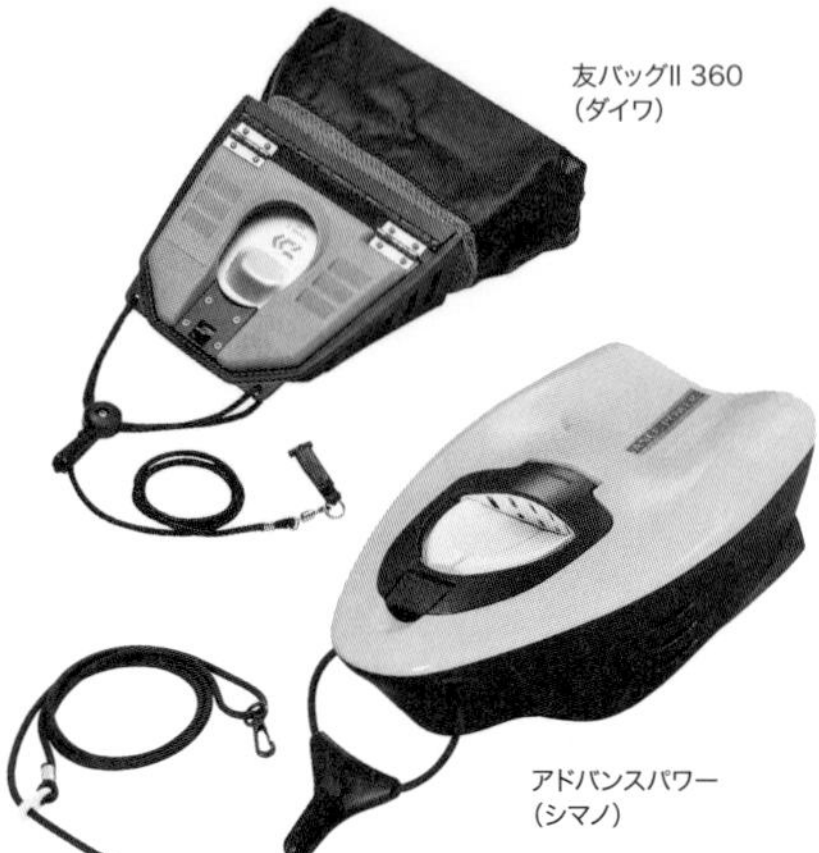

友バッグII 360
（ダイワ）

アドバンスパワー
（シマノ）

ツバ付きキャップや横から光が入らないサイドシールドを装着することで、より一層水中が見えやすくなります。アユの反応を見ながら楽しむアユルアーですから、偏光グラスの恩恵ははかり知れません。ロッドやリールと同じぐらい重要なアイテムです。

▼**アユダモ**／タモ網は小さくて軽いものをベルトなどに差しておきます。本格的なアユダモは高価ですが軽くて使いやすいです。ワンタッチで開く折り畳み式の渓流網や小型のランディングネットも流用できます。タモ枠は25～30㎝が使いやすいでしょう

▼**根掛かり外し**／どうしてもルアーが外れない時はテレスコタイプの根掛かり外しを使います。便利なポケットタイプがジャマになりません

▼**タックルバッグ**／あまりゴテゴテと大きなバッグよりも、機動性を失わないコンパクトなバッグを推奨します。ドリンクホルダーの他に川に立ち込んでいるとロッドを置くことができないので、ロッドホルダーが装備されているタイプが重宝します

▼**引き舟**／釣ったアユを生かしておく携行ライブウェルです。友舟などとも呼ばれます。アユを釣りながら弱らせずに釣り場を移動できます。釣るまでコンパクトに畳んでおけるバッグ仕様がアユルアーにマッチしますが、腰に装着して流

す性能は樹脂製の引き舟のほうが優れています。小型の引き舟がよいでしょう

**▼車マット**／濡れたまま車を乗り降りすることもあるので、撥水性のフロアマットやラゲッジマットは必須です。思っている以上に河原では泥汚れするので、マットがないと帰ってからの掃除に苦労します

## 偏光グラス

川を見るのはもちろん
川歩きにもあったほうが安全！

TLO 028（ダイワ）

STL301（シマノ）

偏光グラスがあるとないでは釣りの質が大きく変わる。写真左が付けていない状態、右が付けた状態

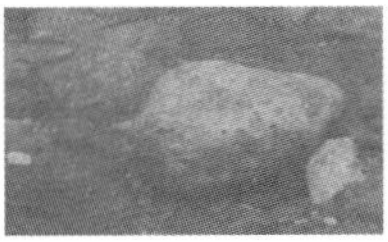

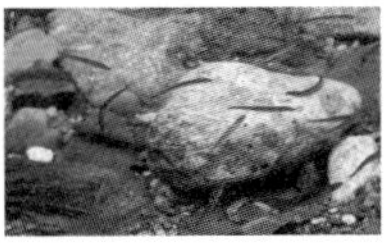

## バッグ

ロッドホルダーが
付属されていると
使いやすい

サイドフィットバッグ（D）
（ダイワ）

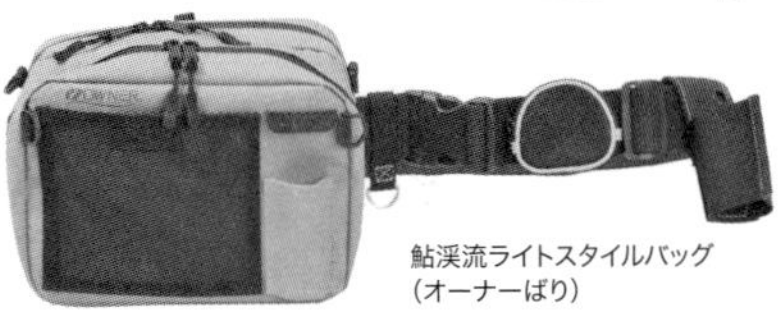

鮎渓流ライトスタイルバッグ
（オーナーばり）

## 便利アイテム

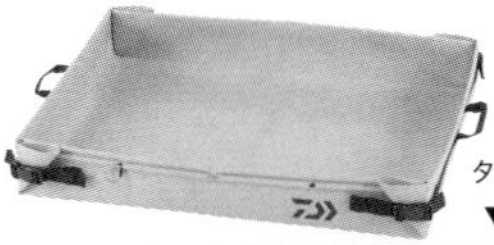

タックルトレー（C）（ダイワ）

▼車マットで車内も快適に

パームスシートカバープットオンタイプ（パームス）

クロロプレン防水シートカバー（シマノ）

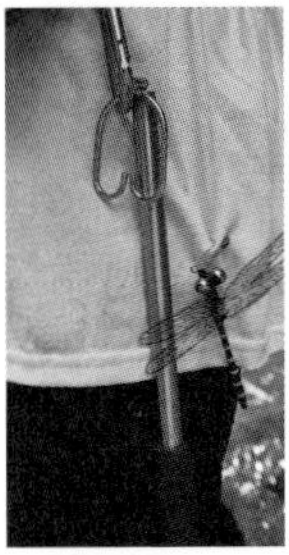

◀根掛かり外しも便利アイテム

▼オトリ缶がなければバッカンでもOK

ポータブル活かし水くみ（A）（ダイワ）

# タックルの全体像

## 釣り方や遊漁規則に適合するアユルアー向けのタックル

アユルアーにはリールザオとノベザオを使う2スタイルがあり、それぞれ釣り方が確立しつつあります。若い世代を中心に盛り上がっているのがリールを用いるキャスティングスタイルです。スピニングロッドとベイトロッドのいずれも専用モデルがリリースされており、アイテムはバリエーションに富んでいます。スピニングモデルは遠投性の高さが魅力です。フラットに拓けたダウンクロスを交えて広範囲に探りたい場面や、近距離戦というなかでも遠投が必要な場面で優位にゲームを展開できます。対してベイトタックルはラインの出し入れが親指ひとつでできるのが魅力です。キャスト時にラインが膨らみにくく精度の高いキャストもしやすいため、小規模な河川やオーバーハングといった障害物の多いフィールドで活躍します。基本的に広範囲に探るならスピニング、ピンスポットを釣ることが多い渓流相のような釣り場はベイトが適しています。普段の釣りで使い慣れている組み合わせで選べば問題ありません。細号柄のラインとの相性はスピニングタックルが勝りますが、繊細な打ち込みでは断然ベイトタックルが上回ります。どちらも扱えるのであればアユとの距離が近い釣りなので、最初の1本には細かいラインの出し入れが容易なベイトタックルがおすすめです。

アユ河川のなかにはルアーが使えても、リールの使用が禁止されている釣り場もあります。この場合は必然的にノベザオスタイルの釣りとなります。近場を釣ることからノベザオでもねらえるポイントは多いです。取り回しが難しい長い

ノベザオもダイレクトな操作感が面白い

アユザオではなく、主に5m前後の渓流ザオでもOKです。日ごろから釣りを嗜んでいるアングラーならフィーリングで対応できます。

　それでは、それぞれのアユルアーにマッチするタックルを解説していきましょう。

ティップには軟らかさが必要だ

アユルアーのロッドはチャラ瀬やザラ瀬を広範囲に探りたければスピニングが有利。目ぼしい石を点で探っていく時にはベイトが威力を発揮する

ロッド　Rod

## 適度に曲がって真価を発揮する長さと感度を両立した専用モデル

現在、アユルアーを楽しむために開発された専用ロッドが、アユルアーを推しているメーカーから続々とリリースされています。釣り方が特徴的なので、他のジャンルの釣りに使うロッドとは少々仕様が異なります。いずれのモデルもテーマを持ってリリースされているので、実際に手に取れば開発スタッフの意図を伺い知ることができます。それぞれ仕様に違いがあるからこそ、より深くアユルアーを楽しむことができます。自分のスタイルに合ったロッドを選びましょう。

　アユルアーのロッドに不可欠な性能は「長さ」と「感度」です。ただし、この2つは相反します。ロッドが長くなるほど流域を広く探れますが、どうしても感度と操作感が損なわれます。相容れない性能を突き詰めて落ち着いたレングスが9フィート前後になります。

ロッドは感度と操作性の両立を図って9フィート前後が多い。アユは成長が早いので初夏と秋では別物の魚になる。時期に応じてロッドの長さやパワーを使い分けることで、一層ゲーム性がアップする

感度はブランクスの伝達性能で決まります。単純に硬くて短くなるほどロッドの感度は増しますが、アユルアーロッドのように長くて軟らかいモデルは、ルアーから伝わってきた振動が手に伝わるまでに小さくなります。この手感度を補うためにソリッド穂先を採用し、ティップを視認性に優れるカラーで塗装して目感度をアップしているモデルが多くラインナップされています。加えて現在はロッドの製造技術が飛躍的に向上しているので、9フィート程度の長さであれば感度的には何ら劣りません。感度を優先してロッドを無理に硬く仕上げると、掛けたアユをいなすことができずに身切れによるバラシが多くなってしまいます。アユルアーロッドは程よく曲がってこそ真価を発揮します。

なお、ロッドが曲がることで仕掛けの破断を回避したり、掛かったアユの引きを吸収していなしてくれますが、同時に釣り人がアユを寄せようとする力も吸収してしまうので、あまりに軟らかく曲がり込むロッドはアユルアーには向いていません。大きく曲がればいいわけではなく、重要なのは反発力とのバランスです。流れに乗ったアユの強烈な締め込みに負けないパワーをバットに持たせつつ、ベリーからティップにかけてはアユの身切れをかわせる柔軟さを備えたロッドが理想です。この柔軟性があることで不安定な流れの中でもルアーを安定させて泳がせられます。

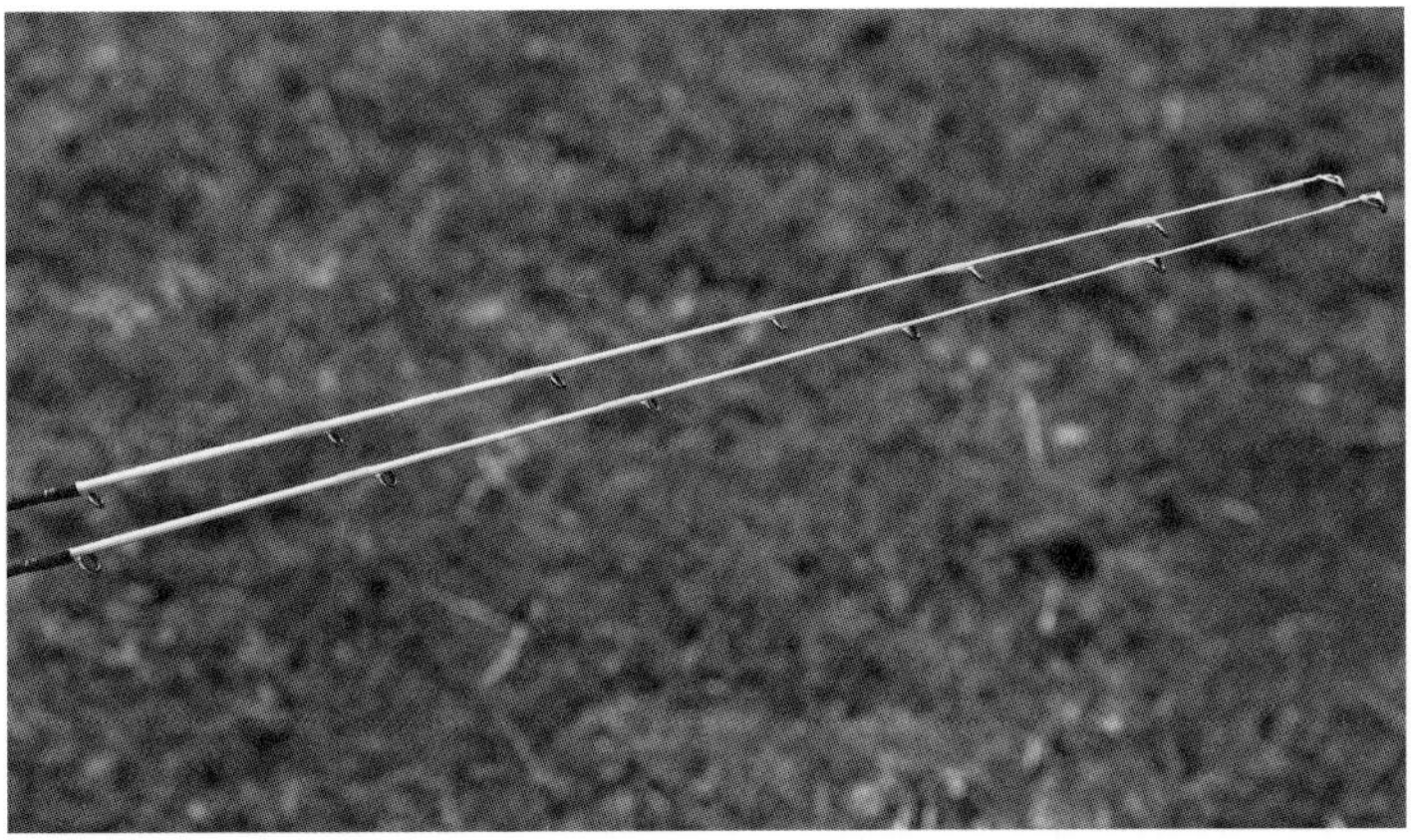

▲ロッドが長いこともあってティップに視認性を上げる工夫を凝らすメーカーも。ゴールデンミーンの「ブレインストーム鮎」は、サオ先のカーボンソリッド部分を白で塗装し、さらに蛍光イエローのスレッドを巻いて目感度をアップさせた

とりわけルアーを弾きにくいカーボンソリッドティップを搭載しているモデルが人気です。ルアーをよく追うアユほど強い流れを好む傾向が強いので急流を攻めたくなりますが、ティップが硬いとルアーが水を噛まずに浮いてしまいます。追従性抜群のカーボンソリッドのティップだからルアーを潜らせられる局面も出てきます。また、川の流れが絶えず変化するなかでルアーを安定させるためにも穂先がショックアブソーバ的な働きをしてくれるソリッドティップが適しています。また、川の流れを利用してルアーを潜らせるので、急流では手首への負担が大きくなります。持ち重りが少ないながら安定感があり、ヒジまである長めのグリップを採用したロッドが保持しやすくて疲れません。

　また、年魚のアユは成長が早く、地域や時期によってアユの大きさが変わるので、ロッドのパワーを使い分けるとより深くアユルアーを楽しめるようになります。ライトからミディアムヘビーまで、パワーの異なるロッドを揃えておけば、フィールドごとに使い分けることができます。解禁直後のアユはまだ成熟しきっていないので小型が多くて皮も柔らかいので、ライトパワーやミディアムライトパワーのロッドがバラシも少なくて釣りやすいです。これが盛夏ともなれば20cmほどに育って皮も硬くなってくるので、よりパワーのあるモデルが使用に適しています。終盤戦になったらミディアムヘビーパワーのロッドを持ち出して大アユをねらうのも一興です。なお、最初の1本には、汎用性に優れるミディアムライトパワーのロッドがおすすめです。

　釣り方にマッチした専用ロッドを使わなければ縄張りアユが釣れないのかといえば、そのようなことは決してありません。いろいろなロッドの流用が可能ですが、頭ひとつ抜けているのが秋アオリ用のエギングロッドです。8フィート6インチのソリッドティップ搭載モデルなら、遜色なくアユルアーを楽しむことができます。他にもシーバスロッドやバスロッド、ライトソルトロッドのなかに使えるモデルは数多くあります。

　他のロッドを流用する場合に注目すべきは「アクション」と「パワー」ですが、「ルアー重量」と「適合ライン」も軽んじてはいけません。ルアー重量は、ロッドがスムーズに曲がってストレスなくキャストでき、さらにイメージ通りに操作できる重さです。範囲内のルアーを準備するか、手持ちのルアーに合わせたロッドを選びましょう。適合ラインは、ロッドのポテンシャルを充分引き出せる太さや強さを意味しています。ちなみに上限表記だとリールのドラグをロックした状態で魚とのファイトした時にロッドが折れるよりもラインが破断する上限の意味です。アユルアーにおいてはドラグを緩めてファイトするので、上限表記は気にする必要はありません。

ノベザオの釣りとはいえあくまでもルアー釣りである。張りのあるロッドを使ってルアーを送り込んで縄張りアユを挑発する。リールザオでは手が届かないポイントを直撃できるメリットは大きい

## ノベザオならではの操作性はひと味違う面白さがある

　ノベザオを用いるアユルアーは、遊漁規則でリールの使用を禁止している河川でもルアー釣りが楽しめるとあって着実にファンを増やしています。ノベザオの釣りはタックルがシンプルなのでビギナーでも感覚的に楽しめる点が大きな魅力です。生きたアユを泳がせる友釣りと違って先にはルアーを結ぶので、ロッド選びさえ間違えなければ打ち返しも簡単です。そんなノベザオを選ぶ基準は「長さ」と「軽さ」そして「張り」です。ノベザオは友釣りに使う高性能で高価なモデルから、サビキ釣りに使う安価なファミリー向けの堤防ザオにいたるまでピンキリです。釣りをするなら誰でも1本ぐらいはノベザオを持っていることでしょう。一度体験するなら手持ちのノベザオで充分です。

　基本的に長くなるほど重くなります。長さ

的には5・3～6・2mがルアーにマッチしますが、川幅や釣り場のロケーションによっても扱いやすい長さが異なります。ズーム機能を搭載したモデルが重宝します。現在アユルアーに使われているノベザオは渓流ザオが主流です。ただし、軽い仕掛けを振り込むことを想定して作られた渓流ザオですから穂先が軟らかい。アユルアーはリップ付きの抵抗が大きいものも多いので硬硬調が適していています。また、渓流ザオに多く見られる小継ぎタイプは携行性に優れるものの、全体に胴調子で自重も重くなりがちです。おすすめはメバルザオです。継ぎ数は少なくサオ全体に張りもあり、メリハリのあるルアー操作が可能です。

注目はルアー専用に開発されたノベザオ。6mと長めの設定ながらアユルアーを前提に作ってあるので、ノベザオのなかでは最も快適にアユルアーが楽しめること請け合いです。ノベザオを購入するのであれば、この1本が間違いありません。この先専用のノベザオがメーカーからリリースされるかは、今後の展開しだいです。

# 珠玉のアユルアーロッド

## 初心者から上級者まで納得のラインナップ 自分の好みやスタイルに合わせてセレクト

各メーカーからリリースされている最新のアユルアー専用ロッドを紹介。どのロッドもアユの釣趣を余すところなく味わうためにデザインされているので、好みにあったロッドが見つかるはず。さらにアユルアーに流用できそうな興味深いノベザオもピックアップ！

ルアー操作から引き抜きまで、専用ロッドは誰もがアユルアーの釣趣を満喫しやすい

**ダイワ（グローブライド）**

# ネオステージAY

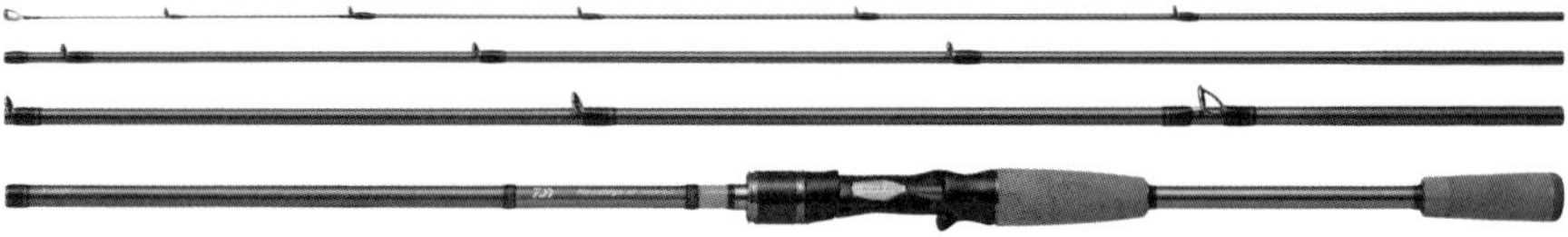
90MLB-4・S

## 目的に応じて使い分けるハイエンドモデル

まさにアユルアーに求められる性能を詰め込んだ上級モデル。より幅広いシチュエーションで快適にゲームが楽しめるように、パワーとレングスの異なるモデルをラインナップ。

いずれも瀬での使用を踏まえて流れの筋にルアーを入れやすいレングスに設定してある。高密度HVFカーボンを採用し、流れを受けながら川底でルアーを安定させやすいカーボンソリッドティップ（メガトップ）を搭載。軽量かつ高感度を実現したエアセンサーシートはアユルアー専用に設計されている。上級モデルならではのスペックに仕上がっている。

**90MLB-4・S／90MLS-4・S**

使いどころを選ばすシーズンを通して活躍する9フィートのミディアムライトモデル。持ち運びに便利な4ピース仕様

**93MHB-S／93MHS-S**

やや流れの強い瀬の攻略や、終盤戦の大アユねらいに威力を発揮する9フィート3インチのミディアムヘビーモデル。操作性に優れる2ピース仕様

| 品番 | 全長(cm) | 継数(本) | 仕舞寸法(cm) | 自重(g) | 先径／元径(mm) | パワー | ルアー重量(g) | 適合ライン(lb) | PEライン(号) | カーボン含有率(%) | 希望本体価格 |
|---|---|---|---|---|---|---|---|---|---|---|---|
| 90MLS-4・S | 274 | 4 | 73 | 98 | 0.8／10.7 | ML | 3～21 | 3～10 | 0.4～0.8 | 96 | 34,000 |
| 93MHS-S | 282 | 2 | 145 | 100 | 0.9／9.7 | MH | 5～25 | 6～12 | 0.6～1.2 | 98 | 35,300 |
| 90MLB-4・S | 274 | 4 | 73 | 107 | 0.8／10.7 | ML | 3～21 | 3～10 | 0.4～0.8 | 96 | 34,000 |
| 93MHB-S | 282 | 2 | 145 | 100 | 0.9／9.7 | MH | 5～25 | 6～12 | 0.6～1.2 | 98 | 35,300 |

ダイワ（グローブライド）

# アユイングX

90MLS-S／90MLB-S

カーボン含有率以外は上級モデルと遜色ない最初の1本にマッチするエントリーモデル。2ピース仕様

90MLB-S

90MLS-S

## 手に取りやすい価格のハイスペックロッド

基本性能を充実させたビギナーから中級アングラーに使いやすいモデル。汎用性に優れるミディアムライトパワーで、しなやかに曲がり、掛けたアユをバラしにくいテーパーデザインに仕上げてある。カーボンソリッドティップ（メガトップ）と、ロッドのネジレを軽減してルアーの操作性を向上させるブランクス強化構造（ブレーディングX）を採用し、上級モデルに劣らないスペックとなっている。リールシートポジションが工夫され、持ち重りを軽減してルアーの抵抗を受けながらもロッドを保持しやすくなっている。

| 品番 | 全長（cm） | 継数（本） | 仕舞寸法（cm） | 自重（g） | 先径／元径（mm） | パワー | ルアー重量（g） | 適合ライン（lb） | PEライン（号） | カーボン含有率（%） | 希望本体価格 |
|---|---|---|---|---|---|---|---|---|---|---|---|
| 90MLS-S | 274 | 2 | 141 | 97 | 0.8／10.8 | ML | 3〜21 | 3〜10 | 0.4〜0.8 | 82 | 19,300 |
| 90MLB-S | 274 | 2 | 141 | 95 | 0.8／10.8 | ML | 3〜21 | 3〜10 | 0.4〜0.8 | 82 | 19,300 |

ゴールデンミーン

# ブレインストーム鮎

## 優れた目感度が小さなアタリを見逃さない

カーボンソリッドティップを最適な長さで搭載した操作性に優れる9フィートのアユルアー専用ロッド。ビギナーに扱いやすいスピニングと操作性に優れるベイトの2タイプがある。瀬の中に入れたルアーをコントロールしやすいファストテーパーアクションながら、アユが掛かるとベリーからバットが追従して美しいベンドカーブを描いてバラシを防ぐ。グリップはセパレートタイプ。

ティップをホワイトで塗装し、ガイドを蛍光イエローラッピングすることで目感度が大幅にアップ。水中でのルアーの動きやアユのアタックを視覚的に捉えることができる。目印の引っ掛かりを防ぐためにガイド径は大きめで、アルミナオキサイド製Oリングガイドをセット。きれいに曲がってバラシを減らすプットインジョイント、感度と操作性を高めるブランクタッチ方式のECSリールシートを採用。

BSAS-90／BSAC-90

アユが縄張りを張るチャラ瀬から急瀬まで、あらゆるシチュエーションで使える。2ピース仕様

BSAC-90 BSAS-90

| 品番 | 全長（cm） | 継数（本） | 仕舞寸法（cm） | 自重（g） | ルアー重量（g） | 適合ライン（lb） | カーボン含有率（%） | 希望本体価格 |
|---|---|---|---|---|---|---|---|---|
| BSAC-90 | 270 | 2 | 139 | 122 | 5〜21 | 3〜10 | 99.9 | 16,500 |
| BSAS-90 | 270 | 2 | 139 | 119 | 5〜21 | 3〜10 | 99.9 | 16,500 |

パームス

# アルティバ

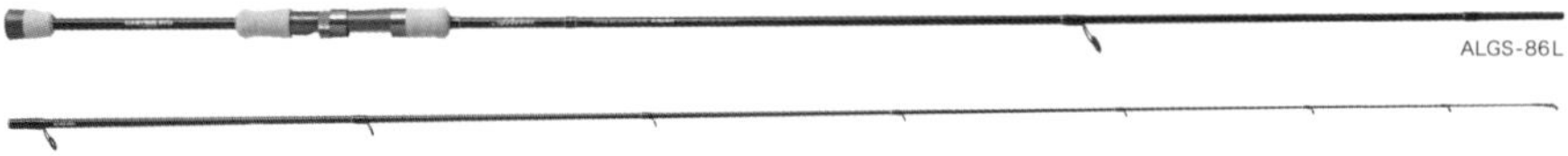

ALGS-86L

**ALGS-86L** さまざまなロケーションの瀬で活躍するベーシックなスピニングロッド。遠投性に優れ、ライトラインとの相性がよい。初めてアユルアーに挑戦するアングラーにマッチする。グリップ長38cm。2ピース仕様

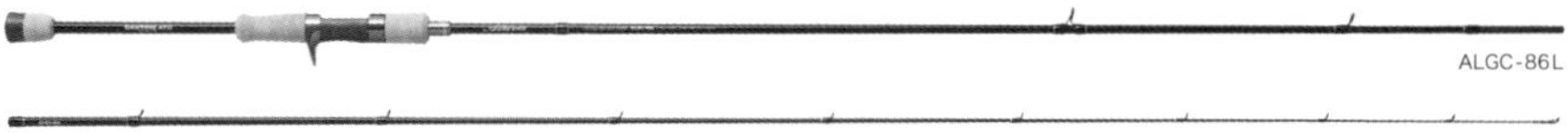

ALGC-86L

**ALGC-86L** クラッチ操作を駆使してピンポイントの釣りを展開する場面で、きっちりルアーを留めておける柔軟性が持ち味。レンジコントロールに長ける。グリップ長36cm。2ピース仕様

ALGT-600GL

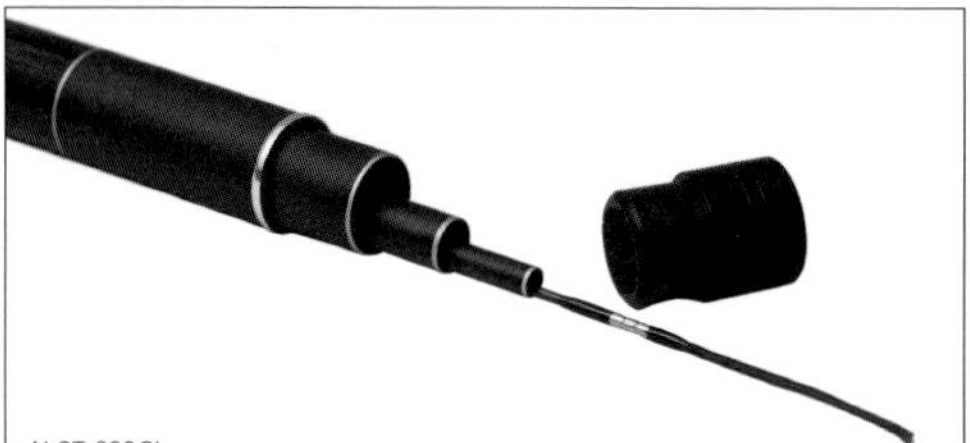

ALGT-600GL

**ALGT-600GL**
アユルアー専用に開発されたノベザオ仕様のルアーロッド。強い流れの中でもルアーを安定させやすい6mというリーチを活かした攻略は、アユルアーの幅を大いに広げる

## アユルアー専用ノベザオも含む！豊富なバリエーション

瀬の中でもアユルアーをイメージ通りにコントロールできるスピニングとベイト、そしてノベザオの3モデル。カーボンシートを交差させながら巻き上げることでブランクスの剛性が向上。軽量化とネジレ防止を実現した。

キャスティング用モデルは、どちらのタイプも繊細なティップがアユルアーの動きを捉え、ベリーからバットにかけてルアーの抵抗をしっかり受け止める。シーズンを通して使える仕上がりながら、特に開幕序盤から盛期にかけて威力を発揮するライトパワー。身切れをかわす柔軟性を備えつつ掛けバリの刺さりを妨げない。グリップが長く、ヒジに当てながら操作できるので長時間のゲームでも疲れにくい。

ノベザオは軽い仕掛けを振り込む一般的なノベザオと異なり、ルアー操作にこだわって開発。張りが強く、ルアーの振動なども手元で感じられる高感度に仕上がっている。

| 品番 | 全長 | 継数(本) | 仕舞寸法(cm) | 自重(g) | グリップ長(mm) | パワー | ルアー重量(g) | 適合ライン(lb) | PEライン(号) | 希望本体価格 |
|---|---|---|---|---|---|---|---|---|---|---|
| ALGS-86L | 8ft.6in | 2 | 133 | 106 | 380 | L | 5〜15 | 4〜8 | 0.4〜0.8 | 26,900 |
| ALGC-86L | 8ft.6in | 2 | 133 | 112 | 360 | L | 5〜15 | 4〜8 | 0.4〜0.8 | 28,000 |
| ALGT-600GL | 6m | 5 | 129 | 205 | — | — | 5〜20 | 2〜8 | 0.2〜0.8 | 33,000 |

がまかつ

# がまメバル凪音《なぎね》

## 優れた操作性を備えるパワーロッド

穂先にスーパートップを採用した超高感度カーボンソリッド仕様のノベザオ。メバルザオならではの張りはアユルアーにもマッチする。低レジン化による持ち重りを軽減した軽量バランス設計がもたらす操作性は抜群で、アユルアーも正確にコントロールできる。大型メバルとのファイトを想定したパワー設定なので、良型アユが掛かっても余裕を持って対応できる。5.2m、6.2m、7.2mのラインナップで、自分が通うフィールドに合わせて長さを選べるのも魅力。

**がまメバル凪音**

アユルアーを楽しむのにマッチするスペックを備えた硬調のメバルザオ。アユルアー専用のノベザオに比べて繊細に仕上がっているので、まだアユの皮が柔らかい序盤戦でポテンシャルを発揮する

| 全長(m) | 調子 | 継数(本) | 仕舞寸法(cm) | 自重(g) | 先径／元径(mm) | 錘負荷(号) | カーボン含有率(%) | 希望本体価格 |
|---|---|---|---|---|---|---|---|---|
| 5.2 | 硬調 | 5 | 113 | 115 | 0.7／23.5 | 0~3 | 99.9 | 36,000 |
| 6.2 | 硬調 | 6 | 113 | 150 | 0.7／24 | 0~3 | 99.9 | 42,500 |
| 7.2 | 硬調 | 7 | 113 | 185 | 0.7／24 | 0~3 | 99.9 | 49,000 |

バリバス

# トライキット鮎リバーストーン63

## アユルアーにもマッチする ライト感覚のアユ釣りロッド

敷居の高いアユの友釣りのイメージを払拭するコストパフォーマンスに優れるアユ釣り用のノベザオ。ライトなアユ釣りを提唱しており、6.3mのレングスはアユルアーにも対応する。天井イトから掛けバリまでセットになった専用の「トライキット鮎リバーストーン63仕掛けセット」を使用すれば、友釣りを楽しみつつ、鼻カンにルアーをセットするだけでアユルアーに切り替えられる。

仕掛けもセットで販売されている

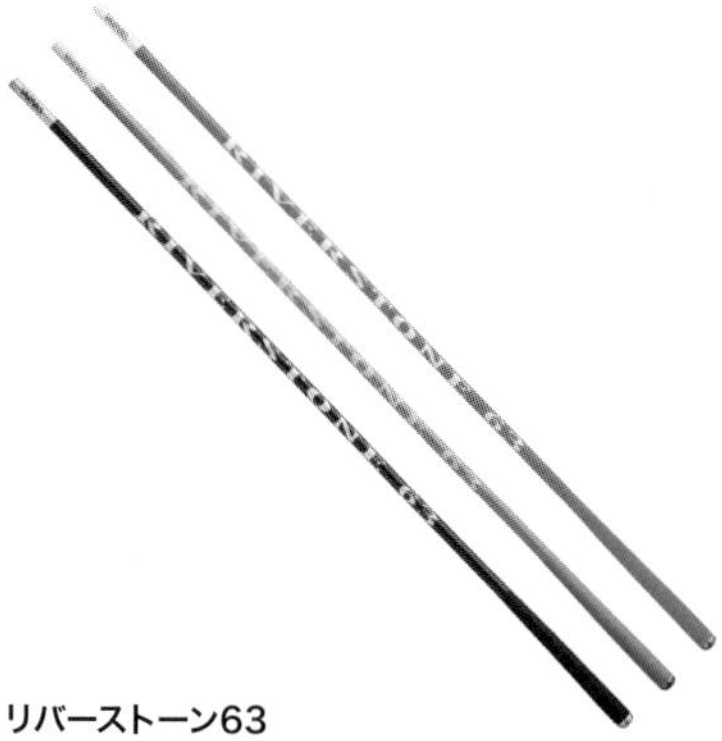

**リバーストーン63**

アユルアーも友釣りもしてみたいというアングラーにもってこいのノベザオ。見た目もポップな3カラー(リッチブラック、ウォーターブルー、フレッシュグリーン)

| 品番 | 全長(m) | 継数(本) | 仕舞寸法(cm) | 自重(g) | 先径／元径(mm) | 適合ライン(号) | 希望本体価格 |
|---|---|---|---|---|---|---|---|
| リバーストーン63 | 6.3 | 6 | 120 | 175 | 0.6／20.5 | 0.2~0.4 | オープン |

# リールはドラグ性能とギア比が重要

## 理想はハイギアを避けつつ高性能なドラグ搭載モデル

アユルアーには小型スピニングリール、ベイトリールならばコンパクトモデルがマッチします。今どきのリールは安価でも軽くて回転が滑らかですが、こだわりたいのはドラグ性能です。ラインが切れる前に滑ればいいわけではなく、スムーズに止まってくれるドラグが理想です。安価なリールに多い滑り出しに引っ掛かりがあり、いったん滑り出すと止まらないドラグでは、アユルアーでは使い物になりません。ドラグはアユの身切れをかわすだけでなく、一定のテンションを保つことでバラシを回避します。アユルアーでは流れに応じてこめにドラグを調整するので、予算の許す限り高性能なドラグを搭載しているリールを買うべきでしょう。

また、ギア比もドラグに並ぶ重要なチェックポイントです。最近はハンドル1回転で1m近く巻き取れるハイギアのリールが人気ですが、アユルアーではルアーをスローに動かすので、あえてハイギアモデルは避けるべきでしょう。釣果が伸び悩む人の多くは巻き過ぎに原因があるので、ハイギアのリールを使っていないか確認してみましょう。ギア比を落とすだけで釣りの質が変わるかも知れません。また、ファイト中にアユを浮かしてバラしてしまうなど、ハイギアが裏目に出てしまう可能性もあります。アユルアーは繊細かつスローな釣りということを踏まえてリールを選びましょう。

## ベイトリールは小型軽量フィネスモデルがおすすめ

スピニングリールに関しては、アジングや渓流などのライトゲームに用いる1000～2000番の小型モデルがマッチします。右利きを前提に話を進めると、アユルアーには左巻きが圧倒的に有利です。右手でキャストするので左巻きならロッドを持ち替えることなく素早くラインスラッグが回収できて、着水と同時にルアーを潜らせることができます。そして川の流れを感じ、柔らかい動作でルアーを誘い

## アユルアーにマッチする高性能リール　Reel

上げる利き腕でのロッド操作が必須なので、必然的にリールは左巻きになります。アユがヒットした場合も利き腕と全身を使っていなすことができます。また、エキスパートのなかにはレバーブレーキタイプのスピニングリールを愛用しているアングラーも少なくありません。微妙なテンションコントロールをレバー操作で行ない、ベールを起こさずにラインを送り出すなど、より繊細なアプローチが可能になります。

　ベイトリールはバスフィッシングや渓流トラウトに用いる小型軽量のフィネスゲームモデルが相性抜群です。細号柄のＰＥラインを使う人は、スプールと本体の隙間がほぼない剛性感に優れるモデルを使うと、シャフトにラインが噛み込む心配もないのでおすすめです。ベイトリールに関しても右利きの人は左巻きを選びましょう。理由はスピニングと同じです。キャストから持ち替える必要もなく、ルアーが着水する前からリーリングが始められるので左巻きがスムーズです。クラッチ操作を駆使するラインの出し入れや、繊細なテンションコントロールなども右手が有利なので左巻きで慣れましょう。

# アユルアーのラインセレクト

## 細号柄が使えるＰＥは
## アユルアーに相性抜群

ラインはアユルアーのクオリティを上下する重要なアイテムです。オーソドックスなスタイルは、0・4～0・8号のＰＥラインと0・8～1・5号のフロロリーダーの組み合わせです。結束は強度的に電車結びで充分といわれますが、根掛かりが外れなかった場合を考慮するとシステムを組むべきでしょう。ＳＦノットやＦＧノットは結束部のコブが小さいのでおすすめ。システムに慣れない人はバスフィッシングのようにナイロンラインやフロロカーボンを通しで使っても問題ありません。

現在の主流になっているＰＥラインとは、極細のポリエチレン原糸を複数本編み込んで作った撚りイトで、イト伸び率が3～5%という極端に伸びないことから高感度が特徴のラインです。きっちり撚っているものと撚らずにコーティング処理でまとめたタイプがあり、後者が安価で手に入りますが、使っているうちに毛羽立ってきます。ＰＥラインは強度が抜群なので細号柄が使え、流れを切るようにねらった石の脇にルアーをステイさせることができます。繊細に誘い上げていくアユルアーにもってこいのラインです。また、ラインに浮力があるので、ルアーが根掛かった場合も後方にラインを流して引っ張り上げる動作がスムーズです。ただし、あまりに伸びないので小さな動作でもルアーが動いてしまいます。また、ルアーの抵抗を吸収しないので、流れが強い場面でルアーが浮き上がってしまうことがあります。

## ビギナーはナイロンもおすすめ
## フロロも使いやすい！

ナイロンラインはよく伸びて掛かったアユが外れにくいので、不慣れなアングラーにおすすめしたいラインです。太さは0・8～1号（5ポンド前後）。伸びるので低伸度のＰＥラインには感度で及びませんが、目印をルアーの上にセットするなどして目感度で補えば全く問題ありません。遠くを釣るわけではないので、手感度もそれほど気にはなりません。

## 使いやすいラインたち　Line

ピットブル 12
（シマノ）

オールマイト
（サンライン）

### PEライン

PEラインには4本撚り、8本撚り、12本撚りとある。撚り数が多いほど高価でしなやかではあるものの、一本一本の繊維が細いことから傷が付くと一気に弱くなる

トラウティスト ビジブルリーダー
（サンライン）

### フロロリーダー

PEに組み合わせるリーダーは根ズレに強いフロロカーボンが安心感はある。1〜1.5mほどの長さを取るとよい

### フロロカーボン

シューター・FCスナイパー（サンライン）

バス釣り用などのミチイトとして販売されているフロロカーボンはしなやかでスプールの馴染みがよい性質のラインが多い

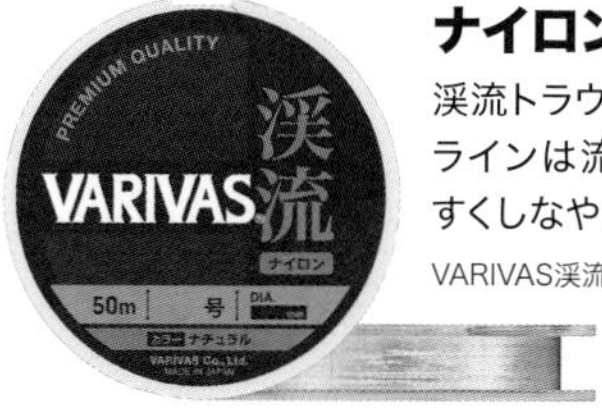


### ナイロンライン

渓流トラウト用のナイロンラインは流れに馴染みやすくしなやかだ

VARIVAS渓流ナイロン（バリバス）

ただしラインが軟らかいので瀬で使っていると傷が入りやすく、こまめに結び直す必要があります。

フロロカーボンラインは、PEのリーダーとして使うケースが圧倒的に多いようです。ナイロンに比べて硬くて強さでは劣りますが、耐摩耗性に優れます。屈折率が水に近くて水中で目立たないのは魅力です。ナイロンとラインの伸び率は大して違わないものの、初期伸度が小さいので感度に優れます。底石にコンタクトする程度の衝撃では伸びないので、明確にサオ先に情報を伝えてくれます。傷が入りにくく吸水性もないのでアユルアーとは相性のよいラインといえます。

どのラインもアユルアーには使えるので迷ってしまいますが、アユの皮が柔らかい序盤戦はナイロンを使い、盛期に入ってからPEに切り替えるスタイルがおすすめです。また、川の中に立ち込むので1タックルの釣りになりますから、替えスプールに異なるラインを巻いてバッグかベストに入れておくのもよいでしょう。

# アユルアーの選び方

## 縄張りアユを怒らせる ローリングアクション

アユルアーに用いられるルアーは、オトリを確保するためアユに似せて作られた友ルアーとは異なり、アクションや操作性にこだわったゲーム要素に重きを置いて開発されたルアーです。ちなみに現在のアユルアーはロングビルタイプのフローティングミノーがメインですが、流れの弱い浅場で使いやすいシンキングミノーや、水深のある急瀬でもしっかり沈むバイブレーションなど、フィールドが広がりを見せることで、ルアーもバリエーションが豊かになってきました。

何度も触れているようにこの釣りでは、縄張りアユを挑発し、攻撃してきたところをハリに掛けるわけですが、どんなアクションが最もアユを怒らせるのでしょうか。ちなみにルアーは泳がせると独自のアクションを起こすように設計されています。その基本は「ローリング」と「ウォブリング」です。最近のルアーはこの2つのアクションを併せた「ウォブンロール」が多いようですが、アユルアーではローリングアクションが多用されています。これはヒラを打つアクションが石に付くアカを食む動きに似ているので、縄張りアユの追い気の逆鱗に触れるからだと考えられています。さらに最近では「S字スラローム」や「バイブレーション」といったアクションのルアーも販売されています。それぞれの動きをしっかり理解したうえでルアーを使い分けましょう。シチュエーションごとにルアーをローテーションさせ、アユの反応をチェックすると楽しさは深まります。

## ルアー選びの大前提は しっかり底まで潜ること

ルアーの選び方の基本は、フィールドのボトム付近をキープさせられること。流れを受け切れずに浮き上がったり、暴れてボトムノックが激し過ぎたりすると、流れにルアーがマッチしていません。流れを捉えて底付近まで潜り、スムーズにレンジキープできるルアーを結びましょう。基準は浮力です。

## 主なルアーのアクション　Lure Action

### ウォブリングアクション

ルアーの中心を軸に
左右に振れながら泳ぐ

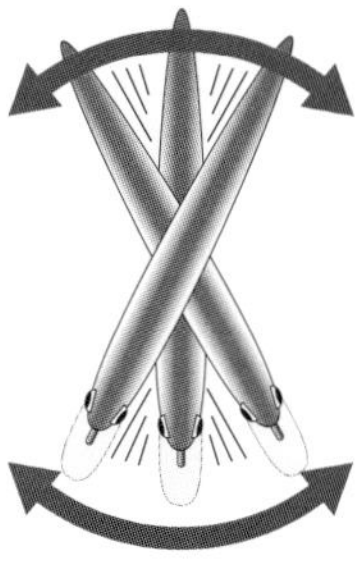

ボディの中心を軸として左右に大きく頭とテールを振るアクション。水押しが強くてアピール力も抜群ながら魚がスレるのも早い。アユがよく釣れるルアーの中にも、ウォブリングアクションするミノーがある

### ローリングアクション

左右にパタパタと倒れながら泳ぐ

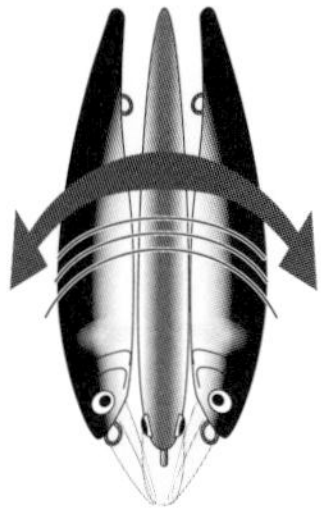

ボディを左右に揺らしながら泳ぐアクション。水押しが弱くて波動も小さめながら、派手なフラッシング効果で魚にアピールする。縄張りアユを最も刺激するとされる

### バイブレーション

ラインアイを中心に小刻みで速い振動

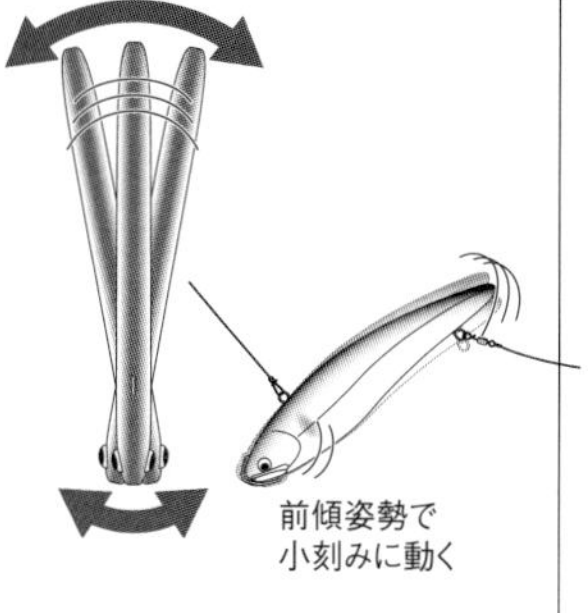


ラインアイを中心に小刻みに揺れるアクション。波動が小さいのでハイプレッシャーの場所などで有効なアクション

### ウォブンロールアクション

使いどころを選ばないので
アユルアーにも有効

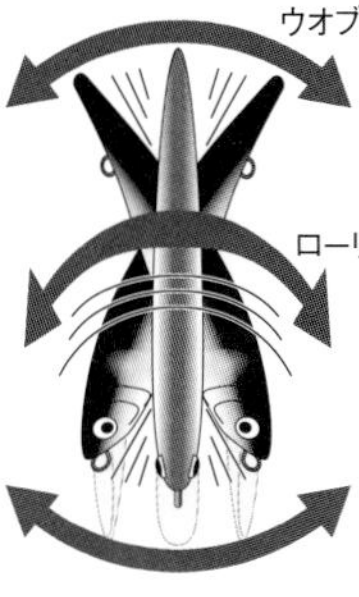


アピール力の強いウォブリングとヒラ打ちしながらフラッシングで魚を誘うローリングを併せ持った立体的なアクション

### S字スラロームアクション

クネクネとした蛇行アクション

ラインアイを中心にテールを振るスラロームアクションがベースとなり、左右に滑るヘッドの反対にテールを振りながらクネクネと艶めかしくSの文字を描くように泳ぐアクション。このスラロームに好反応するアユも多い

アユルアーはボトムまで確実に潜って、仕掛けをなびかせながらステイできないとゲームが成立しない。アクションも大切だが、まずはきっちり潜るルアーを結ぶ

しっかり潜らせることが大前提です。

また、アユルアーに用いるのはプラグばかりではありません。ボディ素材に耐久性に優れたシリコンを採用したソフトベイトタイプのルアーもあります。このタイプはシンカーを内蔵しています。流れを受けるリップがなくてもプラグに比べスムーズに沈みます。加えてボディが軟らかいため底石に当たっても音を発しないことから縄張りアユを必要以上に警戒させません。

沈むのでテンションを抜かないように巻きながら、ロッドの角度を調整して泳がせます。川の流れを受けると左右に動いて縄張りアユを誘います。

そして、今多くのアングラーが試行錯誤しているのがカラーローテーションです。定番はアユカラーですが、光量が変化した瞬間にアユにスイッチが入ることが多々あり、その時ヒットするカラーに偏りが生じるのです。水がクリアな河川では晴れから曇りになった時にはマットカラー、照り返しがきついカンカン照りから陰ったタイミングにはホロが効くなど、各地で効果が得られた声が飛び交っています。川によって条件が変わるので、正解は自分で探すしかありません。常日ごろからタイプの異なるカラーを複数持って出掛けることです。こまめにルアーを交換することは、ルアーフィッシングの基本かつ面白さでもあります。

# 友釣り仕掛けの流用
# ハナカン回りにルアーを装着

ここまではキャスティングスタイルで楽しめるアユルアーを解説してきましたが、アユルアーの中には友釣り仕掛けにセットすることも想定した製品があります。そこで友釣りのハナカン仕掛けについて簡単に解説します。

友釣り仕掛けは生きたオトリの鼻にハナカンと呼ばれる器具を使って装着します。このハナカン周辺の仕掛けは「ハナカン回り」と呼ばれ、多くの友釣りファンが工夫を凝らす部分です。最もシンプルな仕掛けは図のようなタイプ。中ハリスもしくはハナカンハリスと呼ばれる0・8～1・2号程度のハリスに編み付けと呼ばれる方法でハナカンがセットされています。編み付けによってハナカンを前後に動かすことができ、オトリのサイズに合わせて遊動できます。ハリス下部にあるのが逆バリです。ハリス止メ部分には掛けバリを装着し、オトリの尻ビレの上にこのハリを刺してセットします。

ハナカン仕掛けにアユルアーをセットする時は、ルアーサイズに合わせてハナカンを動かし調整します。

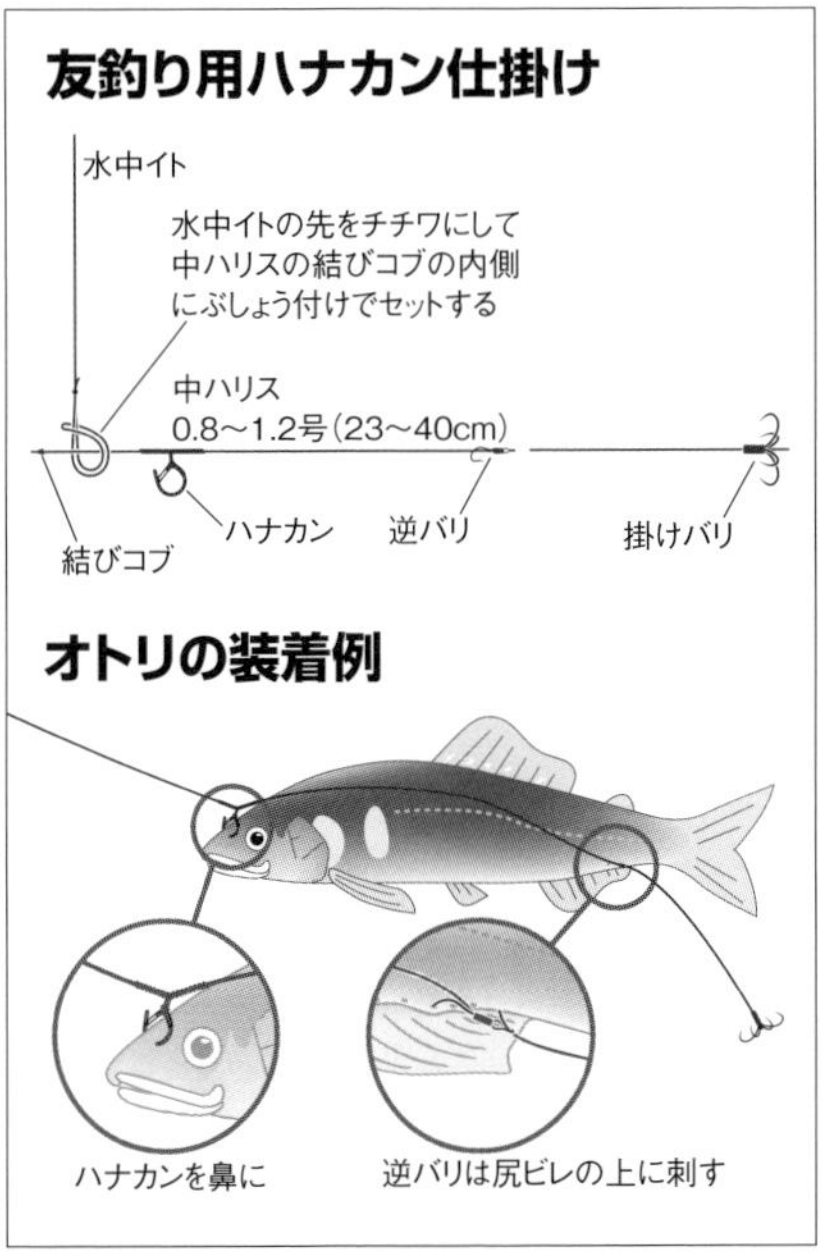

▲カツイチ「リアユ」はハナカン（背カン）をルアー背部にあるアイに差し込み、逆バリはルアー下部の尻ビレ付近に刺してセットします

▲ハナカンはフロントアイにセット

▲逆バリはテールパーツの中に入れ込むようにハナカンとの距離を調整

デュオ「擬鮎」はルアーのアイにハナカンを引っ掛け、逆バリはテール部分にセット。主にアユ玉オモリを使って使用する

# 手持ちのルアーをアユ用にチューニング

チューニングを施したルアーたち。アクションや浮力など既存のアユルアーにないモデルで試すと、差別化が図れるので面白味が深くなる

## シャッドやクランクなどいろいろなプラグを改造

最近はアユルアーも充実してきましたが、以前はバスフィッシングやソルトゲームのルアーをアユ用にチューニングして使っていました。現在のアユルアーはミノーが主流ですが、いろいろ試すことで反応するアクションやカラーなどが見えてくることがあります。ミノーをはじめ、シャッドやクランクベイト、バイブレーションなど、お気に入りのルアーにチューニングを施してフィールドで使ってみるのも面白いです。

なお、チューニングするルアーのカラーは視認性に優れるチャートやオレンジ系がおすすめです。これはアユルアーと同じように浅いチャラ瀬などでルアーの位置を把握できるからです。ヘッド上部や背中に蛍光シールを貼るのも有効です。なお、カラーに関してはアユに似せたほうが縄張りアユの反応がよさそうに思えますが、リアルなカラーでなくとも攻撃してきます。とりわけ日によってマット系のカラーがツボにハマり、ヒットが集中するケースが珍しくないようです。アユは黄色の識別能力に優れるので、マットイエローやマット

▲チューニングしたミノーでもセッティングが決まってくるとアユルアーに遜色なく釣れる。自分の工夫で攻略したという達成感も加わるので、より一層アユルアーが面白くなってくる

▲エキスパートのルアーバッグに入っていたアユ用にチューニングされたミノーやシャッド。色とりどりながら、いずれも釣れるとのこと

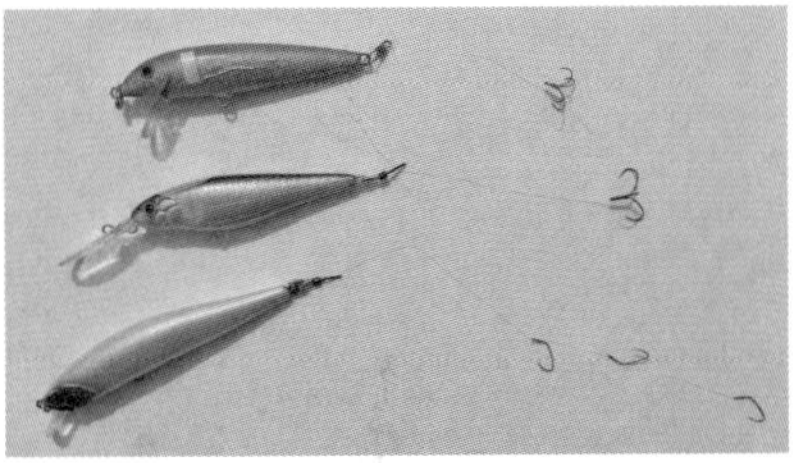

▲テールにセットする掛けバリは、チラシやイカリなど好みの仕掛けをセットすればよい。ハリスの長さは各漁協の遊漁規則によって決まりがあるので順守すること

チャートのルアーが爆発的に釣れることがあるほか、ゴーストやホロ、ケイムラなども試してみれば面白い結果が出るかも知れません。

また、ローリングやウォブリング、ウォブンロール、S字といったルアーのアクションも重要なポイントです。左右にボディを揺らすアクションがアカを食む動作に似ていることからローリング系が有効とされていますが、あえてウォブリング系のルアーをチューニングしてみるのもありでしょう。アユルアーとしてS字系やバイブレーションもメーカーから

◀右のようにアユルアーの多くはサイトゲームを踏まえ、ヘッドやリップに蛍光カラーを塗布してある。チューニングする際は左のシャッドのように背中やヘッドに蛍光テープを貼るなどして視認性をアップさせる

リリースされたので固定観念にとらわれず、まずは何でも試してみることが大切です。まだ新しいジャンルですから、先駆者のひとりとして試行錯誤を楽しみましょう。

## チューニングは立派なルアー釣りの楽しみ方

チューニングの手順は簡単です。ラインアイのスプリットリングと、前後のフックアイにセットしてあるトリプルフックをスプリットリングごと外します。そして、テール側のフックアイに自動ハリス止メをセットして熱収縮チューブを被せ、ドライヤーであぶって向きを固定します。アユルアー専用のチューニングパーツとして、オープンアイになっている自動ハリス止メがあるので便利です。そして、フロント側のフックアイには取り外したフックと同じぐらいの

▲友釣り用のハナカン仕掛けをそのまま使う場合、逆バリを刺せるようにするチューニングパーツもある。これはリアフックのアイにセットする「リアユ・チューニングキャップ」

▼本来トレブルフックを装着した状態での使用を前提としているので、バランサーウエイトがないと本来のアクションを起こさないルアーが多い

▶「リアユ・チューニングハリス止Ⅱ」をフックアイにセットすればアユ用の掛けバリを簡単にセットできるようになる。使い方はテールアイにはめ込んでかしめたところに熱収縮チューブを被せて固定する

▲「リアユ・チューニングウェイト」は、トリプルフックを外した後にセットするバランサー

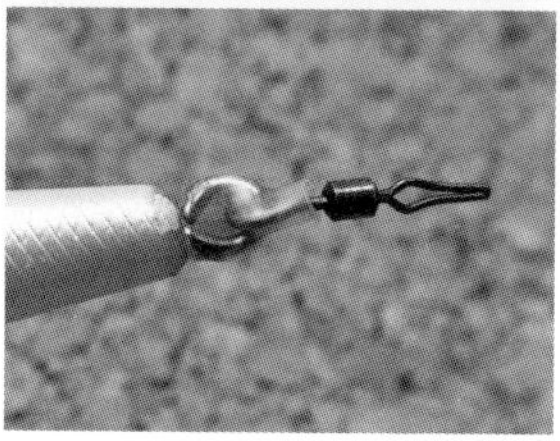

自分がチューニングしたルアーで釣れると喜びもひとしお

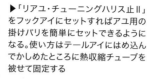

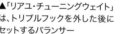

▲あらゆるルアー釣りで多くのアングラーがルアーチューニングを楽しむ。釣りに行けない時などは自宅でルアーをいじりながら妄想に耽る。それもまた釣りである。アユルアー以上の釣果を上げることを目標にトライ&エラーに励みたい

▼ハリス止メを使うかスナップでセットするかを選べるほどに仕掛けの選択肢も増えてきた。近年のアユルアーの充実ぶりには目を見張る

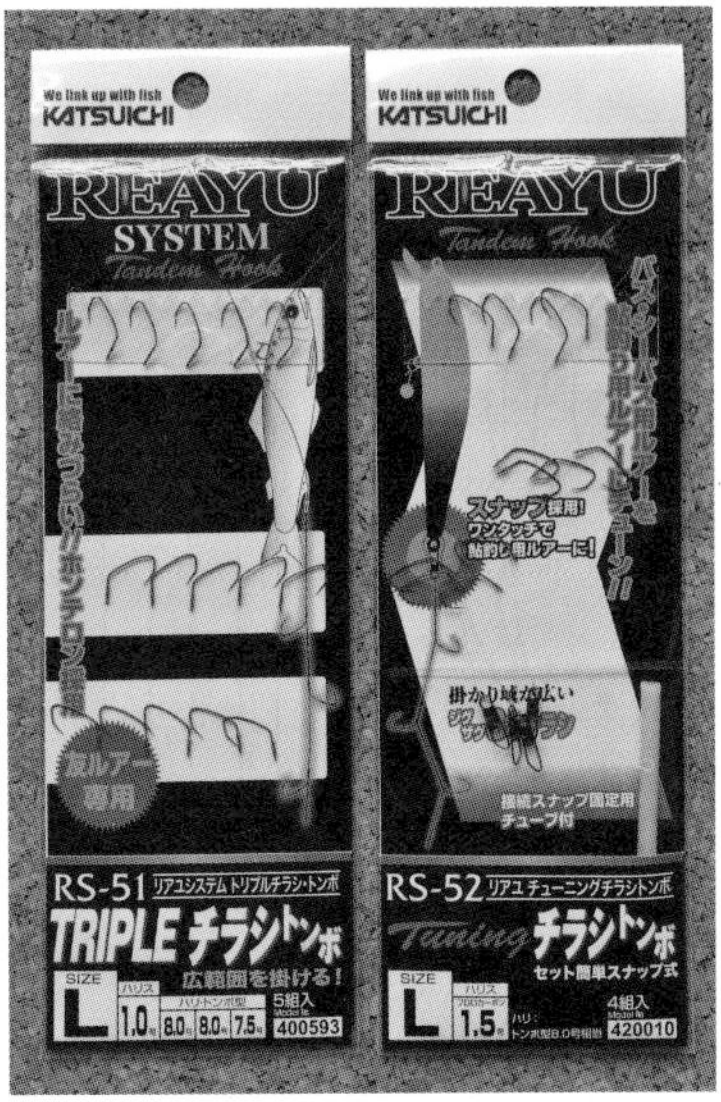


重さのチューニングウエイトをセットしてバランスを取れば、あっという間にアユルアーの完成です。あとは自動ハリス止メにイカリやチラシの仕掛けをセットするだけです。

イカリやチラシのハリスにスナップが付いている仕掛けもあります。これなら自動ハリス止メも必要ありません。ただし、仕掛けがお辞儀しないよう取り付け部分にスナップを固定するシリコンチューブを被せるなどのフォローが必要です。大抵の仕掛けにはカットして使う固定用チューブが封入されているので、ハリスに通してからスナップをアイにセットして、引き戻すようにチューブを接続部に被せます。

こうしてチューニングしたルアーは、実際にフィールドで使ってみることが肝心です。そして、潜行角度に不満があれば鉛シールを腹に貼ったりと微調整して、アユが釣れるようになるまで完成度を上げていきましょう。きっと試行錯誤するうちにルアーに愛着がわき、1尾の釣果により大きな満足感が得られるようになります。自分がチューニングしたルアーが、専用のアユルアーに劣らぬ釣果を上げる可能性も充分あります。タックルボックスに仕舞い込んでいたルアーが、実は爆釣アユルアーだった！なんてことがあるかも知れません。いろいろ試してみましょう。こうしたチューニングを日常的に楽しむようになるころには、すっかりアユルアーに魅了されていることでしょう。

# 掛かり抜群の掛けバリは鈍りも早い

## バラシを極力減らすためにホールド性に優れるシワリ

アユルアーにおいて重要なパーツは、ずばり掛けバリです。理由はハリこそがアユに触れる唯一の部分だからです。アユに触れた瞬間にしっかりハリ先が立って深く刺さり込み、ランディングまでしっかりアユをホールドします。ハリ先が鈍った掛けバリを使っていては、好釣果は望めません。掛けバリは頻繁な交換が必須です。

アユルアー用（および友釣り用）のハリは大きく「チラシ」と「イカリ」に分けられます。イカリは3本ないし4本のアユバリをまとめてスレッドで巻いたもの。アユルアーには深く掛かりやすくバラシが少ない3本イカリを使います。イカリはハリを束ねていることから重く、アユに触れた時の刺さり込みが早いです。一方チラシは3本までのアユバリを、1本ずつ間隔を開けて結んだものです。イカリに比べて掛かりは遅いですが、いったん刺さると外れにくい。なおチラシとよく似たハリでヤナギというハリもあります。ハリの向きがヤナギの葉のように同じ方向を向いているのがヤナギ、上下に違う方向を向いているのがチラシです。

もうひとつ「蝶バリ」という種類もあります。これは2本のハリを蝶の羽のように背中合わせにしたハリです。ジャッカルの「オトリミノー」というルアーには「両掛チラシ」という名で、2段式のダブル蝶バリが付属されています。

ハリ先の形状は「ストレート」と「シワリ」の2タイプ。ストレートはアユに触れた際にハリ先が立ちやすい。ただし、障害物との接触も多いのでハリ先が鈍りやすく、根掛かりしやす

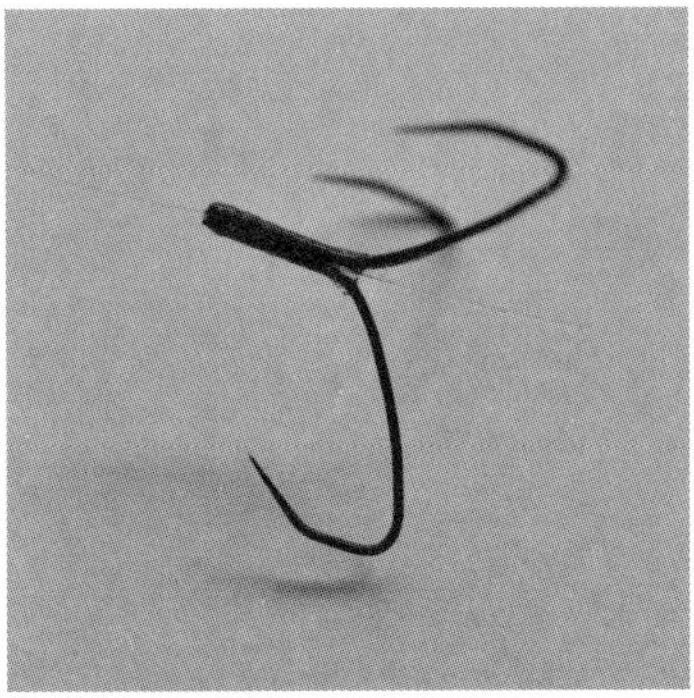

◀イカリ、チラシにかかわらず、ハリ先角度の小さいハリを選べばバラシは減る。ストレートは掛かりこそ早いものの、アユルアーにはリスクが高い。内向きにハリ先が向いている仕掛けがスタイルにマッチする

▲チラシは掛かるとバレにくい。このチラシのアユバリはハリ先の角度がネムっているので、掛かればキャッチ率は高い

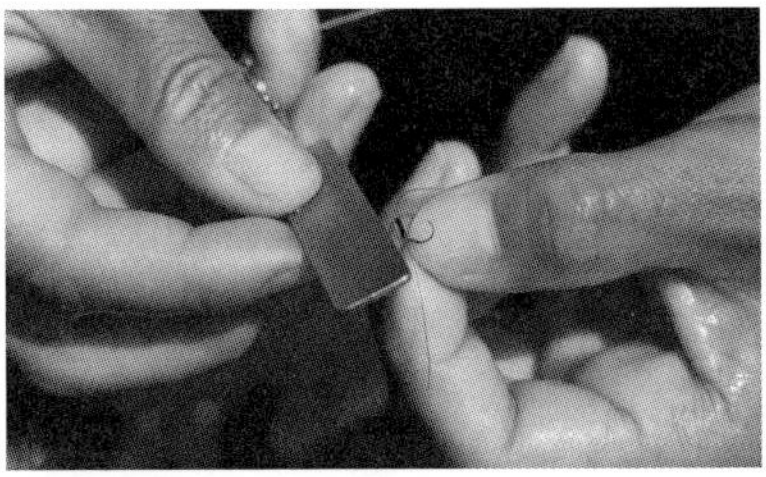

▲応急処置的にシャープナーで研ぐことはあるが、基本的にハリ先が少しでも鈍ったら交換一択

▲仕掛けはケースに収納しておき、こまめな交換を習慣にしておきたい。ワンデイパックを使い切るぐらいでちょうどいい

いのがネックです。シワリはハリ先が内向きにややネムっており、掛かるとバレにくい。障害物にハリ先が当たりにくいのでハリ先が鈍りにくく、根掛かりも軽減できます。アユルアーにはシワリタイプのアユバリを使った仕掛けがストレスなく楽しめます。まずは市販の1日パックを準備しましょう。

## 鋭いハリ先は鈍りが早く まめに交換する習慣が大切

アユバリで注目すべきはハリ先の角度と鋭さです。ハリ先の角度とは、ハリ先とチモトを結んだ線と実際にハリ先が向いている方向との間にできる角度を差します。ハリ先の方向がチモトに近づいてハリ先の角度が小さくなるほどハリ先が立ちづらくなりますが、いったん刺さると深く食い込んでしっかりホールドします。アユルアーにはホールド性に優れるハリ先角度の小さいアユバリが向いています。なぜならアユバリにはカエシがないからです。友釣りは追従性に優れるアユザオを用いて常にテンションが抜けないようにアユを寄せて取り込むので、そうそう外れませんが、アユルアーのキャスティングタックルはしなやかといってもアユザオに比べると張りがあり、アユが水面で暴れると不意にテンションが抜けることもあります。

## アユルアー向け掛けバリ　Hook

◀**D-MAX 鮎 SS ワンデイパック マーキング ダブルテーパーハリス（ダイワ）**
アユルアーにはキープ力の高い「キープ」6.5～7.5号がおすすめ

▶**龍のチラシ（太軸）（シマノ）**
キープ力の高い太軸シワリ型ハリの3本チラシ。良型が多くなる盛期から後期によい

▲**両掛チラシ（ジャッカル）**
ハリスからまるごとではなく、フックのみが交換できるという新しいシステム

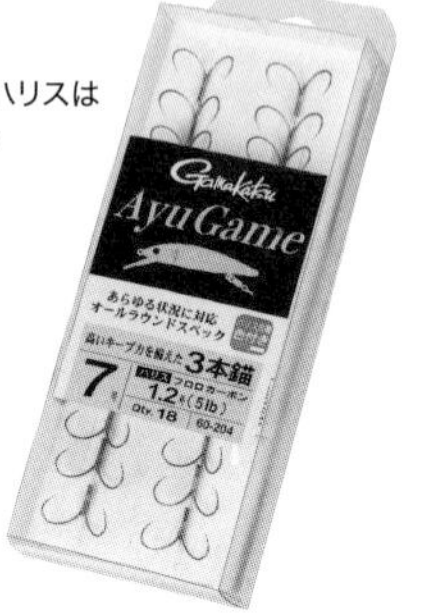


▶**アユゲーム 3本錨（がまかつ）**
キープ力を重視した3本イカリ。ハリスは1.2号。オールマイティーに使える

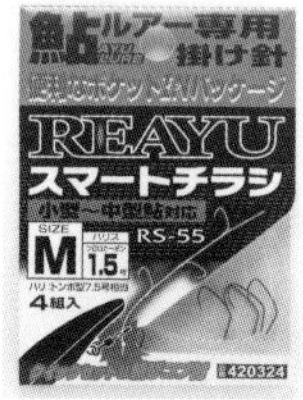


▲**リアユ スマートチラシ（カツイチ）**
ポケットに入れて取り出しやすい。スマートパックの3本チラシ

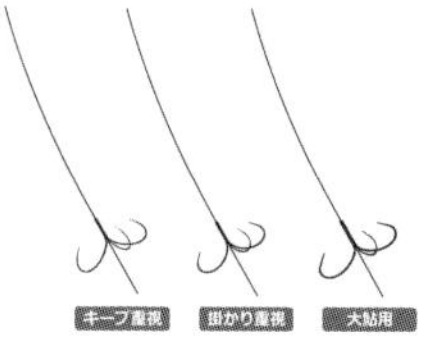


▶**鮎ルアーのフック（オーナーばり）**
キープ重視、掛かり重視、大鮎用の3タイプがある名のとおりの3本イカリ

ハリ先の鋭さは「尖頭（せんとう）倍率」という数値で表されます。これはハリ断面の直径（線径）に対してハリ先の長さが何倍あるのかを表しています。尖頭倍率が大きくなるほどハリ先は鋭くなるので刺さりやすくなり、逆に数値が小さくなると貫通性能では劣るもののハリ先の強度が増します。魚体に触れるだけで刺さり込むアユバリの尖頭倍率は10を超えます。ちなみに強度を求めるイシダイバリの尖頭倍率が3ほどです。頻繁に仕掛けを交換すべき理由がここにあります。底近くでルアーを泳がせていれば、イカリもチラシも常に底石で擦れています。いつまでも仕掛けを交換しないと、ハリ先が鈍って空振りする確率が高くなります。

　アユルアーは常に石とコンタクトしながらの釣りになります。縄張りアユが攻撃してきた時に空振りしたり、ヒットしたものの外れた場合は、ハリ先に問題があるかも知れないのですみやかに交換しましょう。釣りに慣れるまでは、「バラしたら即ハリ交換」を徹底して、こまめな仕掛け交換を習慣にすることです。イカリは見た目がトレブルフックに似ていますが、尖頭倍率を抑えて強度を重視したトレブルフックとは性格が正反対です。

　なお、ハリのレイアウトは、各河川の漁業組合が漁業規則で細かく決めています。掛けバリの数やハリス止メからの仕掛けの長さなど、釣行前に必ず確認しておきましょう。

ダイワ(グローブライド)

# アユイングミノー

## タイプの異なる3モデルで瀬を攻略

アユイングミノーは、浮力やリップの大きさなど仕様が異なる3アイテム。いずれもハリス止メに友釣り用のイカリバリをセットして使う。腹部のマグネットがリングを固定し、水の抵抗で暴れるフックを安定させる。リップ裏には水深や流れの変化に応じてシンカーをセットするアイが設けてあり、さまざまなシチュエーションに対応できる。ウェイトは流れの中で素早く立ち上がる固定式。ルアーの視認性を上げるため、ヘッドはチャート塗装が施されている。

94SFはなだらかで流れが一定のチャラ瀬やザラ瀬で使いやすい。110SFは弱浮力のロングリップミノーで緩い流れでも深場へのアプローチが可能。95SSは通常のミノーでは浮き上がってしまうような浅いチャラ瀬の攻略を得意とするスローシンキング。いずれも4カラー。

| アイテム | タイプ | 自重(g) | 全長(mm) | 希望本体価格 |
|---|---|---|---|---|
| 94SF | スローフローティング | 8 | 94 | 1,300 |
| 110SF | スローフローティング | 11.2 | 110 | 1,480 |
| 95SS | スローシンキング | 10 | 95 | 1,400 |

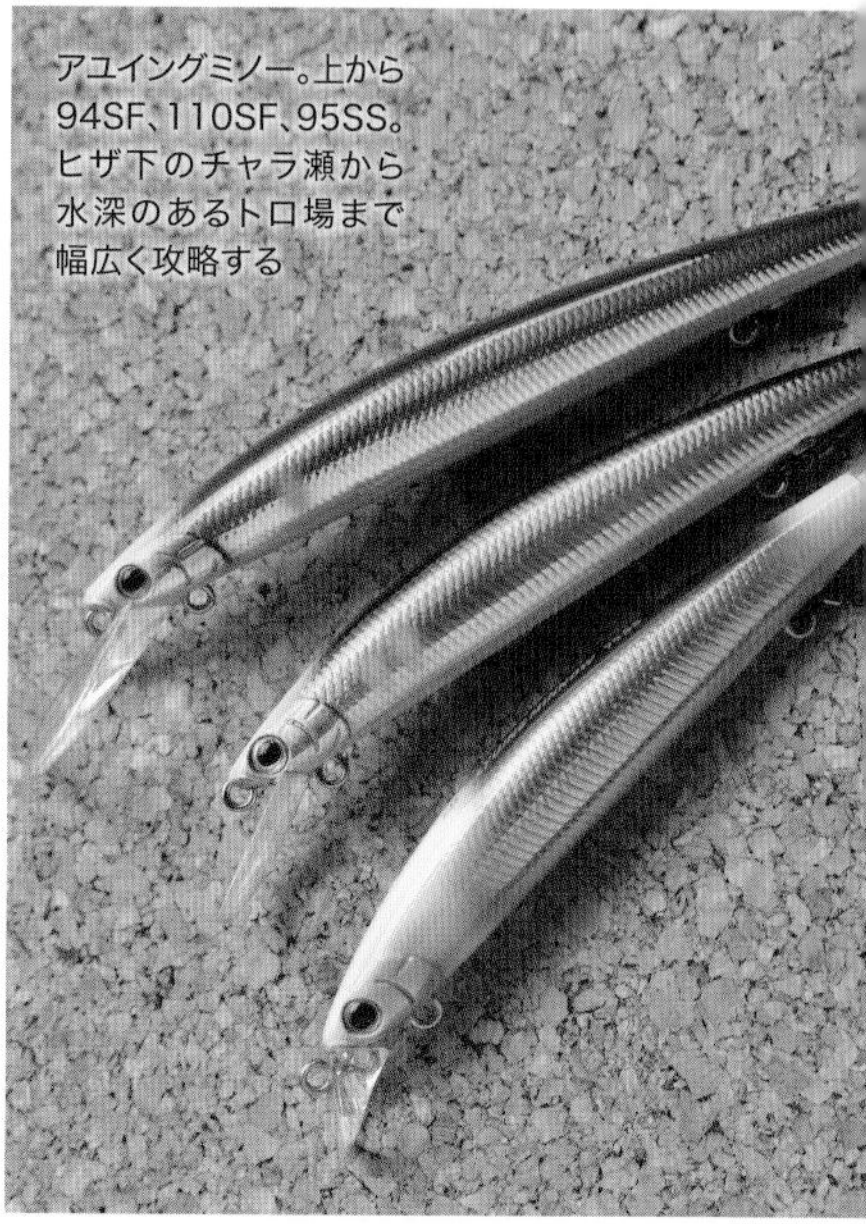
アユイングミノー。上から94SF、110SF、95SS。ヒザ下のチャラ瀬から水深のあるトロ場まで幅広く攻略する

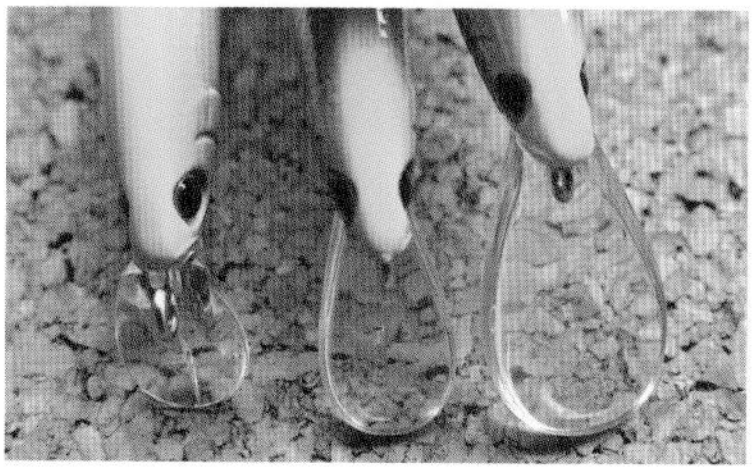
▲サイズを変えただけのミノーとは異なり、使いどころを熟考して、自重や浮力、そしてリップの形状も別々にデザインされた

▲視認性に優れるので水中でも正確に位置を把握でき、舐めるように石を攻めたい場面で威力を発揮する

◀95SSにはマグネットに加えてテールにハリスを挟むスリットが設けてあり、ハリスの高さと長さをスムーズに調整できる

▶流れの強い瀬ではエギング用のアゴリグシンカーを写真のようにセットする

ジャッカル

# オトリミノー

## ジョイント式尾ビレの動きで アユを誘う高機能S字ミノー

オトリミノーは既存ルアーをベースとして使わず、アユを釣るためゼロから開発設計したフローティングミノー。よく追われる活きのよいオトリを研究。尾の動きに特徴があることを突き止め、緩い水流でもしっかり泳ぐジョイント構造を採用。艶めかしくアクションしてアユを誘う。

緩急さまざまな流れに対応するためデュアルラインアイを採用。ミノーポジションでは緩い流れでもしっかりと尾を振って泳ぎ、バイブレーションポジションでは速い流れでもバランスを崩すことなく潜り込んでボトムにアプローチする。自動ハリス止メを後ろ向きに固定することでチラシバリが常に後ろに流れ、フックがラインに絡むストレスを軽減。付属の「両掛チラシ」はアユ用蝶バリを採用した二段式チラシバリである。ハリスごとではなくハリだけ交換可能。2サイズ、6カラー。

| アイテム | タイプ | 自重（g） | 全長（㎜） | 税込価格 |
|---|---|---|---|---|
| 88 | フローティング | 7.1 | 88 | 2,145 |
| 104 | フローティング | 10.8 | 104 | 2,178 |

オトリミノーは2サイズ。ジョイント構造による艶めかしいアクションが強くアユにアピールする

▲よく追われるオトリは尾の動きに特徴がある。オトリミノーは、その動きを取り入れた

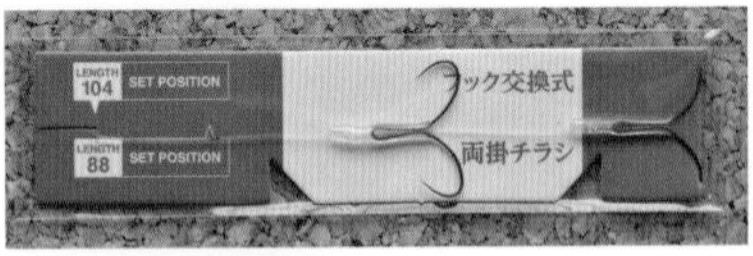



▲オリジナル二段蝶バリが同梱されている

◀腹側のアイに「オトリミノーカスタムウェイト」をセットすると、より流れの強い場所にもアプローチできる

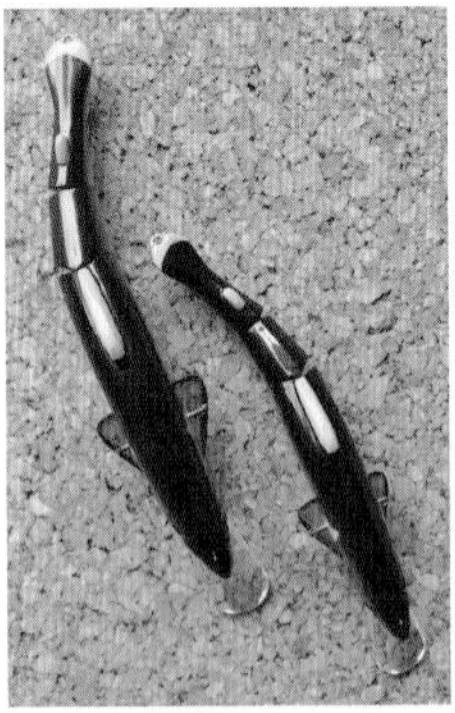

▲背ビレを蛍光カラーで塗装することで視認性を向上。サイトゲームの精度が上がる

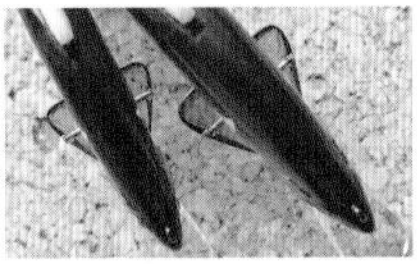

▲胸ビレがスタビライザーの役割を果たしてレンジキープを容易にする

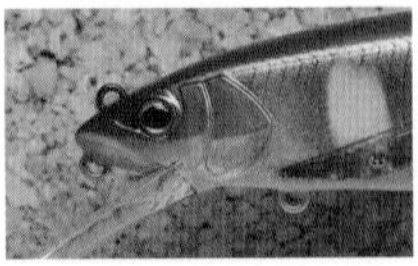

▲全国の河川が1つのルアーで攻略可能になるデュアルラインアイ

デュオ

# 流鮎《るあゆ》110F・擬鮎《ぎあゆ》

## 水平姿勢とリアルフォルムが武器

流鮎と擬鮎はリアルなフォルムが特徴のフローティングミノー。いずれも3カラーで、がまかつ管付チラシが同梱されている。

流鮎はアユルアーと友ルアーの兼用モデル。早瀬でもレンジキープできる潜行能力を持ちながら、警戒心の強いアユに違和感を与えず追わせる水平姿勢が特徴。また、破損に強い樹脂リップを採用。ノック音も小さい。リップは視認性に優れ、ルアーポジションが把握しやすく、ねらったポイントへ正確に入れられる。

擬鮎は友釣り用のリップレスアユルアー。遊動式の友釣り仕掛けがそのまま使えるので、手持ちのオトリが弱ってしまった時や最初のオトリ確保の場面で活躍する。抵抗が少ないリップレス構造なので、オトリが入らない強い瀬にもオモリを調整すれば簡単に送り込める。

| アイテム | タイプ | 自重（g） | 全長（㎜） | 希望本体価格 |
|---|---|---|---|---|
| ルアユ110F | フローティング | 15 | 110 | 1,980 |
| ギアユ | フローティング | 17.5 | 120 | 2,090 |

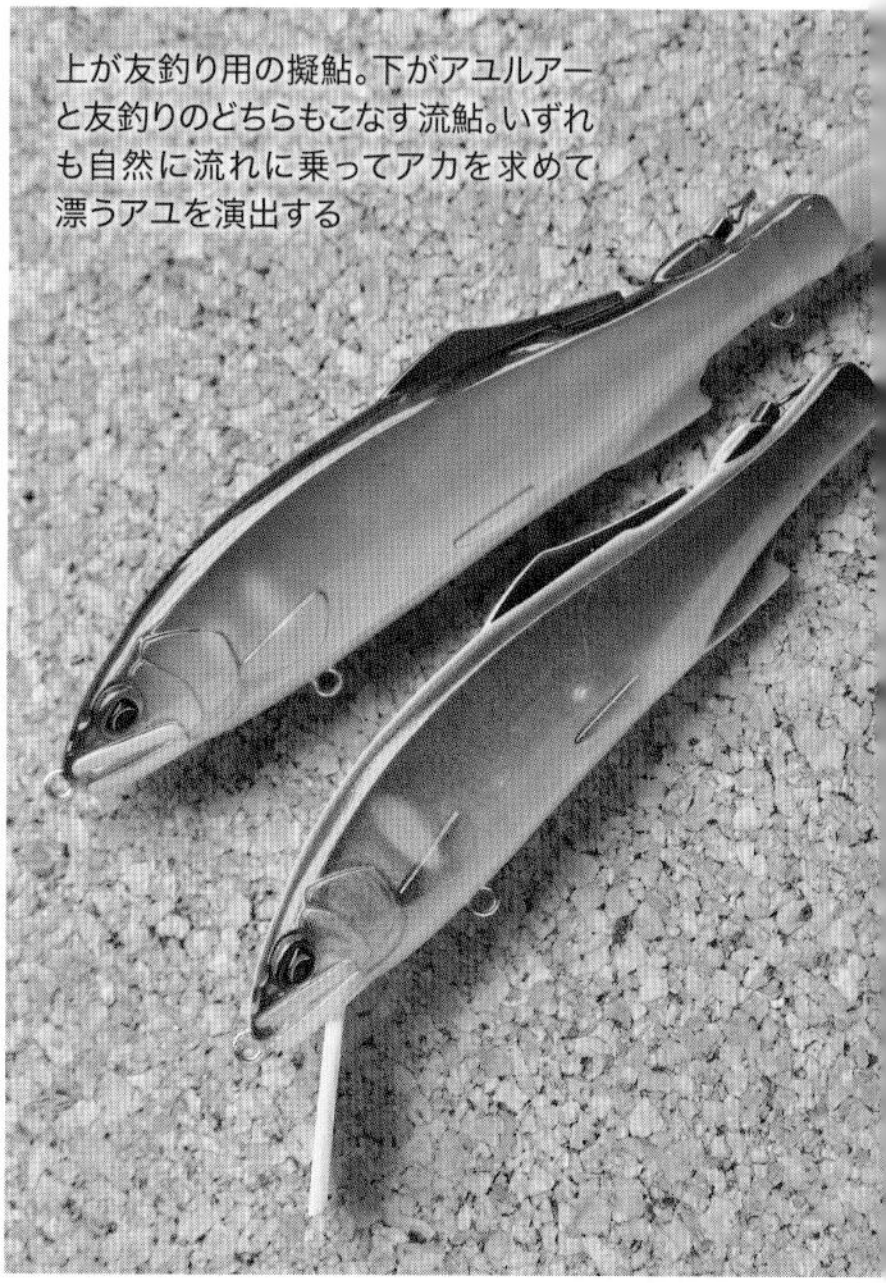

上が友釣り用の擬鮎。下がアユルアーと友釣りのどちらもこなす流鮎。いずれも自然に流れに乗ってアカを求めて漂うアユを演出する

▲上の擬鮎はテールパーツに逆バリを通してからハナカン回りの長さを調整

▲視認性に優れるイエローリップを採用した流鮎。チャラ瀬のサイトが面白い

▲ハリス止メを脂ビレに設置することで根掛かりを回避し、終盤戦には型ねらいの大バリ仕掛けも不安なく使える

▼遊動式のハナカン仕掛けならば流鮎も友釣りに使える。いろいろアレンジして縄張りアユの闘争本能をかき立てる

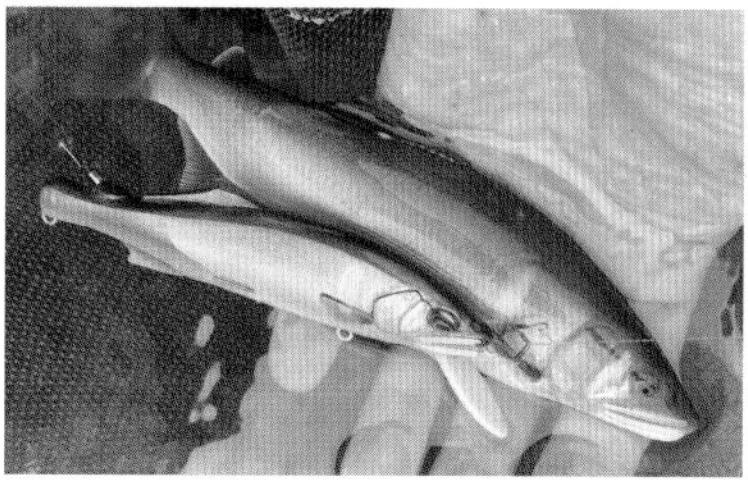

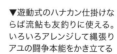

パームス

# エスケード
# エスケードバイブ

## 軽い引き抵抗が魅力のミノー&バイブ

キャスティングタックルで楽しむアユ釣りを目指して開発されたミノーとバイブレーション。いずれもアクションを妨げない位置にハリス止メを設定し、根掛かりが少ないカツイチ製チラシ鈎Mサイズを同梱。ルアーにまとわりつくアユを逃さずフッキングに持ち込む。

エスケードは、軽い巻きで水の流れを確実に捉える基板リップを採用した素早く潜行するフローティングミノー。石に当たるとヒラ打ちしてアユがアカが食んでいるようすを再現する。2サイズ、8カラー。

エスケードバイブは、比較的浅くて緩い流れに馴染むタイプ1と、強くて速い流れでもボトムをキープするタイプ2。ロッドで調整しながら際底で誘う。引き抵抗が小さいので、流れの変化やハリに触れるアユの動きを明確に感じられる。7カラー。

| アイテム | タイプ | 自重(g) | 全長(mm) | 希望本体価格 |
|---|---|---|---|---|
| EC-80MDF | フローティング | 7.5 | 80 | 1,500 |
| EC-100MDF | フローティング | 13 | 100 | 1,600 |
| EV100S1(Type1) | シンキング | 11 | 100 | 1,700 |
| EV100S2(Type2) | シンキング | 18 | 100 | 1,700 |

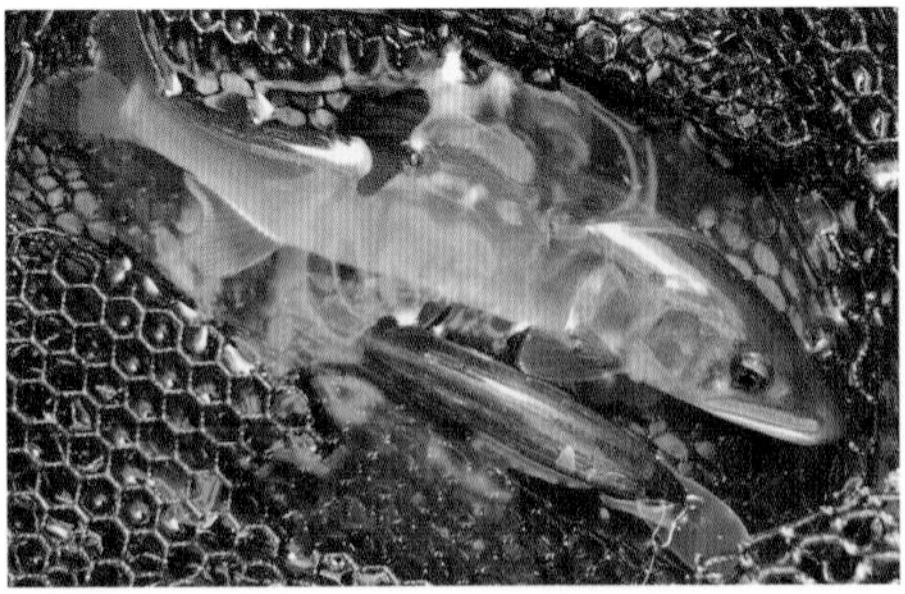

▲引き抵抗が軽いのでロッドを保持したまま長時間に及ぶゲームでも疲労度は軽い

上からエスケードバイブType1、エスケード100MDF、80MDF。ミノーとバイブレーションのコンビネーションでチャラ瀬から荒瀬までカバー

▲バイブレーションという新ジャンルに挑んだエスケードバイブは流れの緩急に応じた2タイプがある

▲マットやホロ、ゴースト系などカラーはバリエーションに豊か。限定カラーも登場

カツイチ

# リアユtypeR
# ベビーリアユtypeR
# リスケード

## 唯一無二のサイレントソフトベイト

リアユタイプRはアユルアーの先駆け的な製品。石などに当たっても音が出ない高耐久シリコンボディのソフトベイトルアー。友釣り用のリアユに環付き背カンとハリス止メをセットしてルアータックル特化型にチューニング。鼻先から背中にかけて背カンをセットするスポットアイが7つ設けてあり、水深や流れに応じて調整する。ファーストシンキングなので流れの強い瀬でも浮き上がらず釣りやすい。ベビーリアユタイプRは、小河川や上流域の水量の少ないフィールドで使うと効果的な軽量サイズダウンモデル。いずれも3カラーで価格はオープン。

リスケードは、パームスのエスケードをハナカン仕掛けで使えるようにチューニングした友ルアー。エスケードと同じく80㎜と100㎜の2サイズで展開。アユルアーと友釣りの同時入門にもってこい。

| アイテム | タイプ | 自重(g) | 全長(㎜) | 希望本体価格 |
|---|---|---|---|---|
| リアユtypeR | ファーストシンキング | 20 | 125 | オープン |
| ベビーリアユtypeR | ファーストシンキング | 15 | 105 | オープン |

▲ファストシンキングの特性を活かして石の際でシェイクしながら誘えば追い気の強いアユが飛び掛かってくる

上からリアユtypeRとベビーリアユtypeR。ストラクチャー撃ちと同じように目ぼしい石の3～5mまで近づいて、ピッチングやフリッピングで送り込む

▼友釣り仕掛けにセットして使うリスケード100Fと80F。フローティングなので使いやすい

▶ハリス止メ仕様のカスケードに対してリスケードは逆バリを打つためチューブが被せてある

リアユはチラシ、イカリどちらの仕掛けにも対応する。フィールドによって使い分けたい

# 川の釣りには遊漁券が必要

漁業法においてレジャーを目的とした海や川で魚介類を採捕する行為を「遊漁」といいます。遊漁のなかでも釣りは手軽なこともあって極めて人気が高く、それに伴ってさまざまなトラブルが聞かれるようになりました。海においては特別な許可を受けずとも自由に釣りが楽しめる場所が多いようですが、河川でそうはいきません。なぜなら河川は海に比べて魚介類の生産能力が著しく低いので、国から漁業権が認められている漁業協同組合が水産資源を管理しているからです。各河川の漁協には、資源の枯渇を防ぐためにアユやコイなどの漁業権対象魚種の増殖義務が課されています。漁協は常に川を整備して稚魚を放流することで漁場を維持しています。

そんな漁協が管理している河川で非組合員である我々一般アングラーが釣りをする場合は、遊漁規定に定められた入漁料を漁協に納めます。釣行の前に漁協が発行する「遊漁券」を購入しておきましょう。遊漁券は鑑札券や入漁券とも呼ばれ、その河川での遊漁を承認する証明書です。遊漁券には1日限定の「日券」とシーズンを通して釣行できる「年券」があります。まず一度体験してみるつもりなら日券を購入しましょう。

アユ釣りには各都道府県が制定する「内水面漁業調整規則」に加えて各河川の漁協が制定する「遊漁規則」があります。遊漁券を購入する前に遊漁規則の確認を忘れないようにしましょう。リールを用いる釣りを禁止していたり、そもそもルアー釣りを禁止している河川が少なくありません。キャスティングのアユルアーが楽しめるのか、ノベザオのルアー釣りに限って可能なのか、根本的に許されていないのか、事前に各管轄漁協のウェブで詳細を確認しましょう。

購入した遊漁券は、遠くからでも分かるように見やすい場所に付けておく。スマホで購入した場合は画面を見せるのでスマホを携帯しておくこと

なお、購入した遊漁券は現地を監視員が巡回しており提示を求められるので、背中や腕などの分かりやすい場所に付けておくのが基本です。原則として遊漁券は事前に購入するものです。無許可で釣りを行なうと密漁になります。現地入りするまでに遊漁券が購入できない場合を考慮して監視員に現場で支払うことも可能です。現場徴収は割り増しになるので、事前に購入しておくことをおすすめします。現在は周辺のコンビニでも遊漁券を取り扱っていたり、スマホからアプリを利用して簡単に購入できるので事前に買っておきましょう。こうした遊漁券による収入が河川の補修や稚魚放流に充てられます。この先も川で楽しくアユを釣るために遊漁券は必ず購入して身に付けてください。

第3章

# 釣り方解説

# 成長期に入ったアユルアー

## 天然遡上が豊富な河川からルールを確認して場所を選ぶ

まずアユルアーを始めるにあたり、ルアーを用いたアユ釣りが許可されているフィールドを調べなければなりません。ルアーの使用が禁止されてる河川では根本的にアユルアーはできません。必ず「リールを使ったルアー釣りができる」もしくは「ノベザオに限ってルアー釣りができる」のどちらかが認可されていることがアユルアーの絶対条件です。この釣り方が可能な河川は、アユルアーを提案しているメーカーのウェブサイトにも掲載されているので参考にしましょう。

アユルアーは敷居の高かったアユを身近なターゲットに変え、大きなブームを巻き起こそうとしていますが、まだ新しい釣りなので遊漁規則の整備が追い付いていない河川が多く、現時点でフィールドは限定されています。釣行前に必ず河川の遊漁規則を確認しましょう。遊漁規則は河川ごとに異なり、その詳細は管轄している漁業組合のウェブサイトで確認できます。ハリ数やルアーから掛けバリまでの長さに至るまで厳格にルールを定めている河川も少なくありません。また、段階的な解禁を見据えてルアー釣りの区間を設けている河川もあります。もちろん友釣り専用区でのアユルアーは禁止されています。ルールに則って楽しみましょう。できることなら最初は天然遡上が豊富で、湖産アユを放流している釣りやすい河川で始めるのが望ましいところです。

アユルアーは過渡期から成長期に入ろうとしており、現在は専用タックルも充実してきました。その一方でアユルアーの認知度が低いこともあって、都心から近いメジャーフィールドでも比較的空いています。ルアー釣りの区間にはオトリアユの販売店などもなく、人影も疎らなので釣りやすい環境です。まさに入門するのにベストのタイミングといえます。アユルアーは生きたオトリを使う友釣りには釣果で敵いませんいませんが、釣趣では引けを取りません。1尾を釣るまでのプロセスを楽しむ釣りという意味ではフライフィッシングに

アユルアーが解禁されるフィールドが増えてきているなかで、まだアユルアーを知らないアユ釣りファンも多い。アユルアーを根付かせるためにも、友釣りの世界を踏み荒らさない心遣いが大切。アユルアーが広まっていけば、理解を示す釣り人も増えていく

近いといえます。サイトゲームの要素が強く、石やルアーを見ながら釣ります。いわゆるルアーをロングキャストして巻いてくる釣りとは大きく釣趣が異なり、ルアーが目視できる範囲で展開していきます。手軽に楽しめる釣りでありながら、非常にテクニカルな一面を持つ抜群のゲーム性が魅力です。

なお、アユルアーは友釣りからヒントを得たものですが、得意とするロケーションが異なります。9mほどある長ザオを使う友釣りは大きく拓けた本流で、短いロッドを使うアユルアーはホソやブッシュが生い茂る小規模河川で威力を発揮します。友釣りと釣り場がバッティングしないようルアー釣りの機動力を生かしながら、友釣りではオトリを入れられないようなスポットをチェックしていけば釣果は得られることでしょう。

なお、友釣りではアユザオ2本以上離れるのがマナーとされています。アユルアーも10mほどキャストしますから、友釣りの先行者が見えたら不用意に近づかないようにしましょう。やむを得ず同じエリアに入る場合は、ポイントが被らないよう最低でも30mは離れましょう。もちろん釣り場に入る前に、先行者へ一声かけることを忘れずに。立ち込んで川下を釣るアユルアーは、友釣りのポイントに立っているようなものです。人気ポイントでは特に周囲に気を配りながら釣りましょう。

# 川を観察してポイントを読む

## 橋や土手から川を観察して アカが付いている石を探す

アユルアーは場所選びが肝心です。なぜなら入ったエリアに追い気の強いアユがいなければ、どれだけテクニックを駆使してもかすりもしないからです。アユルアーは友釣り以上にアユの追い気が釣果に影響を及ぼします。それゆえ川に立ち込む前の場所選びが極めて重要です。

慣れないうちはアユが縄張りを張っている石の見極めに苦労すると思われますが、足しげくフィールドに通ううちに釣れそうな雰囲気が分かってきます。川は常に目まぐるしく表情を変えながら流れており、川幅が広くて水深もあるエリアは止水域を思わせるほど流れが弱々しく、川幅が絞られたり浅くなったりすると途端に激流と化します。目を向けるのは、そんな変化点です。当然ながらアユが好む場所があれば、姿を見ないエリアもあります。釣り場について、そのまま川に入るのではなく、釣りを始める前に橋や土手の上から川全体を広く観察しましょう。川読みからアユのルアー釣りは始まっています。

アユの付いていそうな石は、水が澄んでいれば石の色や光沢を見て、ある程度判断できます。川のようすが手に取るように分かる高性能な偏光グラスが必須です。石の色については川によって特徴があるので、画一的ではありません。黒光りしている石には良質なアカが高確率で付いています。濃い茶色やオレンジ色の石も見逃せません。基本的に色が濃い石にアカが付きやすいものの、白い石にアカが付く河川もあります。

アユが付いている石はアカが常に削り取られてツルツルに磨かれています。石に付いたアカを食べた後に表面に残る「ハミ跡」が目印です。このハミ跡がなくなるほど食まれた石もあります。そこら中の石にハミ跡が残っていれば、それだけアユも多いことを意味しています。ちなみに橋の上から見ると、ハミ跡のある石は輪郭がはっきり見えます。確信が持てない時は川に下りて、実際に石に触れてみることです。水深があって底石の色が分からないエリアでは、立ち込んで底の石を足裏で擦り、その感触で判断しましょう。

## ポイントが連続する中洲と段々瀬の瀬肩は要チェック

アユルアーのポイントは、大小さまざまな石が入った変化に富んだ瀬が向いています。瀬肩の上にトロ場や淵があり、瀬肩からさまざまな形状の瀬を経て瀬尻に至り、再びトロ場や淵が控えているような、地形や流れの変化が連続する場所が理想です。

例えば中洲は誰が見ても分かる大きな地形変化です。本流と分流があり、瀬肩から瀬尻にかけてチャラ瀬から荒瀬、トロ場が連なるポイントの集合体です。落差の大きい段々瀬があれば、その上下流は外せない鉄板ポイントです。なぜなら落差のある段差がアユの行く手を遮るので、必然的に魚が溜まりやすいからです。特に段々瀬が始まる直前に少し流れが緩まるトロ場があると、上流から降りてきたアユが強い流れに落ちるのを嫌がって踏みとどまり、密度が高まって激しい縄張り争いが繰り広げられます。そんな段々瀬の瀬肩はシーズンを通してヒットが期待できます。

釣り場に到着したら川を広く見渡せる場所から瀬肩を中心に石をチェックする。最初はよく分からなくても、釣行を重ねるといろいろ見えてくる

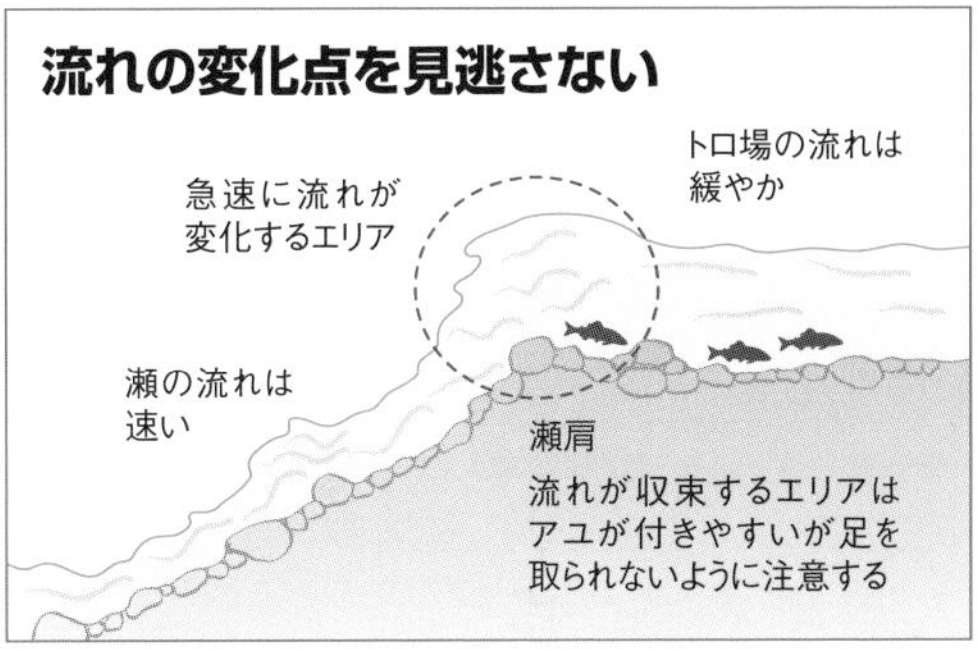
流れの変化点を見逃さない
トロ場の流れは緩やか
急速に流れが変化するエリア
瀬の流れは速い
瀬肩
流れが収束するエリアはアユが付きやすいが足を取られないように注意する

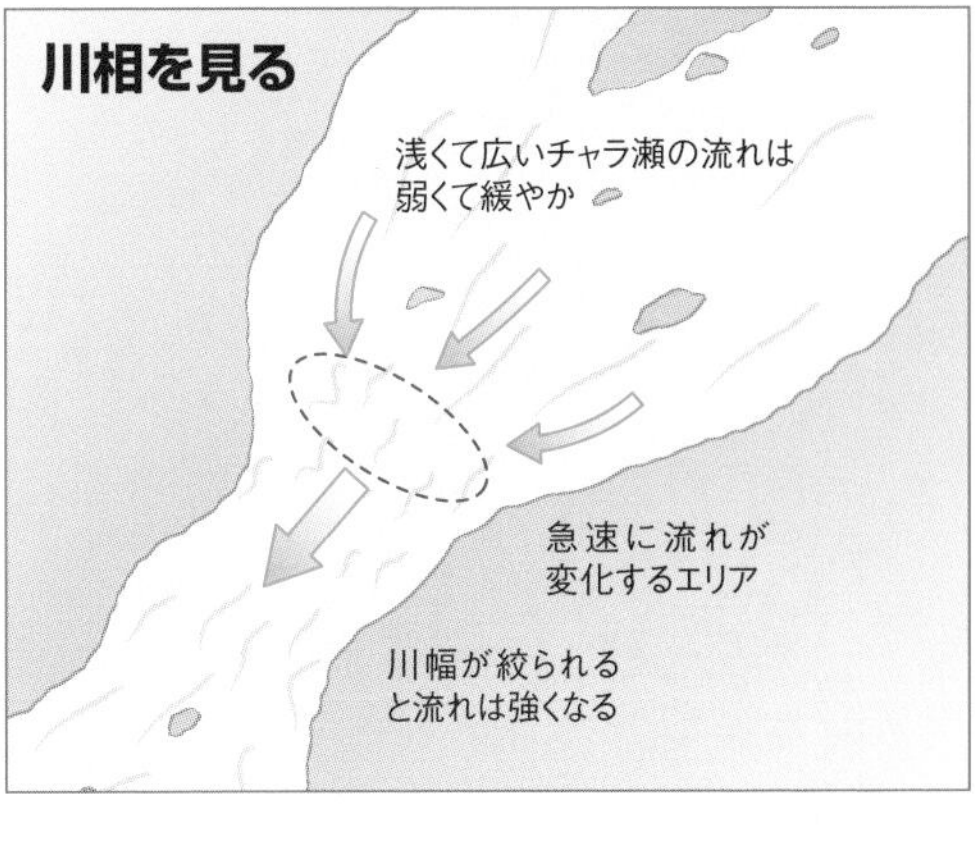
川相を見る
浅くて広いチャラ瀬の流れは弱くて緩やか
急速に流れが変化するエリア
川幅が絞られると流れは強くなる

いかにも縄張りアユが付いていそうな石が転がる。よく観察すると、アユが付いてアカを食んでいる。この石の位置を覚えておいて上流に回り込んでアプローチすれば、まさに見えているアユがルアーを攻撃してくる
アユ!

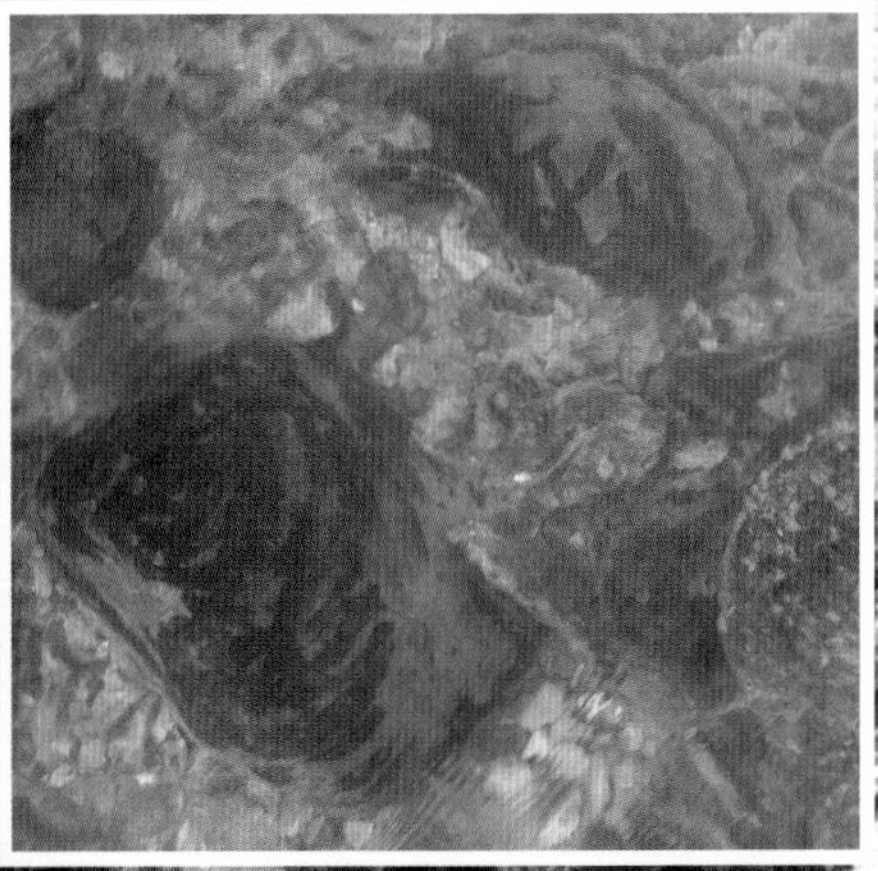

アユのハミ跡。泥を被った石が磨かれてアユの歯形が残る。石の色は河川によって異なるが、石の光沢というか「艶」を見るのが大切だ

アユは「川の掃除屋」とも言われる。隅々までアユがいきわたると川がピカピカに輝いて見える

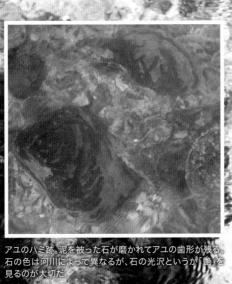

中洲や段々瀬のようなひと目で分かる大きな地形変化が見当たらない場合は、とにかく川面が白泡で覆われていたり、大きく波立っている瀬に入りましょう。水面の隆起が激しい場所は川底の変化に富み、大きめの底石が入っていると思われます。以上のことから分かるように初めて入るフィールドでは、まず川へ入る前に水通しのよい瀬肩周りをチェックしましょう。瀬肩の石を見ればフィールドのコンディションがある程度は推測できます。泥に埋もれていたりアカが

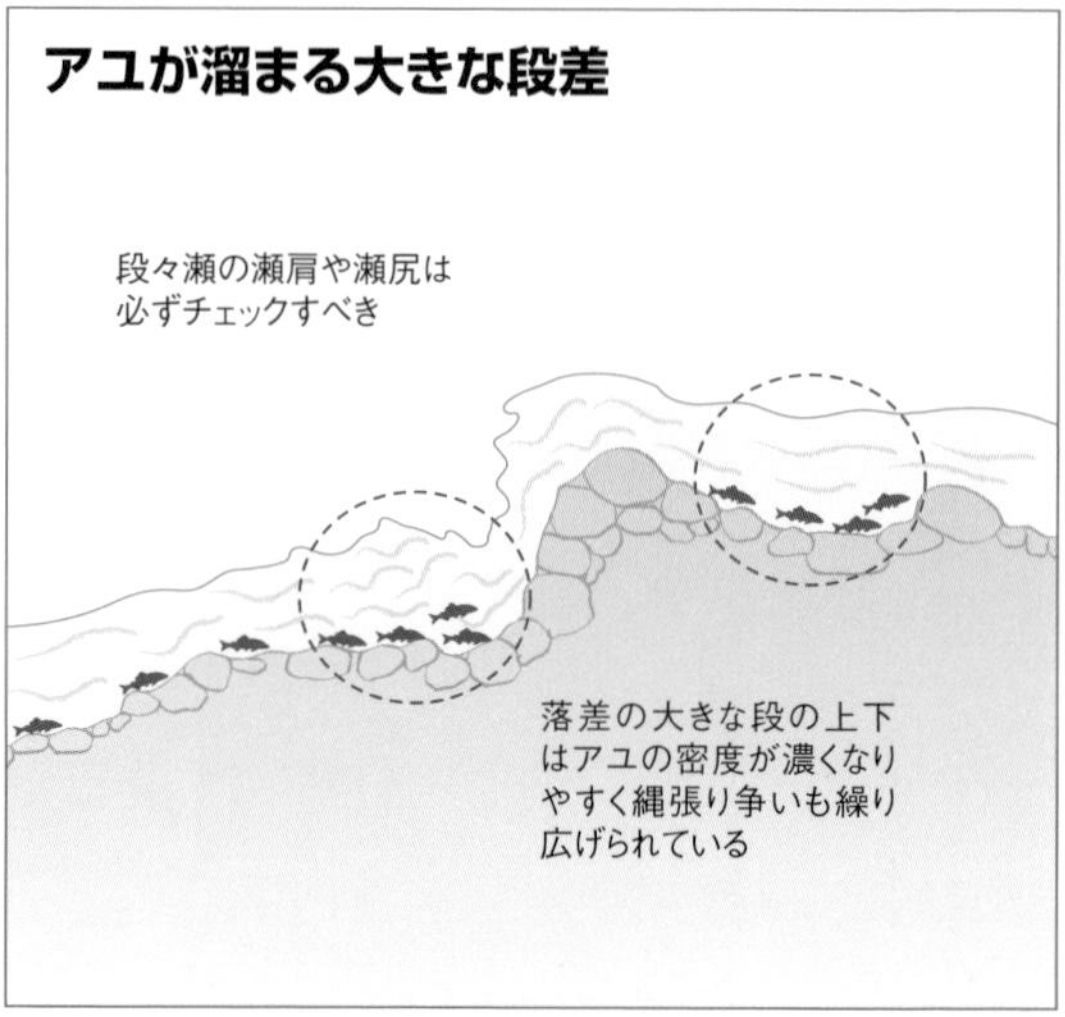


アユが溜まる大きな段差
段々瀬の瀬肩や瀬尻は
必ずチェックすべき
落差の大きな段の上下
はアユの密度が濃くなり
やすく縄張り争いも繰り
広げられている

▲波立っている場所が瀬頭。その手前が瀬肩になる。この境界線で地形が変化して流れが急速に速まっている。まずは瀬肩周りの石をチェックして釣り下っていく

▼群れアユといってもアカは食むので釣れそうに見えるが、縄張り意識が薄いので釣れにくい。偶然引っ掛かる程度なので惑わされずにスルーが賢明

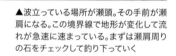

腐っていたりと石がくすんでいたら、その周辺に縄張りアユはいません。逆に石がきれいに磨かれていたら迷わず瀬肩から釣りをスタートしましょう。

なお、エントリーする際は、石の大きさや水深などと合わせて周辺の木や電柱、護岸の模様などを覚えておき、最初に入る位置の目ぼしを付けておきましょう。橋の上から見た川と河原に降りて見る光景とでは、水深や波立ちなどのイメージが異なるので注意しましょう。

## 友釣りの金言にならってマヅメ時は淵寄りの瀬を攻略

アユは夜のうちは流れの緩い淵やトロ場に身を寄せ、明るくなるとアカを食べるため瀬に出てきて目ぼしい石に縄張りを張ります。流れの筋が通っている瀬肩の石が本命です。実際に黄色いアユがキラキラとヒラを打ちながらアカを食んでいる光景を目にしたら大チャンスです。静かに近づいて川上からルアーを送り込めば高確率で攻撃してきます。

また、磨かれた石が転がる瀬肩でたとえ釣れなくても、下流の瀬には多くのアユが入っていると思われます。そのまま石を探りながら瀬を釣り下っていきましょう。ハミ跡のある石の際にルアーを入れて、石の上や頭に通しながら舐めるように誘います。サイトフィッシングができれば縄張りアユの近くにルアーを落とし込んだり横から通すなど反応を伺いながら誘えば、ルアーの後方でキラリと光ってロッドが絞り込まれることでしょう。

ちなみに川を観察していると時おりアユが大きな群れを形成してゆっくり回遊しています。いかにも簡単に釣れそうに感じますが、人の手で育てられた人工アユに見られる群れアユの中にルアーを泳がせても簡単には掛かりません。群れる人工アユは追い気が弱く、ルアーに無関心であるケースがほとんどです。この群れアユがビギナーにはクセモノです。惑わされて釣り場に入っても、かすりもしません。あくまでルアーに反応するのは追い気の強いアユなのです。

友釣りには「朝瀬昼トロ夕のぼり」という格言があります。朝一は瀬に入って追い気の強いアユを釣り、昼になったらトロ場で活性が上がってくるアユを静かにねらい、夕方には淵やトロ場から瀬に入ってくるアユを釣るという一日の釣りの組み立てを的確に表現しています。そのままアユルアーに当てはめればいいというわけではありませんが、朝と夕方は追い気の強いアユが瀬に入っているので集中して釣りましょう。また、朝一に瀬を釣るといっても、解禁直後は地域にもよりますが水温が低くてアユの動きが鈍いケースも多く、陽射しが強くなって水が温まってくるまでは浅トロで粘るのも手です。

# シーズン中の行動パターン

## 序盤戦は上流域に注目！夕食みが最大のチャンス

■解禁初期

5～6月の解禁して間もない時期は、河川の上流域や支流が有望です。これは上流域のほうが放流アユの密度が濃くなりやすいのと大きなしっかりとした石が入っているからです。シーズンの序盤は水温の低い川が多いです。アユの活性が低いことも踏まえて水温が高まる8時以降に入川するのがおすすめです。午前10時ぐらいまでは石裏の弛みやボサ際の少し掘れたような場所にアユはかたまっていますが、追い気が弱いためルアーにはなかなか反応してくれないと思います。そして水温が上がるにつれ、少しずつ流れの強い場所にアユは入るようになります。特に大きめの石が入っている場所がよく、昼ごろから平瀬でよく釣れます。アユが食んでいる石があれば、そこをねらい撃ちにして石にルアーを擦り付けるようにして留めておくのが肝心です。

■盛夏

梅雨が明けて高水温期に入るとソフトボールほどの石が転がる早瀬やチャラ瀬でも数が出るようになります。水温が安定して海から遡上した天然アユも成熟し、朝から瀬でゲームが楽しめます。朝の早いうちはトロ場や淵に隣接した瀬肩や瀬尻がねらいめです。朝一番はチャラ瀬のような浅場のど真ん中では連発することはそうそうありません。お昼近くになれば水温が上がってくるのでアユは瀬の広範囲に散らばります。状況を見ながら好みのポイントに入れば問題ありません。縄張りアユは元気な個体ほど流れの強い場所に入る傾向があります。積極的に瀬を探りましょう。

特に夕方は瀬肩で連発するチャンスです。釣り人が減って川が静かになる夕方は、上流のトロ場に身を寄せていたアユが瀬肩にアカを食みに出てきます。「夕食み」と呼ばれる現象ですが、この時間帯はアユの警戒心が薄まるうえに活性も上がっているので連続ヒットになります。

## アユもバテる高水温期は支流の流れ込みをねらう

■土用隠れ

真夏はポイントの読み方が少し特殊です。友釣りでは「土用隠れ」という専門用語があります。これは7月中旬から8月中旬にかけて川の水温が高くなり過ぎてアカが腐り、瀬からアユが消える現象を指します。

そんなアユも苦しい高水温期は、少しでも水温が低いスポットが好釣り場となります。例えば支流の流れ込み。支流の多くは本流よりも水温が低いので、合流点付近で必ず水温が下がります。支流の水質にもよりますが、良質のアカが付いていれば、高確率でアユが集まって縄張り争いをしています。

定番ではありますが、本流ならば瀬肩や瀬尻、より多くの酸素が溶け込む段々瀬などが本命です。これらの川の勾配が変化している場所は、伏流水が滲み出ていることが多いので水温が下がりやすく、他のエリアのアカが腐っていても良質なアカが残っていたりします。

なお、アユが瀬の中に入るためには、しっかり泳がなくてはなりません。真夏の高水温期はアユが体力を消耗しやすい時期なので、活発に動くのは夕方です。夕食みのチャンスタイムを中心にねらうことが理想です。納竿間際の夕方1時間で釣果の半分以上が釣れることもあります。晩夏は夕方の瀬肩に注目して、アユのハネや水中でのきらめきを見逃さないようにしましょう。

シーズンを通して瀬肩と瀬尻は外せないポイント。朝に瀬肩の石をチェックして瀬を下りながら丁寧に探っていけばツ抜けも期待できる

■秋

9月以降は終盤戦ですが、アユルアーはまだまだ楽しめます。ただし開幕当初に釣っていた上流域から下流域にメインの釣り場は移ります。序盤戦によく釣れる上流域ですが、終了するのも早く、最後まで釣れるのは下流域になります。流れが強い急瀬よりは少し流れの緩やかな平瀬をアユが好むようになります。こうしてシーズンのアユの行動パターンを踏まえると、序盤は放流アユの多い河川の上流域、終期は天然遡上が多い河川に釣行すると好釣果に恵まれやすくなります。

# アユルアーの基本はラン&ガン

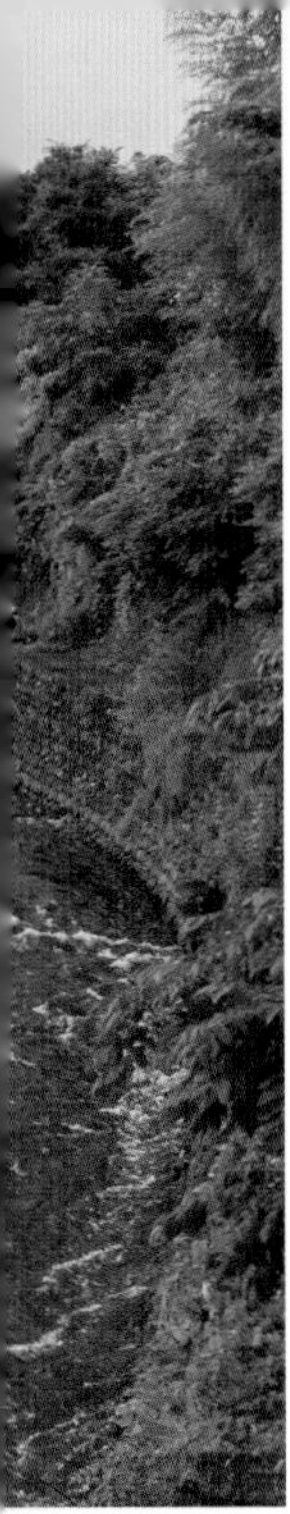

## 釣り人の混雑具合に惑わされず空いている瀬にエントリーする

釣り人で混み合っている光景を目にすると、何となく釣れそうな気がして同じエリアに入りたくなりますが、友釣りファンが並んでいるような場所に割り込む行為は、トラブルを避ける意味でも慎みましょう。友釣りファンは駐車スペースからエントリーしやすい場所に入ることが多いです。混雑しているからといって必ずしも数が釣れる一級スポットにはなりません。当然ながら人が多ければアユも抜かれています。アユルアーは追い気の強い魚以外は反応しません。少し川原を歩いてでも人の疎らな瀬に入ったほうが、自由に探れるので釣果率は高まります。目の前の瀬が賑わっていても、ひとつ下の瀬はガラガラ、もうひとつ下は貸し切りなんて状況も珍しくありません。アユルアーの機動力を生かしたランガンスタイルで釣果を稼ぎましょう。なお、たとえ釣り場が選べない状況でも、先行者がいたら少なくても30mは離れなければなりません。楽しい一日を過ごすためにもモラルある行動をとりましょう。

ポイント選びで重要な点は、追い気の強いアユがどこに残っているかを考えることです。つまり、サオ抜けを見極めること。たとえば、川が大きく蛇行していたり道路から離れているような見通しの悪いエリアは典型的なサオ抜けスポットです。また、先に挙げた駐車スペースから距離がある瀬もねらいめになります。

また、瀬にエントリーする際は、必ず入る前に全体をチェックしましょう。長さが１００ｍを超えるような瀬の場合は、トロ場や淵から近い瀬肩や瀬尻が有望です。これは瀬肩や瀬尻から縄張りアユが釣られても、次々と深みからアユが補給されるからです。一方で瀬の中央付近はアユが抜かれてから回復するまでに時間を要します。先行者がひと通り釣った後に入っても、いまいち反応が鈍かったりするので注意が必要です。そういった意味では20~30mの短い瀬のほうが、上からも下からもアユが補給されるので有望です。大場所よりも小場所が釣れるのは意外と盲点だったりします。

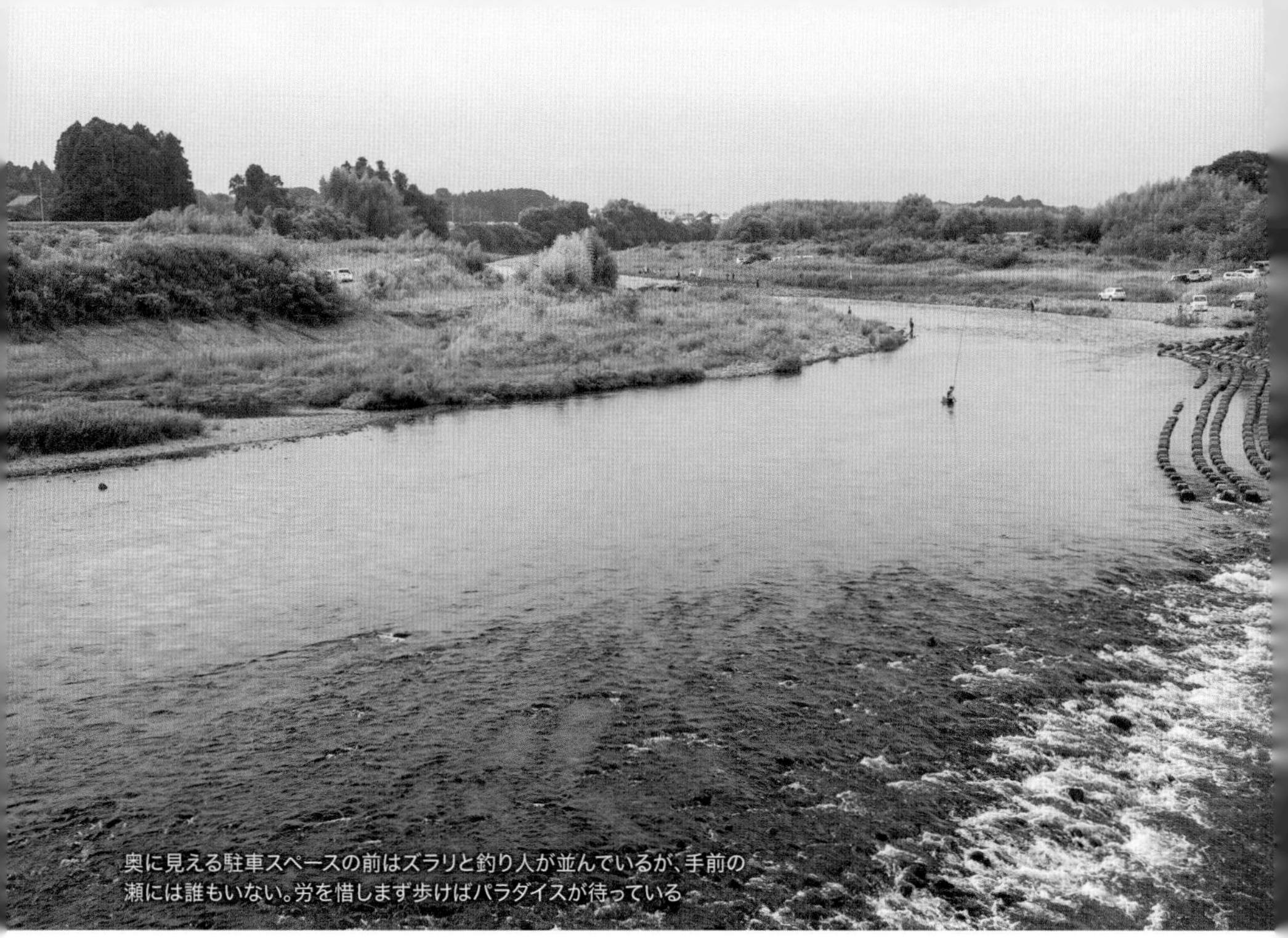

奥に見える駐車スペースの前はズラリと釣り人が並んでいるが、手前の瀬には誰もいない。労を惜しまず歩けばパラダイスが待っている

## ハイプレッシャーエリアも探る筋をズラせばサオ抜けになっている

解禁日でなくても何日も人が入っていないフィールドでは、驚くほどアユが好反応を示します。それだけ釣り人によるプレッシャーが大きいということです。人気河川には、毎日入れ替わり立ち替わり釣り人が入って相当数のアユを抜いていきます。だからアユに掛かるプレッシャーも相当です。そんな状況のなかで釣果を得るためには、少しでも叩かれていないサオ抜けスポットに入る工夫が必要です。

ライトゲームの機動力を生かして人のいない場所まで河原を歩くのが確実ですが、どうしても他の釣り人とバッティングしてしまう場合は、立ち位置をズラして探る筋を変えることです。単純なことですが、しっかり意識して実行すればかなりの効果が期待できます。

友釣りを見ていると釣り人が似たような場所にズラリと並んで同じ筋を釣っている光景を目にします。コンスタントに釣っている人は、意識して後ろに下がったり前に出たりして、流れの筋をズラして釣っていることが分かるはずです。立ち位置を変えただけの僅かな違いですが、サオ抜けしている流れの筋を探ることで釣果に大きな差がつきます。また、あえて対岸に回り込んで釣る。もしくは川の中央からヘチに

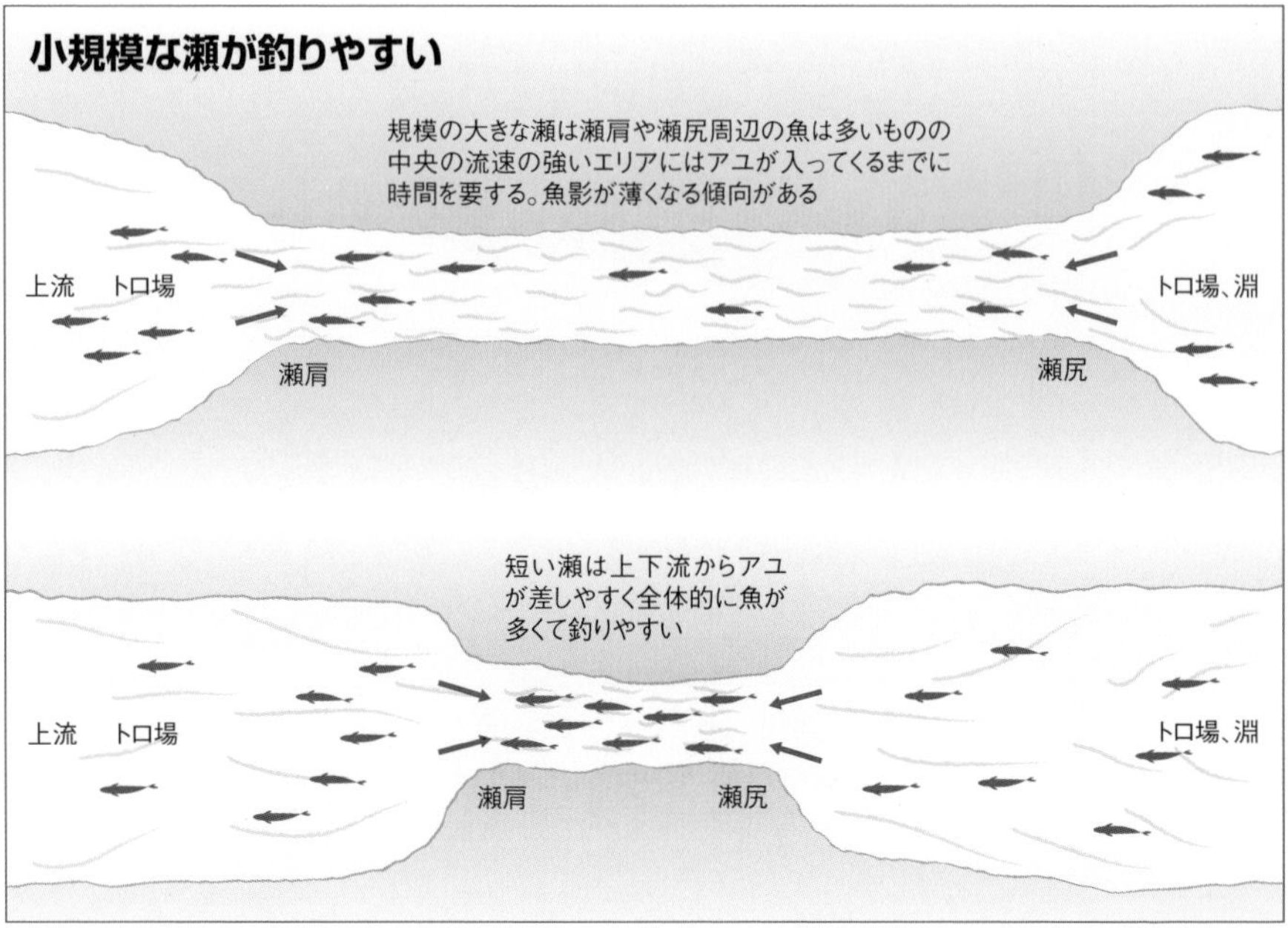
小規模な瀬が釣りやすい
規模の大きな瀬は瀬肩や瀬尻周辺の魚は多いものの
中央の流速の強いエリアにはアユが入ってくるまでに
時間を要する。魚影が薄くなる傾向がある
上流　トロ場
トロ場、淵
瀬肩
瀬尻
短い瀬は上下流からアユ
が差しやすく全体的に魚が
多くて釣りやすい
上流　トロ場
トロ場、淵
瀬肩
瀬尻

向かって釣るのも有効です。もちろん先行者が探っているポイントに立ち込んではいけません。周囲の釣り人がどこを釣っているのかを常に気を配りながらサオ抜けを探すことです。

また、アユはアカが付いた石と生きた流れがあれば、足首ほどの水深しかない浅場にも大胆に入ってきて縄張りを張ります。たとえ浅くても石がきれいに見えたらルアーを入れてみましょう。浅い場所も友釣りでは攻めづらいので高確率でサオ抜けしています。ルアーを入れれば答えはすぐに出るので、あまり粘る必要はありません。きっちりと追い星が出ているアユがポンポンと釣れたら、その周りのちょっとした泡立ちすべてにアユが付いている可能性があります。そんなサオ抜けを見つけたら入れ掛かりも夢ではありません。慌てて場所を荒らさないよう丁寧に釣りましょう。

また、友釣りでは攻められない場所といえば、本流脇のホソも要チェックです。両サイドから葦などの草が覆い被さってきているような細い流れの下でも、しっかりアユが縄張りを張っています。しかも手つかずの場所なのでアユの反応は抜群です。こうした友釣りでは攻められない場所を探してチェックしていけば、必ずや釣果を手にできるはずです。■

爽やかに晴れ渡った典型的な釣り日和は大勢の釣りファンがフィールドに繰り出すが、雨模様なら人も少ない。真夏の高水温期なら雨は恵みになる。上流部の降水量には注意が必要だが、雨が降ったら積極的にフィールドに出掛けたい

▲水面の隆起や凹みの下には大きな石が転がっていたり、段差になったりしている。こうした部分の石が濃い茶色や黒っぽく見えれば間違いなく良質のアカが付いている。そして川底が明るく見え、石に光沢があればアユが付いている可能性が高い

◀本流の脇を流れるホソを見つけたらチャンス。友釣りでは到底探れない場所にはやる気満々のアユが残っている

## 友釣りでは攻められない激浅瀬と細流をチェック

川の流れは上層が強くて下層は弱くなります。特に大小さまざまな石が転がる瀬では、底の起伏に流れが当たって複雑になっているので、底の流れは緩くなります。大きな石に当たれば水面近くまで流れが押し上げられて水面が大きく盛り上がり、波を立たせて白泡が広がりますが、そんな隆起する水面でも底近くは意外と穏やかだったりします。特に石の前後は流れが緩まるスポットが生じてアユが定位しています。また、同じように流心から離れて岸に近づくほど流れは弱くなります。

この上層の強い流れにラインを引っ張られるとルアーが浮き上がってしまうので、上層の流れを受け流すラインのメンディングがアユルアーでは求められます。強く流れている瀬が釣り場ではありますが、いきなり早瀬や急瀬に入っても釣りになりません。まずはルアーが流れを受けて潜行する程度にサラサラと流れている

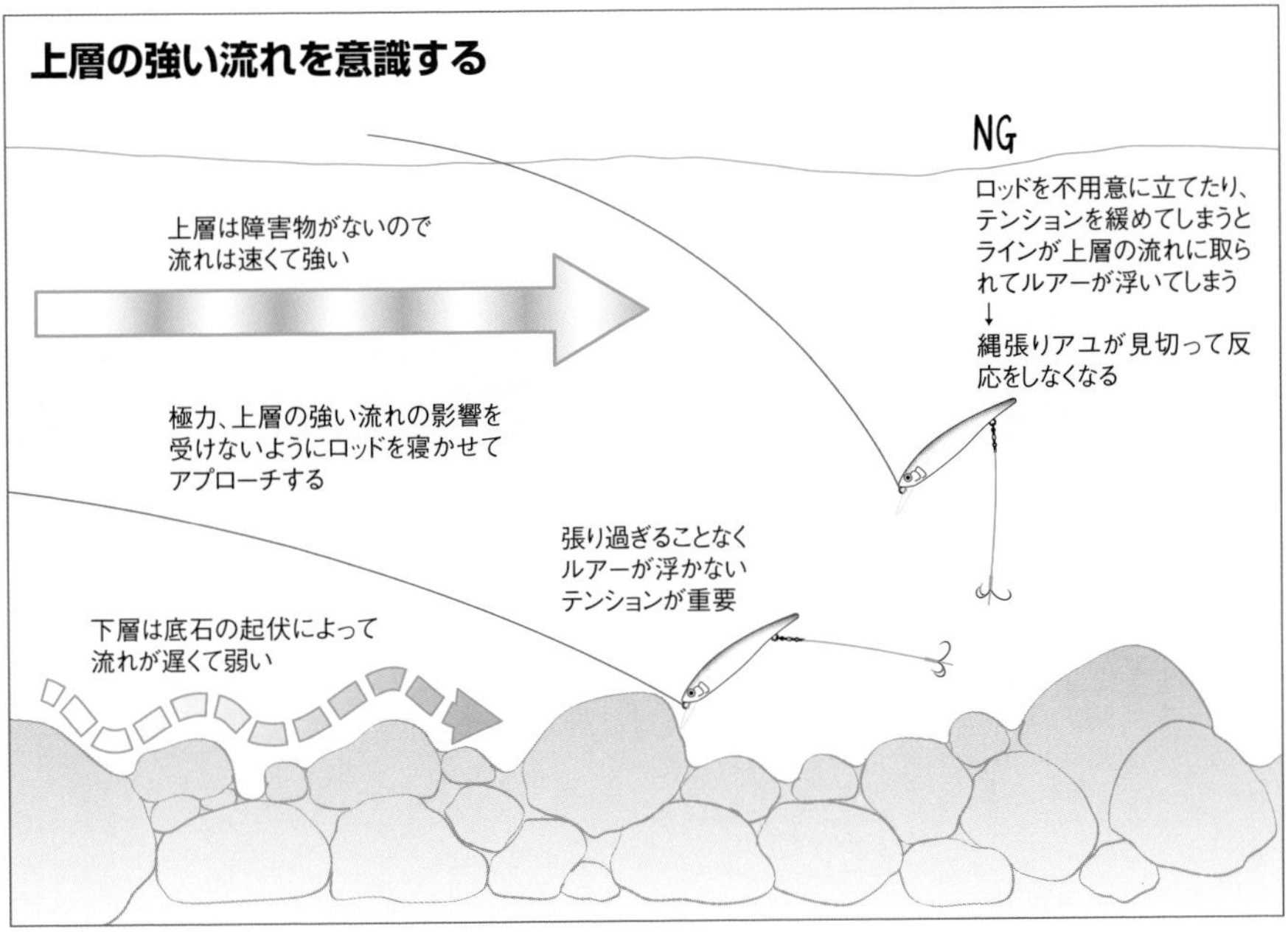
上層の強い流れを意識する
NG
ロッドを不用意に立てたり、テンションを緩めてしまうとラインが上層の流れに取られてルアーが浮いてしまう
↓
縄張りアユが見切って反応をしなくなる
上層は障害物がないので流れは速くて強い
極力、上層の強い流れの影響を受けないようにロッドを寝かせてアプローチする
張り過ぎることなくルアーが浮かないテンションが重要
下層は底石の起伏によって流れが遅くて弱い

チャラ瀬やザラ瀬に入りましょう。浅瀬ならルアーの動きやアユの反応を目で確認しながら楽しめます。

チェックするポイントは川読みでも解説したアカ付きのよい石です。そしてアユがしっかりと食んで川底に光沢のある石です。追い気の強いアユが縄張りを張っていれば高確率でルアーに反応してきます。ただし、川を一望できるような高い場所がなかったり、川に濁りが入っていたりと底石の状況が確認できない状況も普通にあります。そんな時は泡立ちと波立ちをねらいましょう。これは水面に底の地形変化が現われているからです。さらに波や泡が立っていないトロ瀬ならば、辺りを見渡して一番水面がうねっている場所に入れば大きく外すことはありません。溝も見逃せないポイントで周りより深くなっているので水量があって、流れも強くなっています。溝の幅は川の規模によってさまざまですが、周囲に比べて流れの筋が明確なのでひと目で分かるはずです。友釣りでは馬の瀬が一級ポイントといわれますが、逆形状の溝にも多くのアユが縄張りを張っています。

# キャスティングスタイルの基礎

### 基本タックル

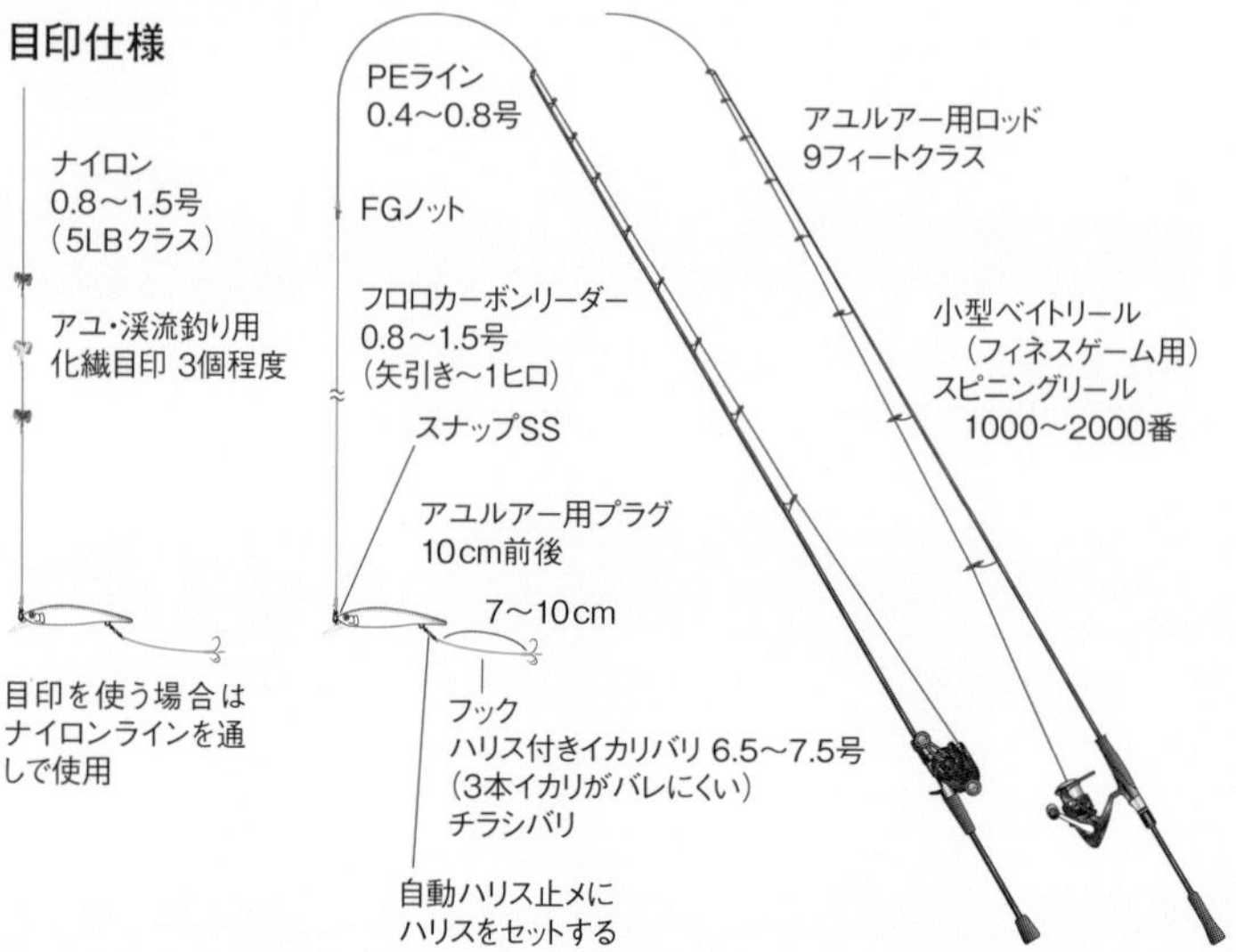


## ロケーションと釣り方に合わせて スピニングとベイトを使い分ける

アユルアーにはスピニングリールやベイトリールを用いる「キャスティングスタイル」と、リールの使用を禁止する河川でも楽しめる「ノベザオスタイル」があります。まずはメインというべきキャスティングスタイルにスポットを当てて釣り方を解説していきましょう。

まず最初にキャスティングスタイルのアユルアーを楽しむうえで鉄則が2つあります。それは「投げない」と「巻かない」です。この2点を徹底することが上達の一歩です。リールを使う釣りなのに投げたり巻いたりしてはダメとは不可解ですが、これが縄張りアユにルアーを追わせるための最も重要なポイントなのです。釣果が芳しくない人の多くは、投げ過ぎていたり巻き過ぎています。

アユルアーにはスピニングタックルとベイトタックルのどちらも用いられ、多くのアングラーがロケーションに応じて使い分けています。いずれも長さは9フィート前後と長めで、他のジャンルのルアーロッドに比べて軟らかく作られています。アユを弾いたりルアーが暴れないようにとりわけティップが軟らかく、カーボンソリッドのティップを採用している上級モデルもあります。9フィートほどの長さがありながら、ここまでティップが軟らかいルアーロッドというのは他に類がありません。加えてベリーやバットもしなやかで追従性に優れています。まさにアユの釣趣を余すところなく味わうためのセッティングなのです。

## めぼしい石の上流側が本命

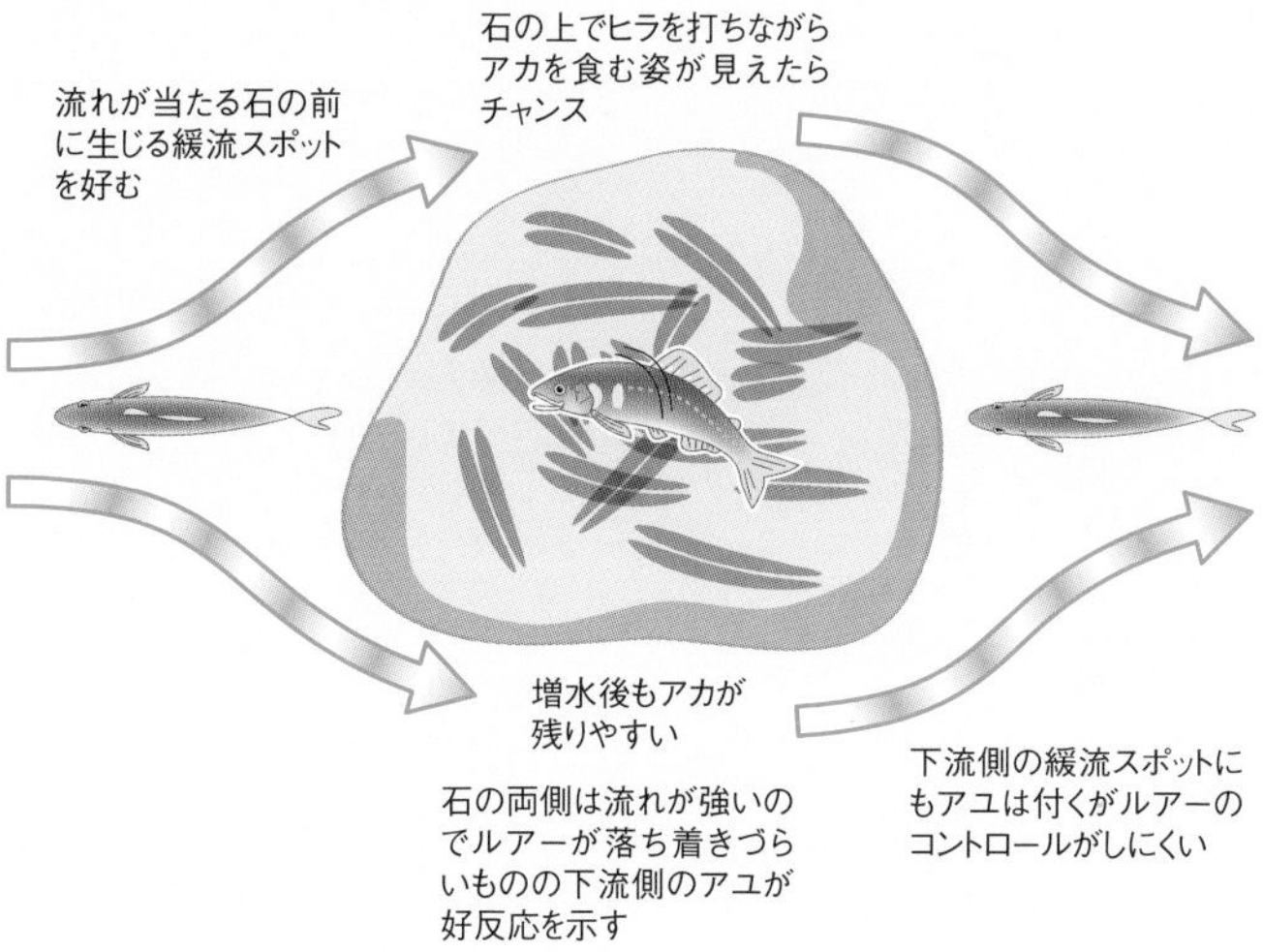
石の上でヒラを打ちながら
アカを食む姿が見えたら
チャンス
流れが当たる石の前
に生じる緩流スポット
を好む
増水後もアカが
残りやすい
石の両側は流れが強いの
でルアーが落ち着きづら
いものの下流側のアユが
好反応を示す
下流側の緩流スポットに
もアユは付くがルアーの
コントロールがしにくい

　基本的な使い分けは川相によります。底石が小さくて起伏がなだらかな河川は、ダウンとダウンクロスを織り交ぜて広く探っていくので、手返しのよいスピニングタックルがマッチします。一方で大きい石が転がる起伏の激しい河川は根掛かりしやすいので広く探ろうとせず、ダウンの釣りに徹して石を1個ずつ探っていきます。こうしたピンポイントの釣りを展開するフィールドならばベイトタックルが釣りやすいはずです。このように広く探るならスピニング、点で釣るならベイトという使い分けがオーソドックスですが、普段の釣りで使い慣れている方のタックルをメインで使えば問題ありません。飛距離は必要ないので、細かいライン操作を得意とするベイトタックルの使用頻度が高まると思われます。

　まずはタックルを揃える前に何回かアユルアーを体験してみようという人は、手持ちのバスタックルやライトソルトのタックルでも釣趣の一端を味わうことができます。いずれのロッドも専用モデルより張りが強いのでバラシは増えますが、それでもアユルアーのゲーム性を楽しむには充分です。夕食分が確保できればラッキーぐらいに考えてチャレンジしてはいかがでしょう。

アユルアーの基本はダウンストリームの釣りで飛距離は必要ない。細かいライン操作で縄張りアユを挑発していくのでベイトタックルがマッチする。もちろん使い慣れていればスピニングでも問題ない

## ねらいを絞った石の川上からダウンで精度の高いアプローチ

ロングキャストでアップクロスにルアーを入れて広く線で探る本流のトラウトに対して、アユルアーはねらいを絞り込んだダウンやダウンクロスでピンポイントの釣りを展開します。まずは基本となるダウンストリームの釣りを覚えましょう。

ダウンの手順としては、最初に目ぼしい石の10mほど川上に構えます。石の真上というよりは石に当たっている流れの筋の上に立ちます。一般的なルアー釣りのなかでも相当な接近戦ですが、流れのあるなかで正確にルアーを動かして石を探るので、距離が長くなるほど釣りづらくなります。時にはノベザオのようにラインを出さずに振り込んで足もとの石を釣ることもあります。ちなみに立ち込まなくても釣りができるような場所は、少し高い位置から水中を見ながらルアーを操作できると、よりタイトなねらい撃ちが可能になります。

渓流や本流のトラウトは川下から釣り上がっていきますが、アユルアーは下流を釣るので釣り下っていきます。どちらも川の流れを利用しながら釣ることには変わりませんが、アユルアーは常に下流を向いて釣るので釣り下っていくほうが無理はなく、自ら釣り場を荒らす心配もありません。ポイントに近づくと魚は危険を察知して警戒しますが、アユ

## 基本的な瀬の攻略イメージ

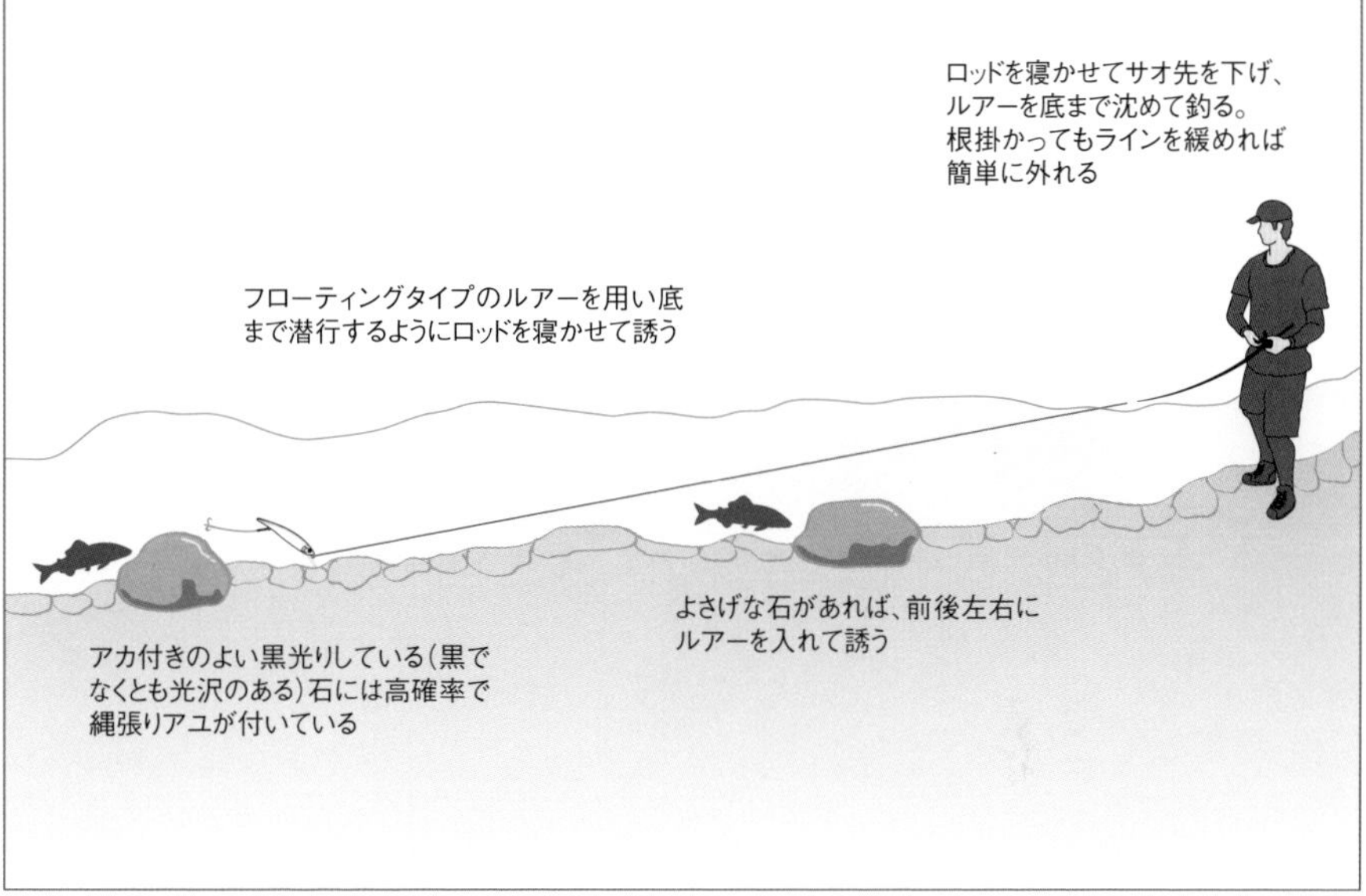
ロッドを寝かせてサオ先を下げ、
ルアーを底まで沈めて釣る。
根掛かってもラインを緩めれば
簡単に外れる
フローティングタイプのルアーを用い底
まで潜行するようにロッドを寝かせて誘う
よさげな石があれば、前後左右に
ルアーを入れて誘う
アカ付きのよい黒光りしている(黒で
なくとも光沢のある)石には高確率で
縄張りアユが付いている

は縄張りを守っているので雑に近づかない限りは逃げません。とはいってもポイントから近く、しかも川上からのアプローチになるので、できる限り静かに釣りましょう。

なお、何度も触れているようにアユは石に付いています。一日を通してアカを食むので、常に石の上や脇など石の周りを泳いでいますが、基本的に流れがぶつかる石の頭に陣取っていることが多いようです。これは石の正面には流れが弱まるスポットがあり、無駄に体力を消耗することなく定位することができるからです。もちろん流れぐあいによっては下流側の緩流帯に身を寄せることもあります。ですから動き回っている縄張りアユにルアーの存在をアピールするため、ねらった石の後方に入れて前方まで誘い上げます。まずは縄張りアユに気づいてもらうことが肝心です。ヒラを打ちながらアカを食んでいる姿が見えたなどアユの存在を確信したら、石の左右や上などを何度も通して挑発しましょう。

底石から離れないようにじわじわとルアーを引き上げていくのがキモだ

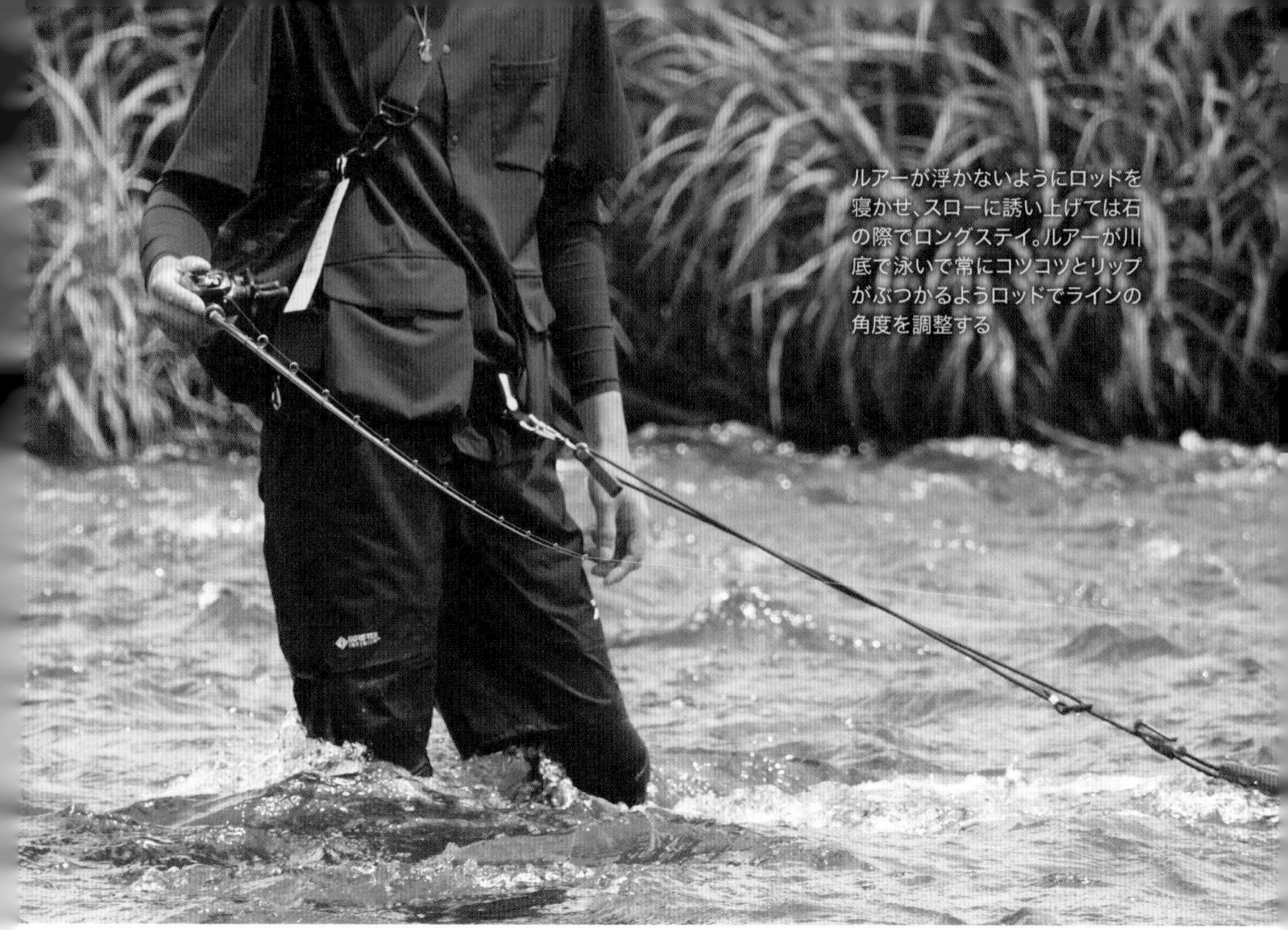

ルアーが浮かないようにロッドを寝かせ、スローに誘い上げては石の際でロングステイ。ルアーが川底で泳いで常にコツコツとリップがぶつかるようロッドでラインの角度を調整する

## 基本的な誘い揚げは石を舐めるように行なう

基本の操作は川下にダウンストリームでルアーを入れ、足もとまで誘い上げの繰り返しです。

❶**目ぼしい石の奥に軽くキャスト**／ねらった石に当たっている流れの筋に向かってキャストします。ねらうのは石の奥です。精度が求められるので、弾道が低いアンダーキャストやピッチングでルアーを視界内に入れながら送り込みましょう。キャストの際に注意するのは仕掛け絡みのトラブルです。フックがルアーのボディに絡まないようロッドの曲がりを生かして優しくキャストしましょう。遠投しないのでスナップを効かせた鋭いキャストは必要ありません。

❷**ルアーを流れに馴染ませて潜行させる**／着水する直前からリーリングを開始して余分なラインスラッグを巻き取り、着水と同時にルアーを潜らせます。ヒザ程度の浅い瀬ならば、着水した時点でリーリングしなくてもサミングしたままルアーが落ち着くまで待っていれば底まで潜っているはずです。流れが緩やかだったり股下ほどの水深がある場所ではリーリングで一気に底まで潜らせて、

## 探りたい石の10mほど上流にショートキャスト

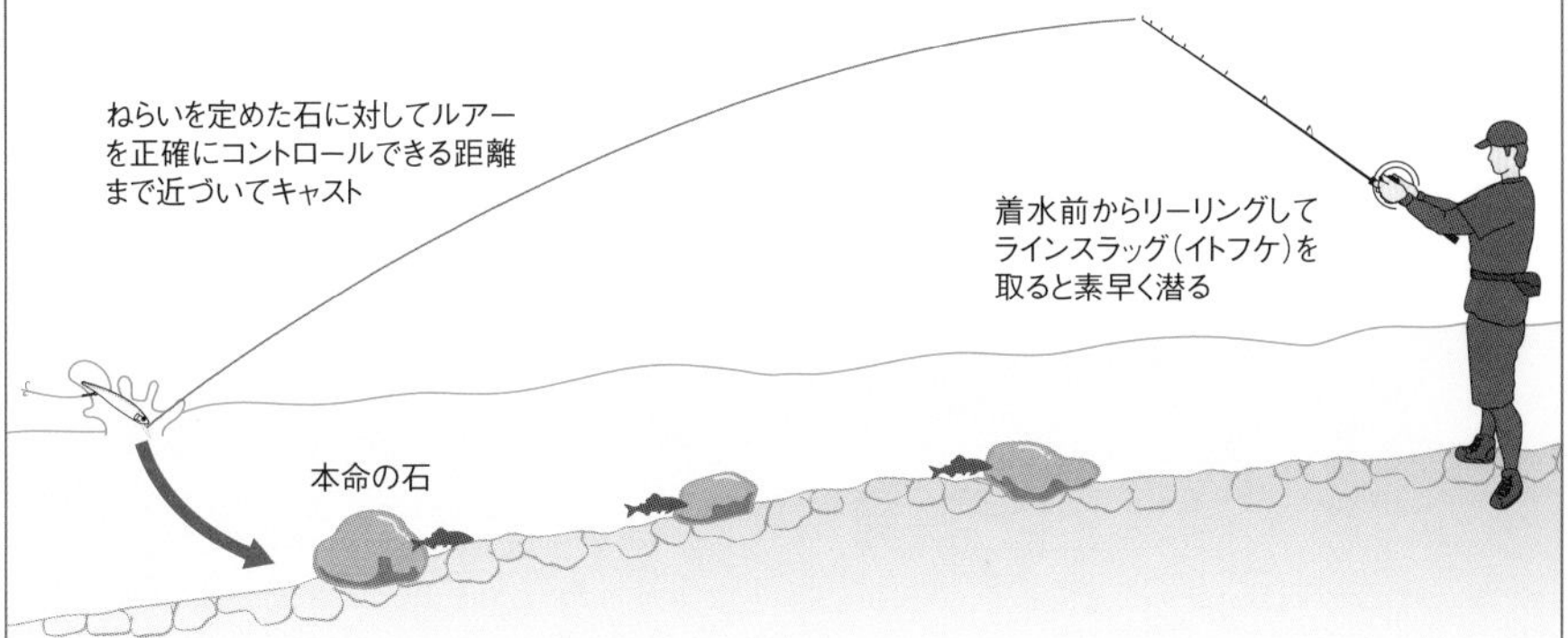


## ロッドを寝かせてルアーを底まで潜らせる

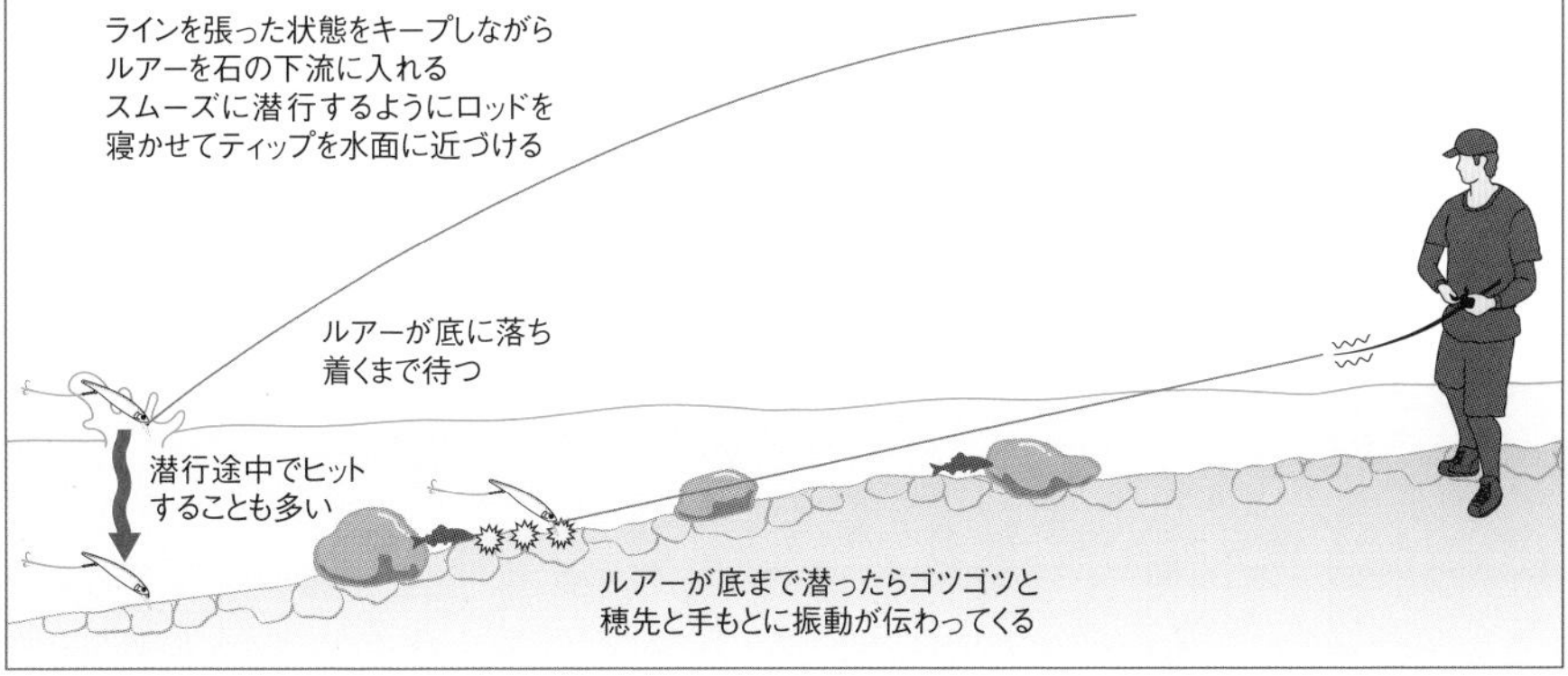


ラインを張った状態をキープしながらルアーを石の下流に入れるスムーズに潜行するようにロッドを寝かせてティップを水面に近づける

潜行途中でヒットすることも多い
ルアーが底まで潜ったらゴツゴツと穂先と手もとに振動が伝わってくる

## 基本的な誘い上げ

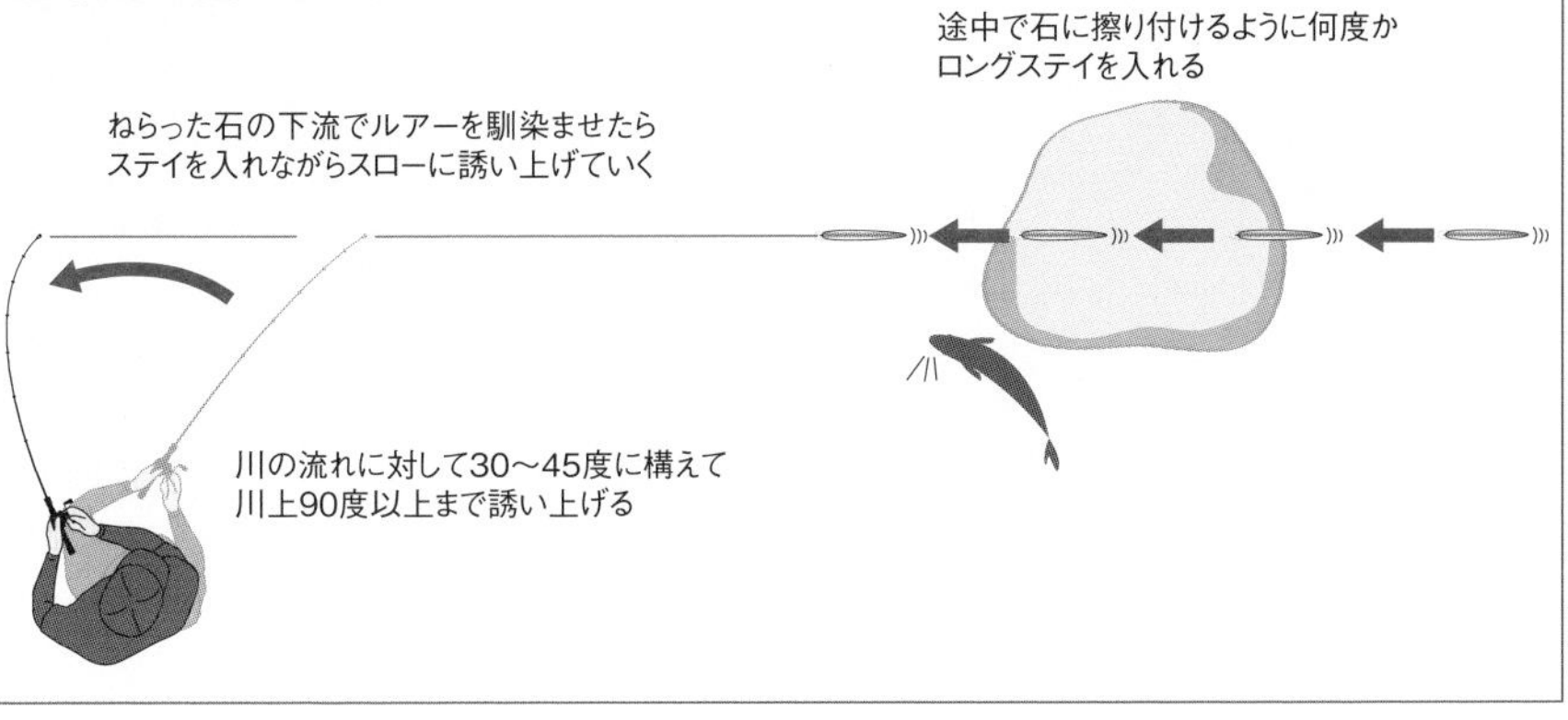

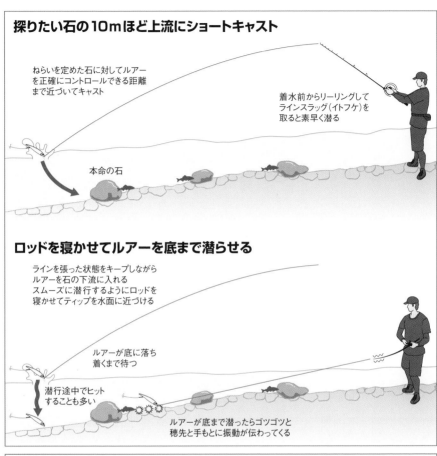

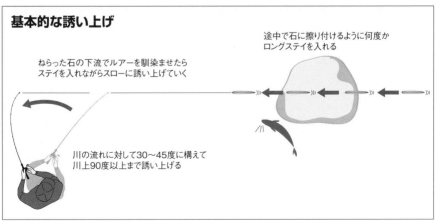

途中で石に擦り付けるように何度かロングステイを入れる

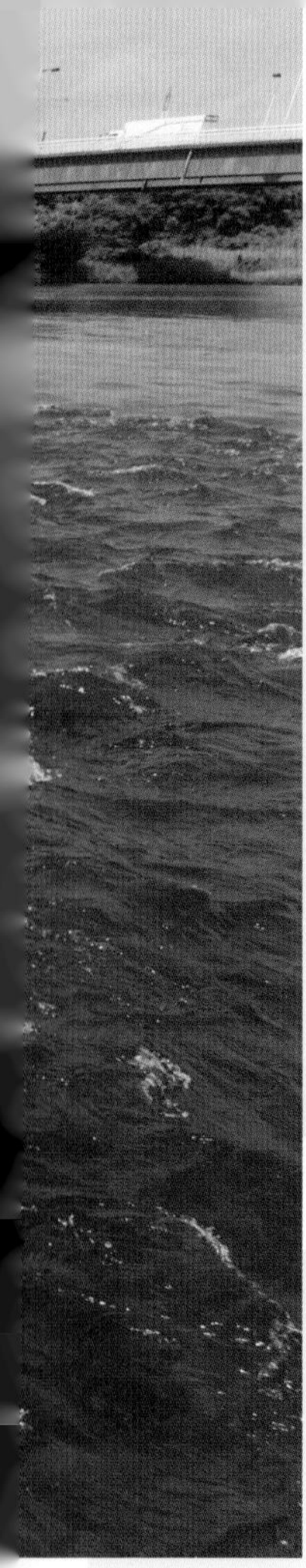

底石にリップが当たった時点でリーリングをストップします。ルアーを馴染ませやすいのは石の裏です。ただし、白泡が巻いているような裏側の際ではなく、石に当たって割れた流れが再び合わさる辺りをねらいましょう。

　自分を真上から見て、ロッドは川の流れの強さに応じて斜め30〜45度ぐらいに構えます。そして流れのある場所ではロッドを寝かせて川に対してラインの角度を狭くすることでルアーが潜りやすくなります。ちなみにロッドを立てるとルアーは浮き上がってしまいます。なお、寝かせた時のティップの位置が、探りたい石に当たっている流れの筋に入っていることが肝要です。

**❸誘い上げ**／ラインが流れと同調して直線状になり、ルアーがしっかり潜って底で落ち着いたところで、ゆっくりロッドをサビいて誘い上げていきます。腕を使わず腰を回転させてサビくとルアーの動きが安定します。ロッドはルアーの抵抗を受けてティップが入るので、流れに対して直角よりもやや上流にバットが入るぐらいまでサビきましょう。なお、一度に石の頭まで誘い上げるのではなく、石の横や上で何度か止めて反応を伺います。アユの縄張りにルアーを留めることを意識して、石の際では少なくても30秒はステイさせましょう。気配があれば1分近く待つこともあります。

　この誘い上げでは、常にルアーのリップが底を叩いているようにコントロールすることが重要です。底を切って中層を泳がせると縄張りアユはルアーを見切って途端に反応しなくなります。石や底にリップを付けた状態で小さくトゥイッチを入れてヒラ打ちアクションさせると、いかにもアカを食んでいるように見えるので縄張りアユを大いに刺激します。

**❹筋をズラしてキャスト**／ロッドいっぱいまでサビいたところでルアーをステイさせて縄張りアユが当たってこなければ、次の石を探るためにラインを巻き取りながらロッドの構えを再び30度に戻します。この時、ルアーが浮き上がらないようティップに抵抗を感じながらゆっくりラインを巻き取ります。このロッドを戻す瞬間に僅かでもテンションが抜けるとルアーが浮き上がるので注意しましょう。

瀬の中でルアーは激しくアクションして追い気の強いアユを挑発する。ただし、ロッドの張りが強過ぎたり、ラインの角度を誤ると、あっという間にルアーは上層の流れに引っ張られて浮いてしまう。この繊細なアプローチが実に面白い

以上を繰り返して足もとまで探って反応がなければ、ルアーをピックアップ。流れの筋をズラしてキャストしてルアーを落ち着かせたら、再び同じ手順で探っていきます。こうして自分の立ち位置から下流をひと通り探ったら、横に数m移動して同じ手順で探ります。そして横方向のチェックを終えたところで10mほど下って同じ手順で広範囲を探っていきます。

以上が基本的なアユルアーの手順となります。あくまでも基本なので、最初にねらいを定めた石で反応が得られなかった時点でピックアップして、次の石にねらいを移し、時間帯やアユの活性に応じて効率よくゲームを組み立てていきましょう。なお、最初はルアーが見える水深の瀬がおすすめです。ルアーが見えていれば石の上や前で正確にステイさせることができますし、アユの反応も手に取るように分かります。

# 繊細なアプローチと強烈なファイト

## 常にルアーは泳いでいるので大きなアクションは入れない

　最初にチェックする瀬肩は、流れが強まる変化の起点です。フラットなエリアから傾斜がついて流れが急速に強まる場所や、川幅が狭まって流れが強まる場所です。こうした流れが強まる瀬肩から良質なアカが付くので、アユが縄張りを張りやすく追い気も強くなります。白く波立っている場所の下には段差が控えていたり、流れを押し上げる石が沈んでいるので、1つずつ丁寧に探っていきましょう。白泡が途切れる下流でルアーを馴染ませて、波立ちの上まで誘い上げます。縄張りアユが突っ掛かってくるまで、目ぼしいポイントを順番に探っていきましょう。

　横方向にポイントが連続しているならば、わざわざルアーを入れなおさずとも立ち位置を変えて少し筋をズラすと、下流のルアーも横に移動します。こうやってルアーを上げないことで、ポイントの間でアユが拾えることもあります。なお、一度に大きくルアーを動かそうとすると根掛かりしやすいので、少しずつ筋をズラしていくことがスムーズにゲームを楽しむ秘訣です。

　誘い上げたりステイさせている時に小さくトゥイッチを入れてルアーにヒラを打たせ、あたかもアカを食んでいるようにアクションさせると激しく縄張りアユにアピールしますが、あくまでトゥイッチは軽く入れる程度に抑えましょう。ルアーは川の不規則な流れを受けているので、軽くティップでアクションを入れるだけでも大きくバランスを崩してアユを誘います。必要以上にロッドを大きく煽ったり鋭くトゥイッチする必要はありません。ノベザオスタイルにも共通していることですが、基本的にルアーは流れを受けてオートマチックにアユを誘うので、釣り人は流れの筋とレンジに注意してルアーをポイントに置いてやることに集中しましょう。また、流れの筋からやや外れてキャストしても、ルアーは川の流れに引き寄せられるので自然にポイントに入っていきます。積極的にルアーを動かさないことがアユルアーでは上達の一歩になります。

手堅くアユが付いている瀬肩から釣り始める。流れの筋を見ながら目ぼしい石を1つずつ探っていきたい。小規模な瀬は隣接するトロ場から次々とアユが供給される一級ポイントだ

ちなみに流れが緩い場所では浮力の強いフローティングミノーは潜りません。そこで活躍するのがシンキングミノーやバイブレーション、ソフトベイトです。シンキングはフローティングとは逆に沈まないようロッドを立て気味に構え、ラインに角度を付けてルアーのレンジをコントロールします。

## 完全に石をねらい撃ちするなら繊細なフィンガーコントロール

ラインが張った状態でルアーが馴染んだら、ロッドを寝かせたまま誘い上げます。浅くて底の地形変化に富んでいるエリアはロッドを若干起こし気味にしたり、深めの場所では水面ギリギリまでティップを下げるなど、寝かせるなかでも微妙にロッドの角度を調整してルアーのレンジをコントロールします。

ルアーの浮き上がりを抑えて川底をトレースできているかは、ティップの動きと手もとに伝わってくる振動で分かります。ルアーが頭を振っているブルブルした振動が感じられる間はアユを誘っていますし、コツコツと何かに当たる感触があれば底近くを泳いでいます。この2つの要素を常に感じながら、底ギリギリを泳がせましょう。また、底石の隙間にルアーのリップが挟まると振動が消えるので、煽らずに

確実にアユが付いている石を舐めるように釣りたい時は、手もとのラインを指で引っ掛けて、ゆっくり30〜50㎝引き上げてはテンションを抜かないようにゆっくり戻す。ルアーを泳がせながらバックさせるので、戻している最中でもヒットチャンスがある

ロッドで軽くラインを送って外します。そのままルアーが浮き上がらないように石の後方で馴染ませたら、再び誘い上げていきましょう。

石に縄張りアユが付いていると確信した時は、より繊細に石を舐めるように前後左右にルアーを動かしてアユを挑発します。基本的な手順は、石の下から頭へ誘い上げては下流にバックさせます。この動作を少しずつ筋をズラしながら繰り返します。ロッドの操作では微妙な誘い上げや誘い戻しが難しいので、リールからバットガイドに向かうラインを指に引っ掛けて、テンションの変化を指で感じながら出し入れをコントロールします。

石の下から頭にかけてルアーを50㎝ほど移動させます。石の際に沿わせてゆっくり誘い上げ、そのままルアーが底を叩いている状態をキープさせながら、さらにゆっくり戻します。ロッドでも丁寧に操作すれば実践できそうですが、誘い戻しのフィーリングが難しく、僅かなテンションの変化を感じながら繊細に操作できる指での誘いには敵いません。

これをロッドの位置やティップの高さを変えながら繰り返すことで、ねらった石をくまなく探ることができます。縄張りアユが飛び掛かってくるまで執拗に挑発しましょう。この誘い方のキモは、ルアーを泳がせながら下流に戻す誘い下げです。バックさせている最中もルアーは泳いでアユを誘い、

## 目ぼしい石は繰り返しルアーを通す

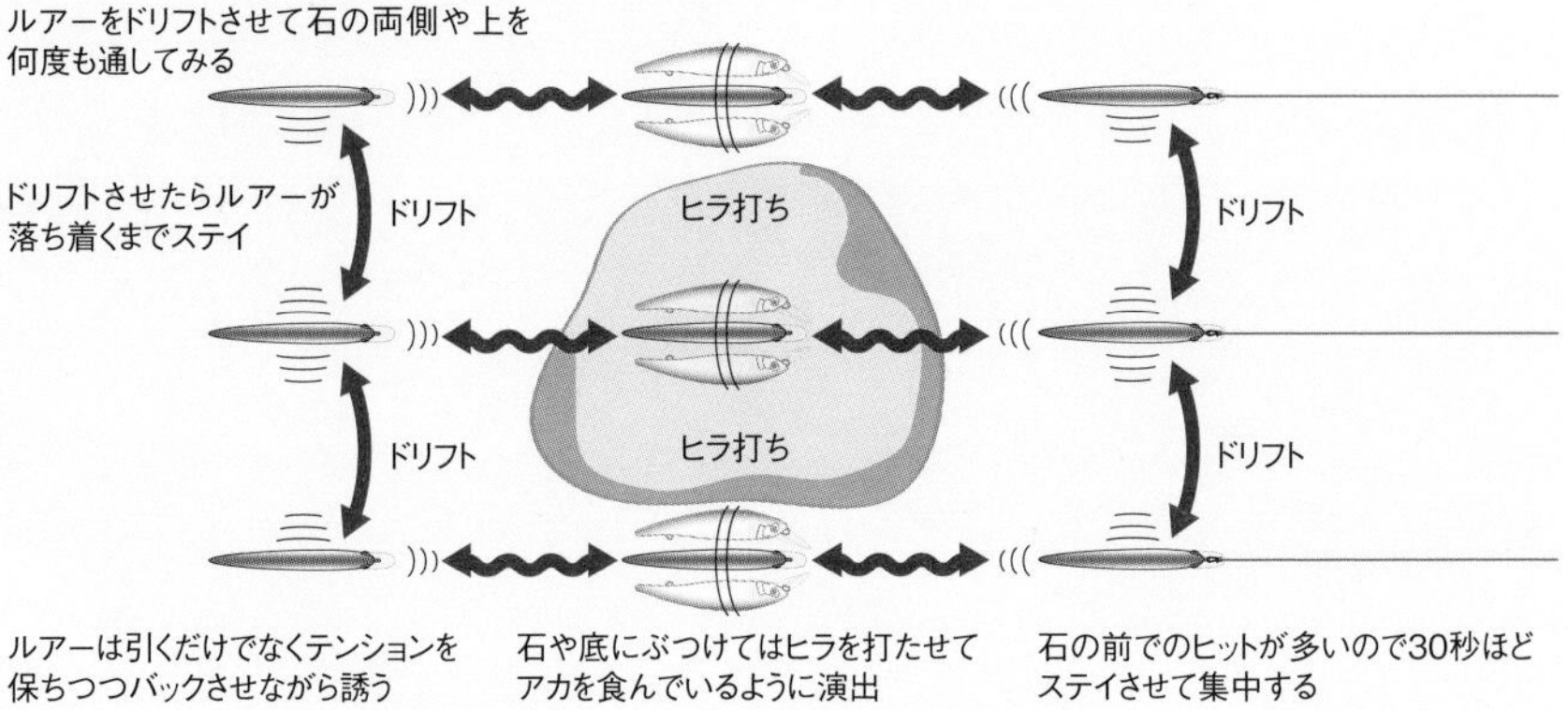


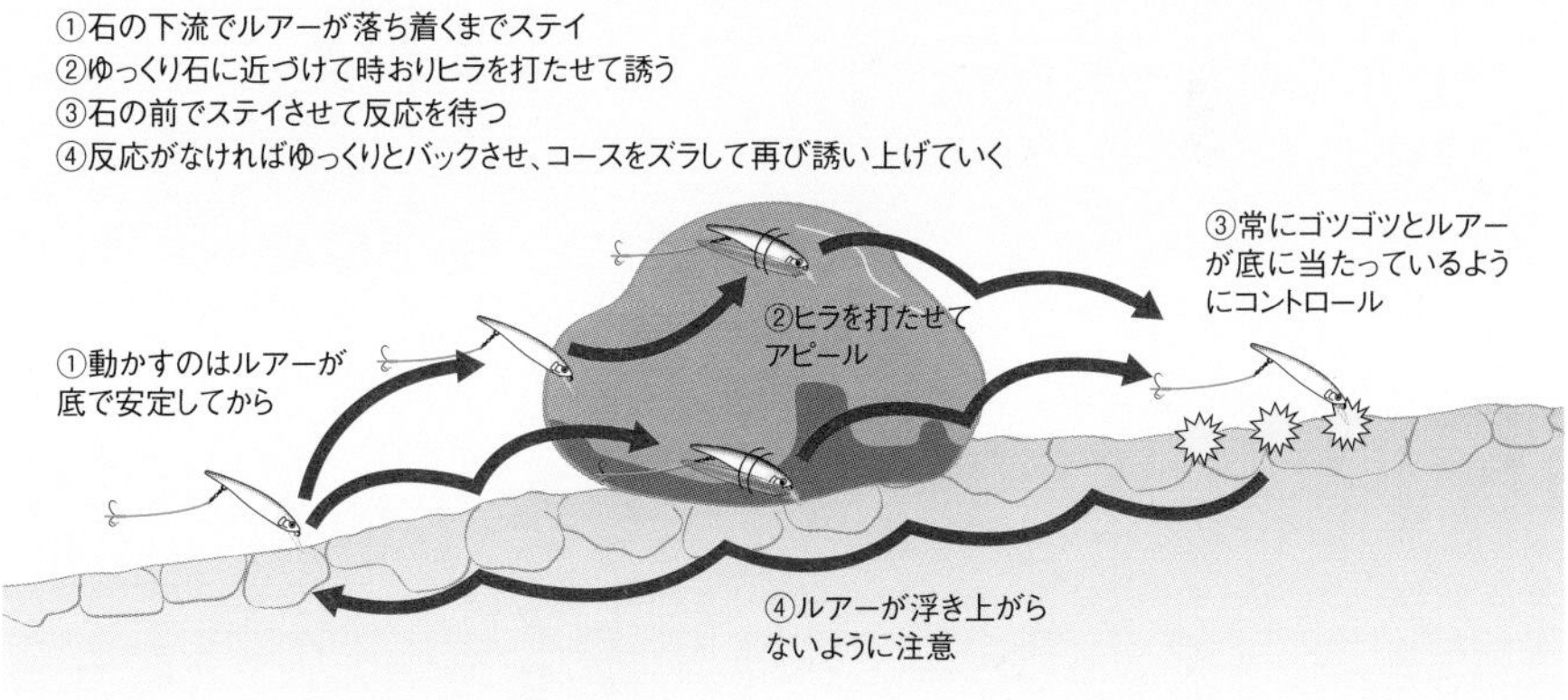

何度も通してみる
ドリフトさせたらルアーが

石の前でのヒットが多いので30秒ほど

①石の下流でルアーが落ち着くまでステイ
②ゆっくり石に近づけて時おりヒラを打たせて誘う
③石の前でステイさせて反応を待つ
④反応がなければゆっくりとバックさせ、コースをズラして再び誘い上げていく
①動かすのはルアーが
底で安定してから

③常にゴツゴツとルアー
が底に当たっているよう

## 誘い戻しはラインを張ったまま

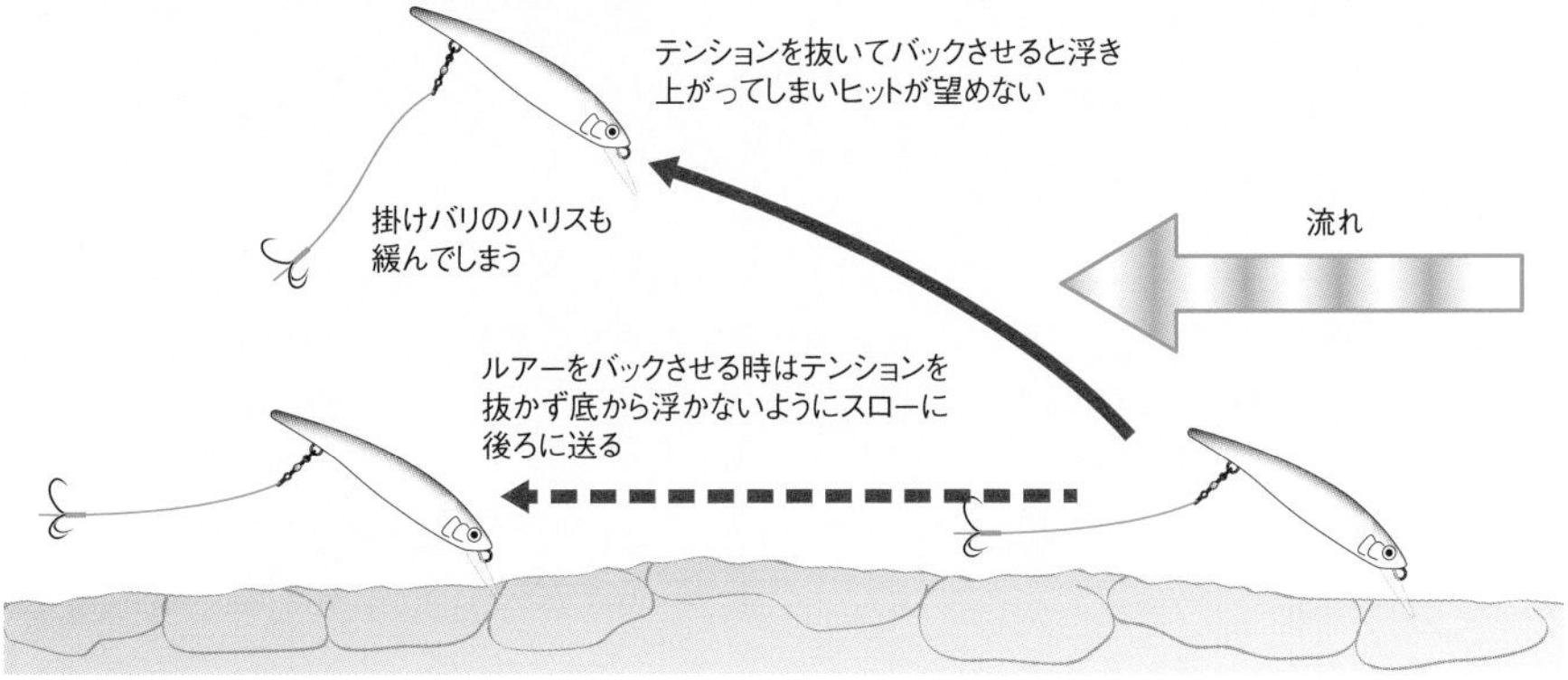

掛けバリのハリスも
緩んでしまう

後ろに送る

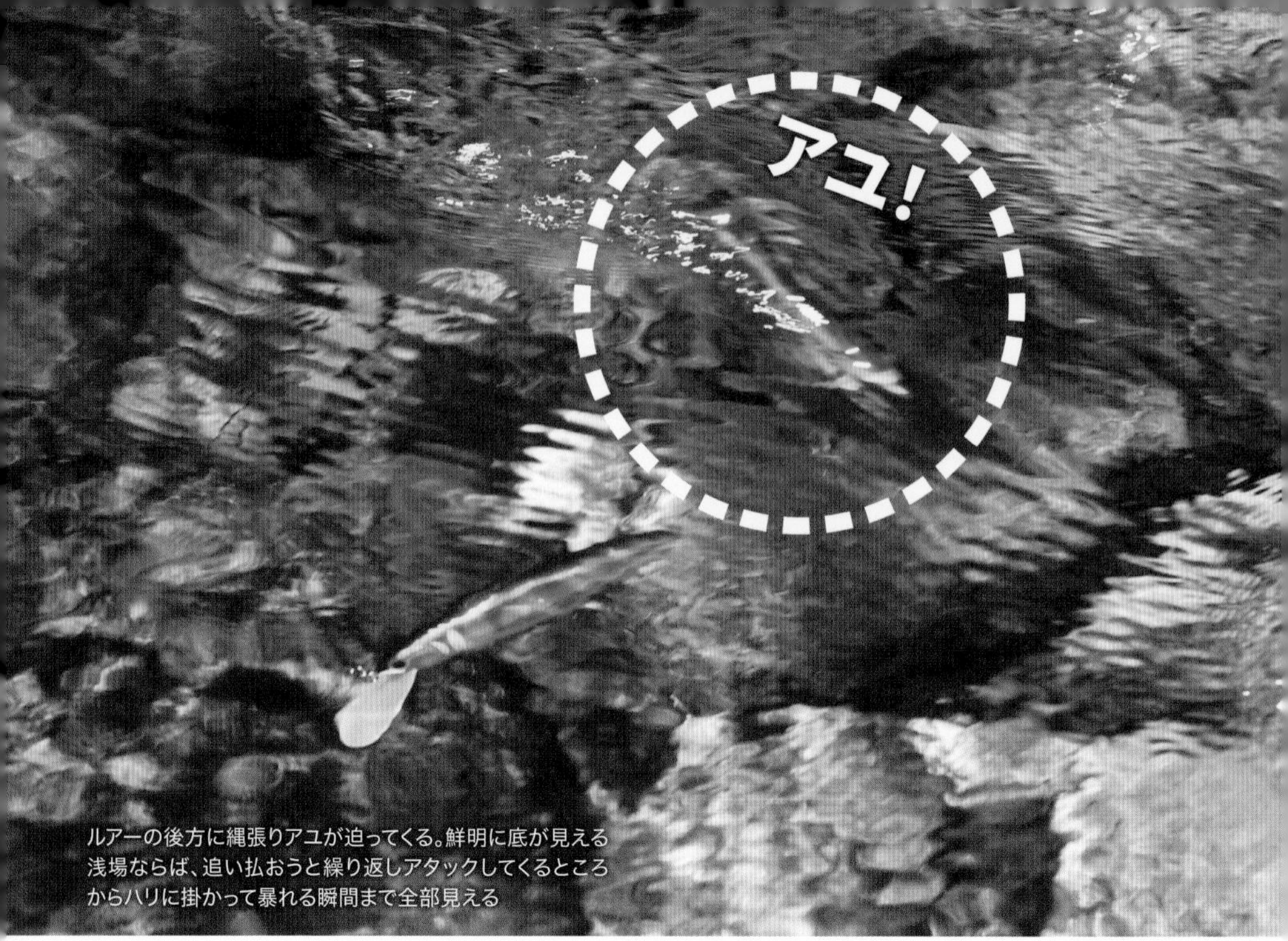


ルアーの後方に縄張りアユが迫ってくる。鮮明に底が見える浅場ならば、追い払おうと繰り返しアタックしてくるところからハリに掛かって暴れる瞬間まで全部見える

掛けバリも流れに乗ってたなびく状態をキープさせます。

軽くテンションを抜いて下流にバックさせると、流れる時にルアーが浮き上がってしまいます。この浮き上がりで縄張りアユはルアーを見切ってしまい、チャンスを潰してしまいます。一度ルアーを見切ったアユは時間を置かないと再び反応しません。

## 明確なアタリが連発しても慌てず掛かった後も確実に食い込ませる

アタリの出方はさまざまですが、浅い瀬の中で縄張りを張っている追い気の強いアユがルアーを侵入者と判断した時は、外に追い払おうと勢いよく攻撃を仕掛けてくるのでアタリは明確です。ただし、フィッシュイーターがルアーをくわえるのとは異なり、簡単にハリに掛からないケースも多々あります。ガツガツとティップにルアーと縄張りアユが交錯する振動が伝わってきた時に、掛からないからと焦ってアワセを入れてはいけません。

掛けバリがアユの身体に触れてハリ先が立つまでもどかしいですが、無事にハリ掛かりすると瀬の中で掛けたアユの多くは下流に向かってギューンと勢いよく走ります。ガツンとひと際大きな衝撃が伝わってきた直後に、鋭くロッドが絞り

ヒットしたら一気に下流に走るので、そのままロッドで溜めて深く掛ける。そして、浅い場所ではロッドを寝かせてアユが浮かないようにファイトする。水面で暴れさせたらせっかくの釣果を取り逃がしかねない

込まれます。思わずカウンターでアワセを入れたくなりますが、そのままロッドのベリーからバットに乗せた状態でこらえることで、鋭い掛けバリがアユの身体に食い込んで深く掛かります。あらゆるハリのなかでも特別ハリ先が鋭いので、下手なアワセは身切れを招きます。締め込みに驚いて反射的にアワセを入れないよう注意しましょう。ルアーがしっかり見えるような水深ならば、縄張りアユが反応するところから掛かる瞬間まで丸見えなので、掛かる前に体勢を整えることができます。偏光グラスをかけると、より一層盛り上がること請け合いです。

ちなみに縄張りアユがルアーに突っかかってきている間に掛からなくても、同じポイントにルアーを送り込めば見切られていない限りは何度も追い払おうと攻撃してきます。アタックがあるものの掛からないと熱くなって粘りがちですが、いったんポイントを移動して時間を置いてから入りなおすとあっさり掛かったりします。釣り場は広いので視野を広く持ちましょう。また、よほど大きな岩や石でない限り、同じポイントで何尾も立て続けに釣れることは稀です。ねらった石から縄張りアユを抜いたら、すみやかに次の目ぼしい石にねらいを切り替えましょう。

そして、釣りに慣れないうちはアユが掛かっていても気づかず、水中でバラしているケースが多いようです。特にフロー

ティングミノーが流れの中で揉まれている時に起こりがちです。伝わってくる振動に違和感がありながらも縄張りアユが掛かったと確信が持てない時は、軽くロッドを立てて聞いてみましょう。どこかに引っ掛かっているなら上層の流れにラインが乗るので抜けますし、生命反応があればテンションを抜かないように軽くロッドを返してファイトに移りましょう。

なお、明らかに縄張りアユが触ってきていたのに掛からなかった、または掛かったはずなのに食い込まずにバラしてしまった時は、ハリ先が鈍っている可能性があるのですみやかに掛けバリを交換しましょう。流れが強い瀬の中でルアーを底に当てながら釣っているので、ハリ先も時間の経過とともにダメージを負います。川の状況にもよりますが、市販のハリス付きハリ「ワンデイパック」を1回の釣行で使い切るぐらいのつもりで1時間を目安に交換しましょう。

## 強引な寄せは身切れするので ドラグを緩めて慎重ファイト

川の流れに乗ったアユは簡単に寄ってきません。たとえ20㎝足らずのサイズでも、背掛かりしたアユの引きは強烈です。天然アユならではの鋭い引き味は、アユルアーの大きな魅力です。張りの強いショートロッドでは、そのパワーをいなし切れずに身切れを起こす可能性があるので、ドラグは緩めに設定しておきましょう。ただし、ハリ掛かりさせる時も緩めたままだと掛けバリが深く刺さらずファイト中に外れる可能性があるので、しっかり食い込むまではスプールを手で押さえてラインを出さないようにしましょう。慌てず時間を使ってファイトすることが肝要です。思った以上に型がよくてアユと一緒に川を下りながらのファイトを強いられることも多く、下流に釣り人が入っているようなら先に声を掛けてファイト中であることを知らせましょう。

アユの引きをいなす意味でも、ファイトはロッドを寝かせて行ないます。流れの強い場所でファイトしているとバラしかねないので、横に移動しながら川の流れの緩い場所にアユを誘導しましょう。なお、浅場でのファイトは特にアユが浮きやすいので、くれぐれもロッドを立てないよう注意が必要です。水面に浮かせて暴れさせると不意にテンションが抜けて掛けバリから外れてしまうので、抜き上げの直前までロッドを寝かせてファイトすることが重要です。水面下にアユを留めてラインテンションを抜かないようにすることでファイト中のバラシを大幅に軽減できます。

そして、タモ網で受けられる位置までアユを寄せてきたところで腰に掛けてあるタモ網を手に取り、ロッドを立ててアユを浮かせます。アユが水面を割ったら、そのまま一気に抜き

## ファイトはロッドを寝かせたまま

アユが水面で暴れると掛けバリが外れやすいので取り込みの直前までロッドは立てないように注意する。流れが強い筋で掛けたら横に動いて流れの緩い場所まで誘導する

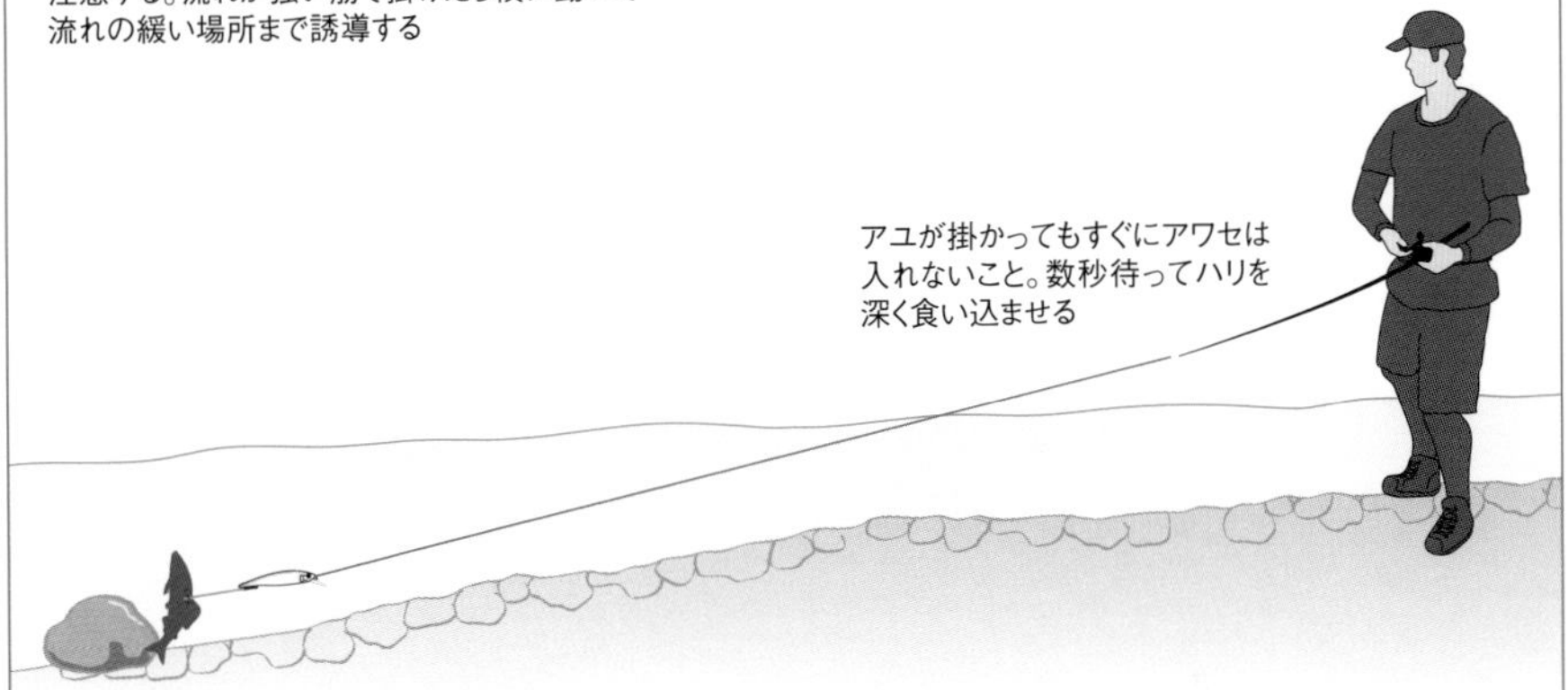


アユが掛かってもすぐにアワセは入れないこと。数秒待ってハリを深く食い込ませる

## 注意
## ロッドを立てたファイトはNG

掛けバリにはカエシが無いので慌てて水面に浮かせると外れやすい

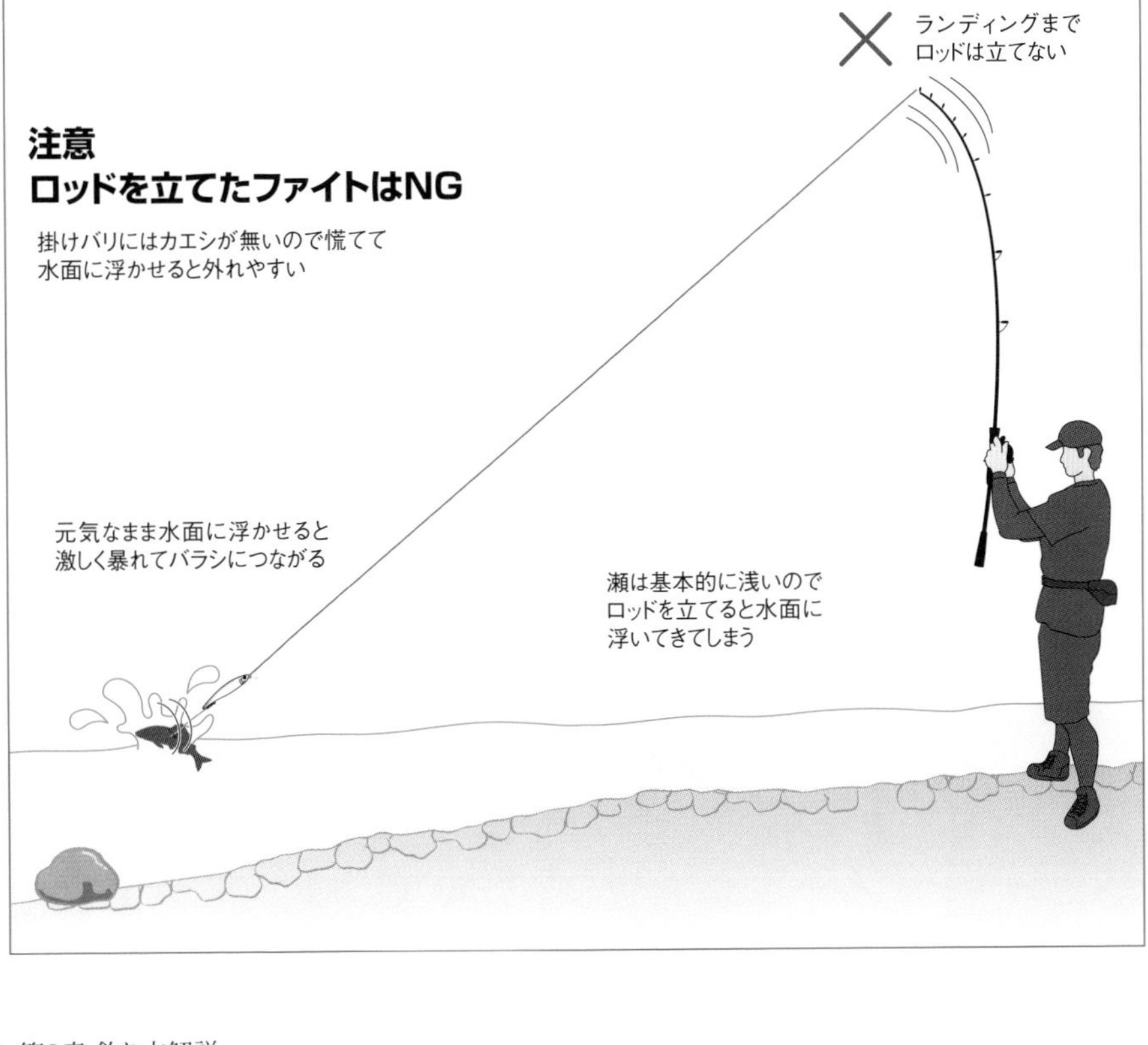

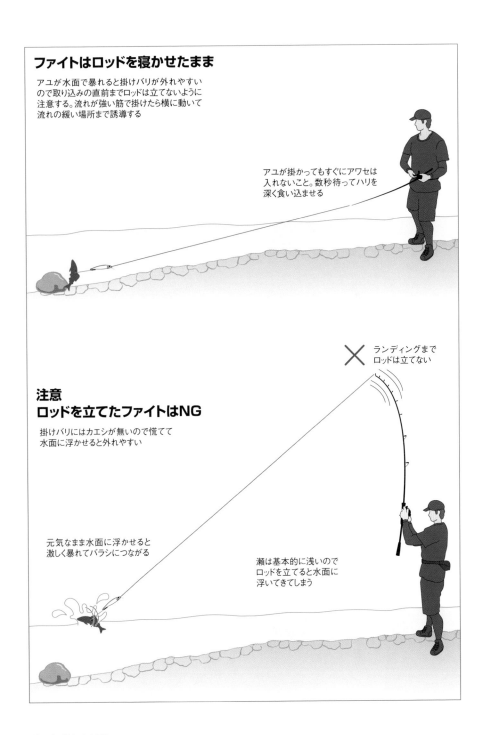

ランディングまでロッドは立てない
元気なまま水面に浮かせると激しく暴れてバラシにつながる
瀬は基本的に浅いのでロッドを立てると水面に浮いてきてしまう

アユを充分に弱らせたら引き抜きの体勢に入る。タモ網を手に取ってロッドを起こし、アユを浮かせたら一気に抜き上げる。手前に飛ばしたアユは、素早くタモ網で受ける。その手順は友釣りと同じ

上げて手前に飛ばし、腰の辺りに構えたタモ網で受け止めてフィニッシュです。アユとの距離感を読み違えるとタモ網まで届かず、手前でバウンドして外れてしまうので、抜き上げはくれぐれも慎重にタイミングを計りましょう。慣れるまではルアーから50㎝ほど離してラインに友釣りで使うような化繊目印を結んでおくなど、距離感を把握できるような工夫をすると失敗を回避できます。もちろん無理に飛ばさなくてもエリアトラウトのように足もとまで寄せてすくっても問題ありません。自分が外さない方法で取り込みましょう。

なお、抜き上げる前にアユの掛かりどころを確認しましょう。背中や頭といった硬い部分に掛かっていれば、そのまま抜けば問題ありませんが、柔らかい腹に掛かっていたり、皮一枚で薄く掛かっているようなら無理をせず、足もとまで寄せてタモ網ですくいましょう。良型のアユが掛かった時も同様に手前まで寄せてすくうのが賢明です。1尾を大事に取り込んでいくことが好釣果につながります。

## ランディングは一気に抜き上げてタモで受ける

ロッドと腕の長さなどを考慮しながら寄せて、フィニッシュはアユを飛ばしてタモでキャッチ。不安なら足もとまで寄せてタモですくい取ればいい

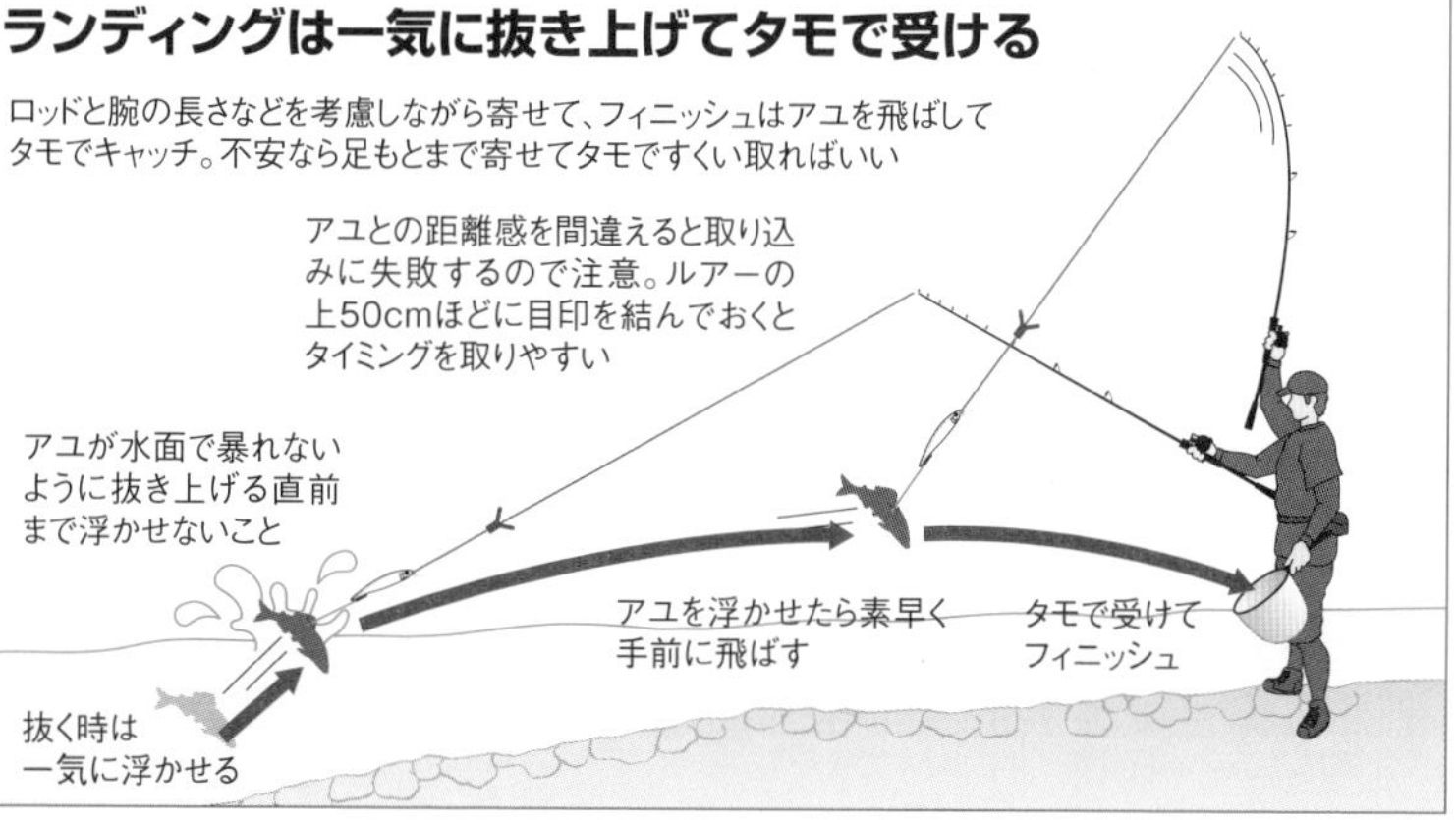
アユとの距離感を間違えると取り込みに失敗するので注意。ルアーの上50cmほどに目印を結んでおくとタイミングを取りやすい
アユが水面で暴れないように抜き上げる直前まで浮かせないこと
アユを浮かせたら素早く手前に飛ばす
タモで受けてフィニッシュ
抜く時は一気に浮かせる

アユを抜く前に掛かりどころをチェックすること。理想は皮が硬くて引き味も抜群の背掛かりだが、流れの緩いトロ場などでは柔らかい腹側に掛かることも多い。身切れをしやすいと思うような掛かりどころに不安があれば、無理をせず足もとまで寄せてタモ網ですくうこと

# ドリフトを加えて線から面の釣りへ

## 流れに対して鋭角に流して
## ゆっくり縄張りを通過させる

川下の石をピンポイントで探るダウンストリームの釣りに、軽く斜めにキャストしてドリフトさせながら線で探るダウンクロスストリームの釣りを織り交ぜると、ゲーム性が広がりを見せて一層アユルアーが楽しめます。

ドリフトさせる手順は、流れに対してダウンクロスで軽く10mほどキャストしたら、ロッドを寝かせ気味に構えながら素早くラインスラッグを回収してルアーを潜らせます。底にリップが当たったらリーリングを止め、ダウンの釣りと同じようにラインとルアーに受ける流れを感じながら、自分の下手に向かってルアーをドリフトさせていきます。するとアユは自分の縄張りを横切っていくルアーを追い払おうと飛び掛かってきます。

ただし、いくら追い気の強いアユでも、縄張りの圏外まで執拗にルアーを追い掛けてはきません。ここが極めて重要なポイントです。言い換えると、縄張りアユのテリトリーにルアーが入ってから抜けるまでに追わせて掛けなければアユは釣れません。ドリフトの移動速度を落とし、アユにルアーを見せる時間をいかに長く演出できるかが釣果の鍵を握っています。ゆえに流れの影響を大きく受けるクロスストリームのような広角ドリフトではなく、ある程度ラインに受ける流れを受け流せるダウンクロスストリームの鋭角なドリフトが有効なのです。

アユの縄張り範囲についてはかつて「1m四方」と言われてきましたが、最近では生態の研究が進んでアユの密度によって変化することが分かってきました。アユが多い場所では50㎝四方と狭く、疎らだと4m四方にも広がります。魚影が薄い場所はパスするとして、アユの密度が濃くなるほど縄張りが狭くなるので、スローにドリフトさせられるダウンクロスに徹して攻略しましょう。

注意すべきは流れに対するルアーやラインの角度です。少しでも広範囲を流そうとキャスト方向に角度をつけていくと、ラインが受ける抵抗を受け流し切れなくなります。ドリフト

## ダウンクロスで広く探る

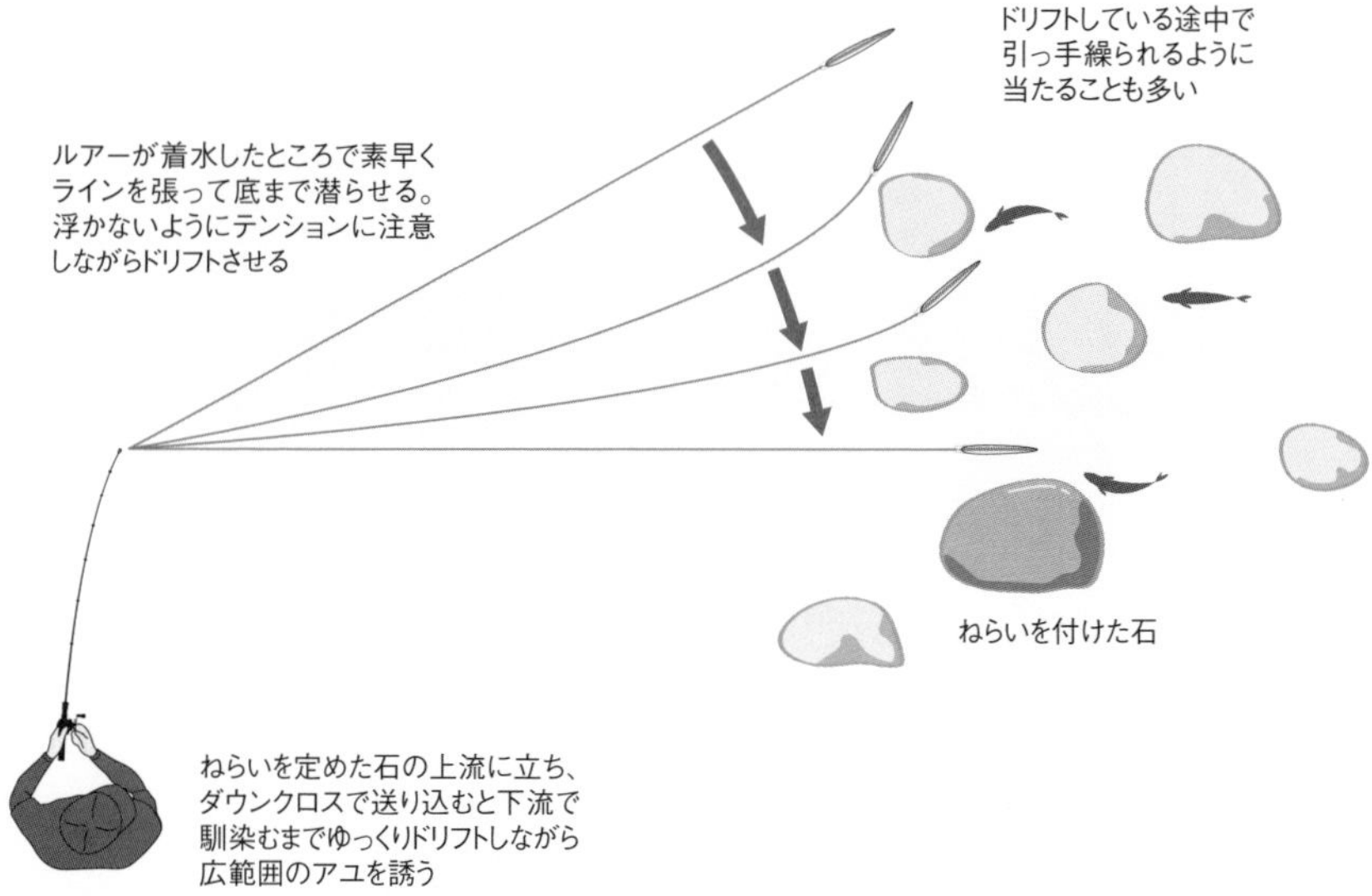
ドリフトしている途中で
引っ手繰られるように
当たることも多い
ルアーが着水したところで素早く
ラインを張って底まで潜らせる。
浮かないようにテンションに注意
しながらドリフトさせる
ねらいを付けた石
ねらいを定めた石の上流に立ち、
ダウンクロスで送り込むと下流で
馴染むまでゆっくりドリフトしながら
広範囲のアユを誘う

が速くなり過ぎて、誘うべき下流の石をあっという間に通過してしまいます。縄張りアユが反応できないドリフトではゲームとして成立しません。縄張りアユにルアーを見せつけて追わせるためにも、鋭角を意識したダウンクロスのドリフトが絶対なのです。

もちろんドリフト中のルアーにアユが攻撃を仕掛けてきたものの、縄張りを通過するまでにハリに掛かり切らないケースは多々あります。素早くルアーをピックアップして同じコースに入れ直したくなりますが、近距離戦だけにアユが絡んできた石もおおよそ分かるので、ねらいを絞った点の釣りに切り

川幅が広くて、そこそこ水量もある大規模河川で初手から線の釣りを展開するのは効率的でない。広く探って反応を伺い、縄張りアユが突っかかってきた場所で粘るスタイルが有効だ

替えたほうがヒット率は高まります。アユは縄張りから離れないので慌てる必要はありません。追いのあった石の川上に静かに移動してピンポイントの釣りを展開しましょう。

## 最初に一気に潜らせたらロッドを送り気味に流す

ダウンクロスストリームもダウンストリームと同じようにラインが上層の強い流れに取られないロッド角度が肝要です。ダウンクロスで軽くキャストして、ルアーが着水すると同時（もしくは直前から）にリーリングしてルアーを潜らせたら、ルアーが浮き上がらないようラインを張りつつ、ロッドに抵抗を吸収させながら、やや送り気味に追従していきます。浅い瀬をドリフトさせる時は、少しロッドを立て気味に構えて送り込んでいくと根掛かり回避率が高まります。そしてルアーがドリフトしながら立ち位置の下手に近づいてくるのに合わせてロッドを寝かせていきます。

そこそこ水深がある瀬ならば、ルアーの着水時からロッドを寝かせることでラインを上層の強い流れに取られないようにします。ドリフトさせるのでラインはピンピンには張りませんが、瀬の水深や底の起伏、流れ具合などを感じながら、ルアーが浮き上がらないテンションをキープさせて流してい

### できる限りスローにドリフトさせる

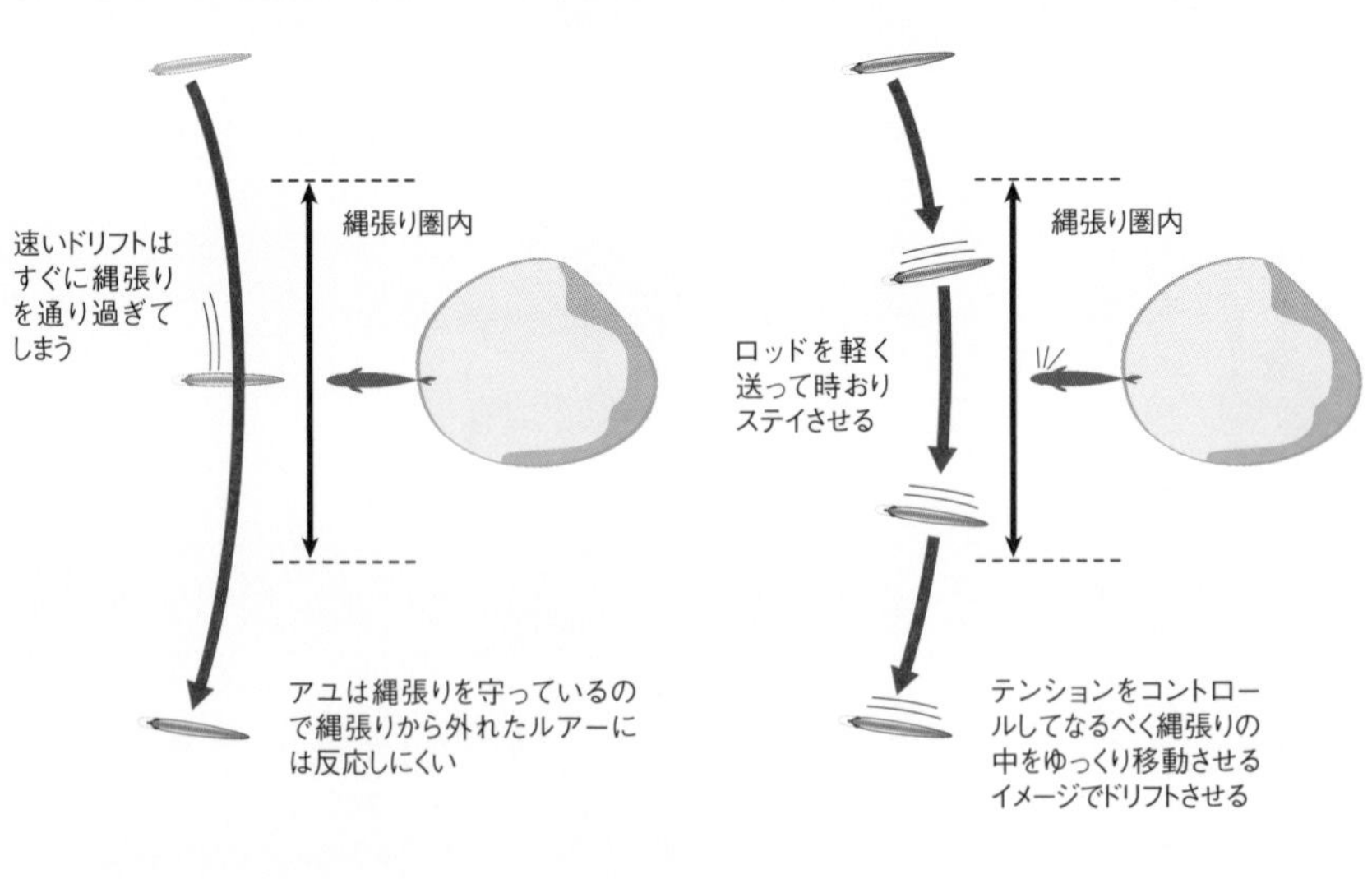
速いドリフトは
すぐに縄張り
を通り過ぎて
しまう
縄張り圏内
アユは縄張りを守っているの
で縄張りから外れたルアーに
は反応しにくい
ロッドを軽く
送って時おり
ステイさせる
縄張り圏内
テンションをコントロー
ルしてなるべく縄張りの
中をゆっくり移動させる
イメージでドリフトさせる

ダウンクロスもショートキャストが基本。遠くに飛ばすほどルアーのコントロールが難しくなるばかりか、根掛かりの頻度は上がり、ハリ掛かりも鈍るなど、デメリットが増えてくる。ゲームを満喫する意味でもショートキャストに徹したい

きましょう。ドリフト中はラインスラッグを巻き取る程度で、余分なリーリングはしないことが肝要です。

## ロッドを左右に振って サオ下を効率的に探る

基本的なダウンストリーム（線の釣り）とダウンクロスストリーム（ドリフトの釣り）を覚えたら、縦と横の釣りを融合して下手を広範囲に探ってみましょう。ダウンの釣りと同じように軽く下流にキャストしてルアーを馴染ませ、縦に誘い上げて

縄張りを通過してしまったルアーをアユは追わない。アタリを引き出すために、少しでも長く縄張りの中に入れておく流し方を

線の釣りと面の釣りを使い分けて釣果を伸ばしたい。最初のアタリで掛からなければ、その流れの筋から外れないようにルアーを落ち着かせ、線の釣りに切り替えてピンポイントで重点的に探る

アタリがなかった時に、ロッドをゆっくり逆側に振ります。するとラインが流れに対して斜めになりますから、ルアーがドリフトして横方向にアユを誘います。このドリフトの途中で一気にロッドが絞り込まれることもありますが、アタリがあって掛からなければ、そこから縦の釣りに切り替えて、アユが付いている石を集中的に攻めましょう。すぐにアユが突っかかってこない場合はルアーがアユの縄張りから外れている可能性が高いので、左右にロッドを動かして位置を調整します。縄張りアユにルアーを見せつけるため、大きくルアーをドリフトさせるよりは、小さく刻みながらドリフトさせていくと効果的です。

このロッドを逆側に振る動作は、ロッドを寝かせたまま行なうことが肝要です。ロッドを不用意に起こして逆側に倒すと、途中でルアーが浮いてしまいます。時計盤の針のように水面に対して水平に移動させます。また、寝かせた状態でロッドを逆側に振るので、最初はロッドを送ることになります。雑に動かすとテンションが緩んでルアーが浮き上がるので、ルアーが泳ぐのを感じながらスローに移動させましょう。なお、シンキングタイプのルアーを使っている場合はロッドを若干起こし、底ギリギリを舐めるようにドリフトさせましょう。

アユの反応が得られずドリフトを終えてサオ下でルアーが落ち着いたら、しばらくステイさせてからゆっくり誘い上げる

## 立ち位置を変えずに広く探る

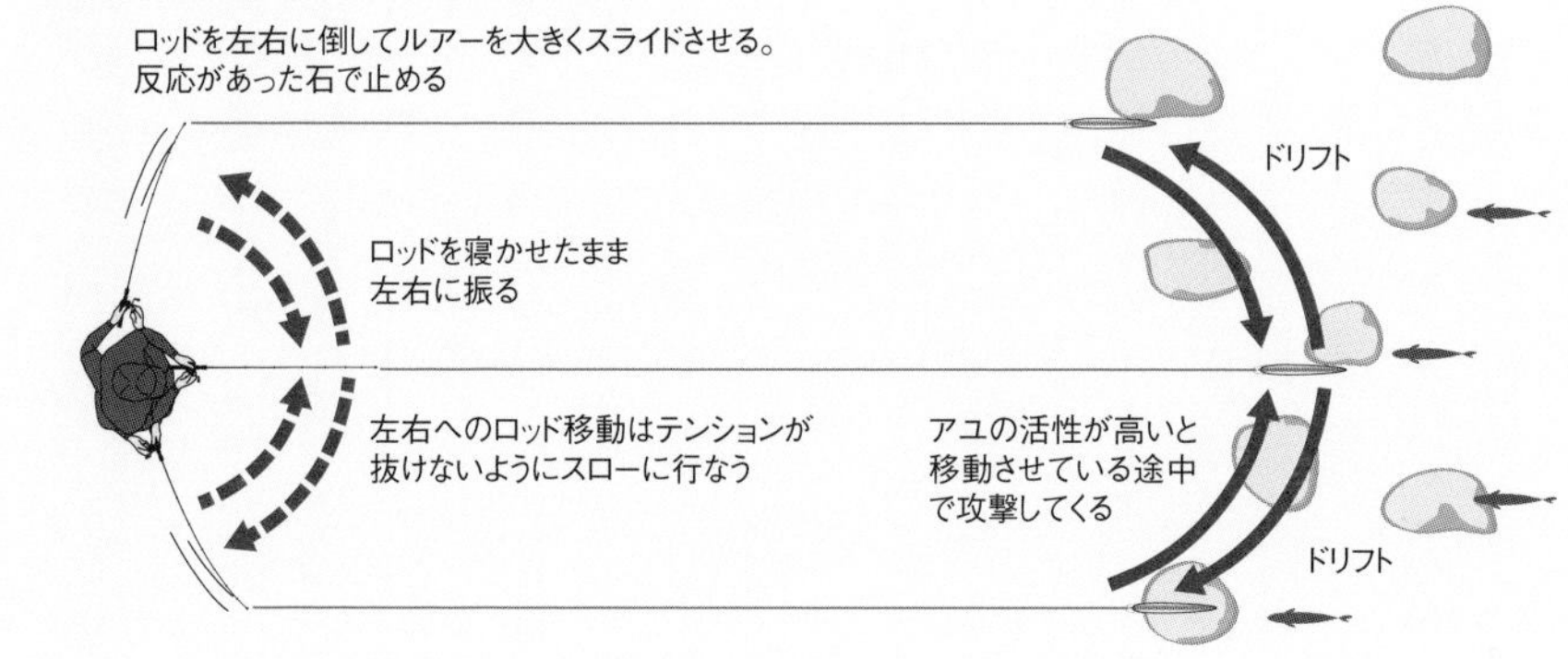


反応があった石で止める

左右に振る
左右へのロッド移動はテンションが
抜けないようにスローに行なう

移動させている途中
で攻撃してくる

## 左右にドリフトさせながらくまなく探る

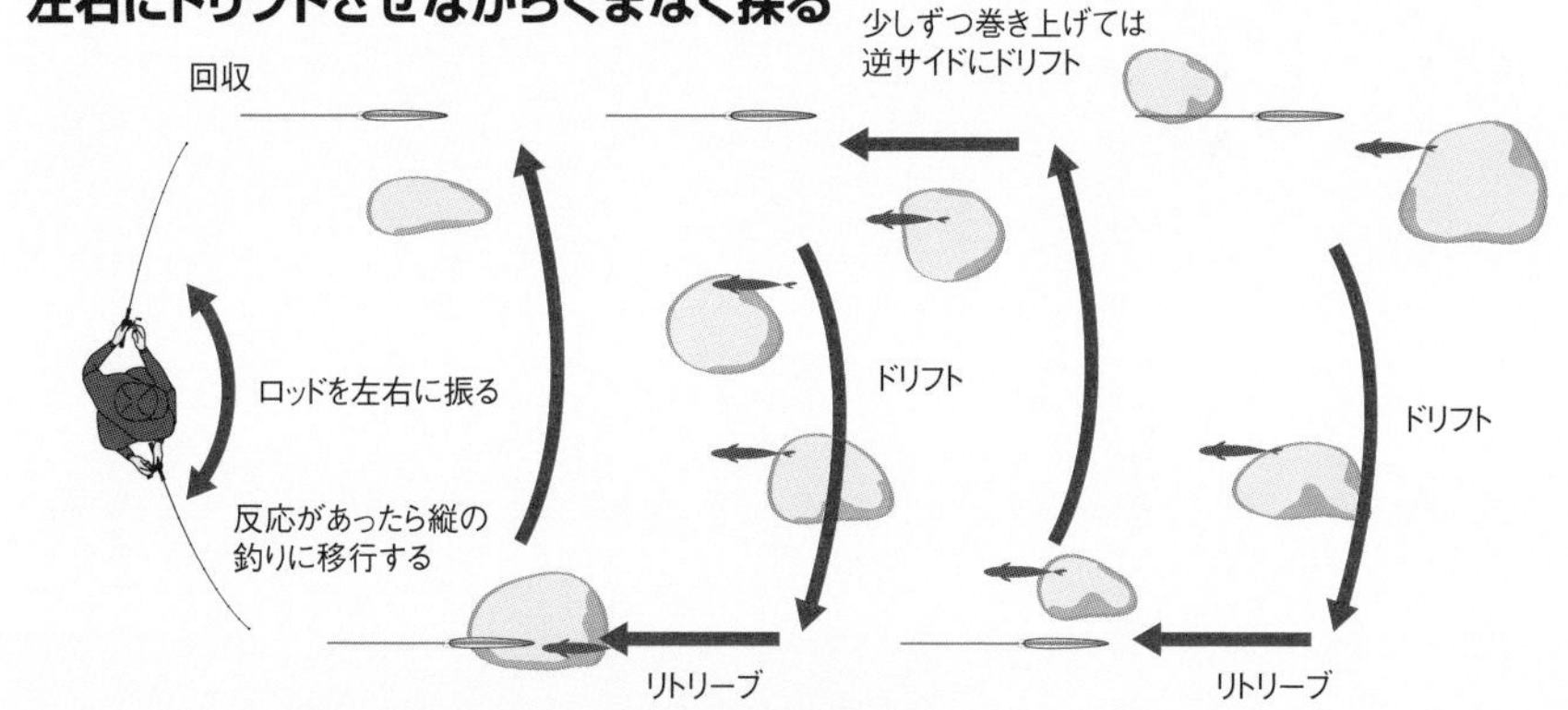

少しずつ巻き上げては

反応があったら縦の
釣りに移行する

アユの縄張り位置を探る小刻みな
ロッドワークがこの釣りのキモである

ダウンの釣りを展開します。そして再び逆側にロッドを振ってルアーをドリフトさせましょう。このように縦の釣りにドリフトを織り交ぜてジグザクに足元まで誘い上げていくことで、おおよそサオ下を5m幅で広く探ることができるわけです。線の釣りが面になるので、大幅に釣りのクオリティーがアップします。

# 増水と渇水を釣る

## 目まぐるしく水位が変動する夏は増水リセットからの復調に期待大

アユルアーは梅雨が明ける7月からが本番です。水温の上昇にともなってアカも付きやすく、良質なアカをたらふく食んでいるアユたちは鮮やかな追い星をまとって縄張り意識も一層強まります。しかし、夏の川は不安定な天候によってコンディションが大きく変わります。日照りが続けば渇水し、大雨が降ると瞬く間に濁流と化します。特に梅雨期から盛夏は増水から平水、平水から渇水と水位が目まぐるしく変化します。加えて天候や水温、水質などもアカの付きぐあいに影響を及ぼします。それゆえに釣行の数日前から天候や水位の変動を調べておくことが大切です。釣行当日に平水だとしても、直前に雨が降って渇水から増水した可能性もあります。干上がっていた場所にはアカは付いていないので、釣れそうなロケーションに惑わされて縄張りアユのいない場所で時間を無駄に費やしてしまうかも知れません。アカが付かない限り縄張りアユはいませんし、アカの残っている場所には当然強いアユが付きます。

また、増水によるアカ飛びは悪いことばかりではありません。猛暑が続いて渇水気味になるとアカが腐って釣りづらくなりますが、そんな腐ったアカを一気に流してくれるので川底がキレイになり、再び良質なアカが付き始めて生命感が戻ってきます。リセットされた河川では、思わぬ好釣果に恵まれることもあります。なお、アカが残っている大石に張り付くアユも、広範囲に新しくアカが付き始めるとより良質なアカを求めて散らばります。

## 増水すると流心のアカが飛ぶアカが残る岸寄りの石がねらいめ

一言で増水といっても程度はピンキリです。重要なのはアカが残っているかどうか。エントリーする前の見極めが肝心です。20㎝程度の程よい増水は天然アユの活性が上がるのでアユルアーには好条件になりますが、増水幅が30㎝を超える

▲増水して流心のアカが流された後は岸寄りに転がる石の裏に残るアカにアユが付く

あたりから流心の押しが強くなるので岸寄りの浅場を目指す傾向が高まります。特に濁りが入った時は明るい場所を求めて浅場に入ってくるので、川の両サイドがねらいめとなります。ちなみに膝まで川に入ってうっすらとくるぶしまでが見える程度の濁りなら問題なくアユは追ってきます。同じ増水でも平水に戻りつつある時は、流れの強い瀬に入って縄張りを張ってアカを食みます。連続ヒットのチャンスなので積極的に瀬を釣りましょう。

1mを超すような増水になると広範囲にわたってアカが飛ばされるので、より丁寧に川底を観察して底石の色が濃い場所を探りましょう。増水した後もアカが残っているのは、流れが緩い岸際と大石の裏。また地形的には川が蛇行する位置のインサイド部分。瀬肩よりは瀬落ちです。実際には微妙なケースが多いので、判断できなければ直接石を触って確認するのが確実です。石を手で撫でてみてヌメリを感じたら、その周辺の同じサイズ感や色の石にはアカが残っていると判断できます。

なお、日ごろ楽しんでいる釣り場が増水すると、普段使っているルアーではポイントに入らなくなります。水深が増すことに加えてラインが受ける水の抵抗が大きくなるからです。川の流れは水面に近づくほど強く流れてルアーを持ち上げようとします。よりリップの大きいルアーを使って強引に潜らせようとしても、ロッドや手首に掛かる負荷が大きくなるので、

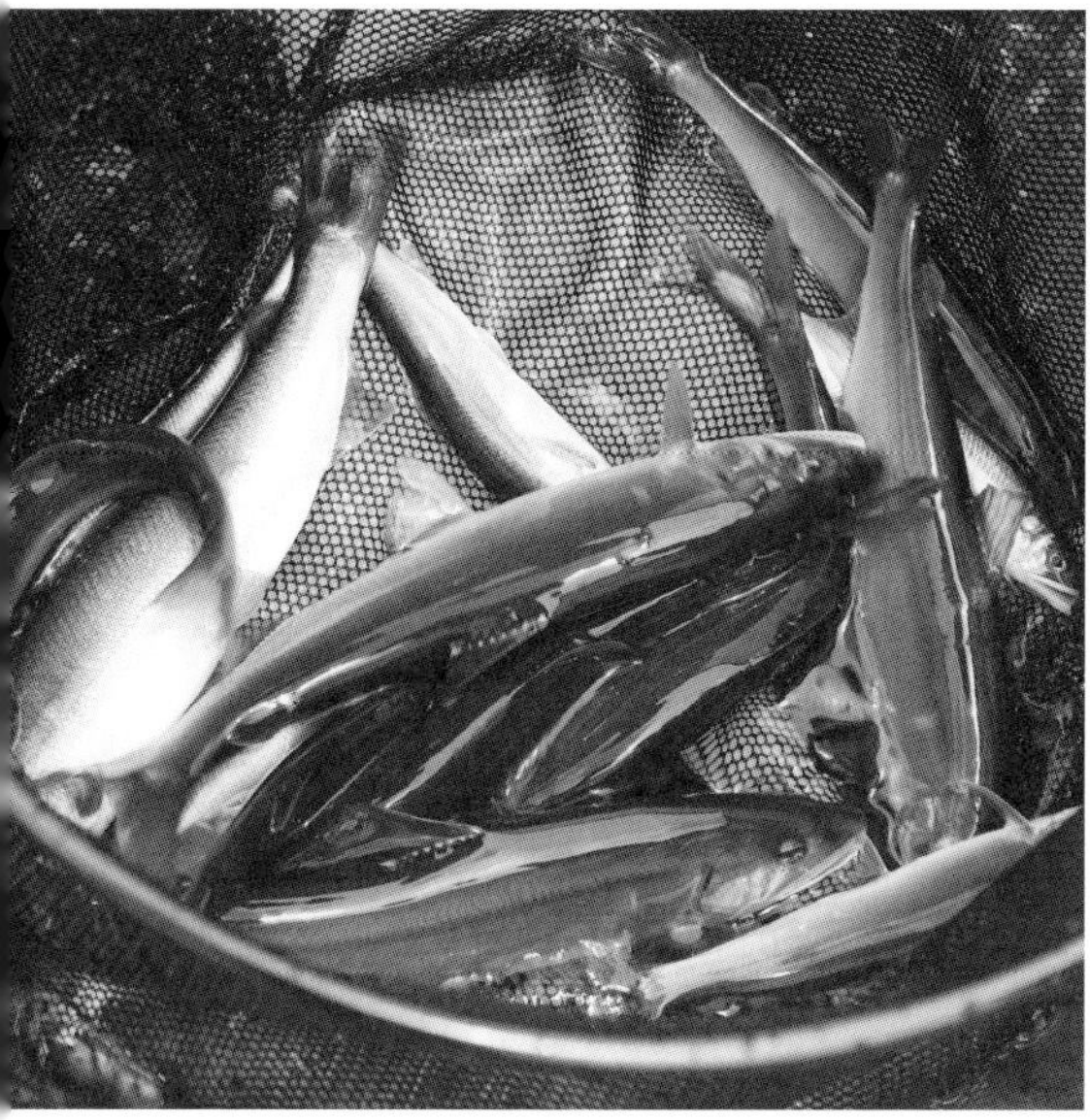

▲20㎝程度の増水ならアユの活性が高まり、好釣果が期待できる。ただし、急激な増水にはくれぐれも注意

腹側のアイにシンカーをセットしたり、アユ玉オモリをルアーの前方に打つなどして強制的に沈めて探ります。なお、増水後は石の裏にゴミが引っ掛かっていて、根掛かりするリスクが高まります。外れない時に回収できないような深みは避けたほうがよいでしょう。

## 雨天時は急激な増水に備えて避難ルートを決めてエントリー

雨天の釣りは、アユの活性が急激に上がって連発モードに突入することがありますが、無理は禁物です。水位が上昇するにつれて流れの押しが強まるので、先ほどまで安全に立ち込めていた場所でも足もとが不安定になったりします。しかも濁りが入ると底石の状況が確認できなくなり移動に危険を伴います。

釣っている最中に激しい雨が降り始めたり、水位が上昇してきたと感じたら、すみやかに岸に上がれる位置まで移動しましょう。上流部の豪雨による鉄砲水が出ると短時間で濁流が押し寄せることもあります。釣りを始めた時は穏やかでも、水位が20㎝も上昇すれば安全に川を横断することすらままならなくなります。特に片側からしかエントリーできないような釣り場では、立ち込む際に避難ルートを決めておきましょう。中洲などに渡り岸から離れて釣る場合は、不意の増水に備えて地形を把握してからエントリーするクセを付けることです。よく見かけるコンクリートの傾斜護岸は、雨に濡れると途端に滑るので避難する時は回避しましょう。

また、川に入る前に水位の変化がひと目で分かるような目印を決めておきましょう。30分ごとに確認して増水しているようなら浅い場所に移動しましょう。水位の変化に加えて急に水が濁って、草木などのゴミが流れだしたら急いで川から上がりましょう。特に上流にダムのない小規模河川や支流では、降雨で一気に水かさが増す危険があります。その一方で上流にダムがある河川は比較的安心して釣りが続けられますが過信は禁物です。放水を知らせるサイレンが鳴ったら川から上がって、安全な場所まで移動しましょう。

漁協の監視スタッフはもちろん近くの釣り人の忠告や注意、呼び掛けには従いましょう。また、人から離れて釣りをしている場合は、川に慣れているであろう友釣り師の動向が伺える位置まで戻ることが賢明です。

夏の川では夕立がつきもの。天気の急変に常に気を配ること

▲下流が増水や濁りで釣りにならない状況でも、上流域は平水に近づいていたり、さらに支流に入ればアカが残っている。降雨後の釣行は流域を広くチェックしたい

## 警戒心が高まる渇水時は流れのあるチャラ瀬に注目

渇水時のアユは神経質で警戒心も高まり、身を隠せる早瀬や平瀬といった水深がある場所に集まりやすくなります。流れが緩やかで浅いエリアのアカは腐ってしまい、一帯からアユが消えます。逆に水通しが良好な瀬肩の石には新鮮なアカが付きます。底流れの速い平瀬や早瀬が本命エリアになるものの流れが強くてルアーが入りにくいので、オモリを打つか激流に強いバイブレーションを使うのもよいです。

また、川が渇水気味になると、どのポイントにもオトリを入れやすくなることから友釣りファンで賑わい、渇水傾向が続くと駐車スペースから近いエリアは場荒れが進みます。エントリーしやすいエリアは避け、機動力を活かして人の少ないエリアまで歩きましょう。

増水時はよい支流がないかチェックすること

## 浅くて流れの緩いエリアの攻略イメージ

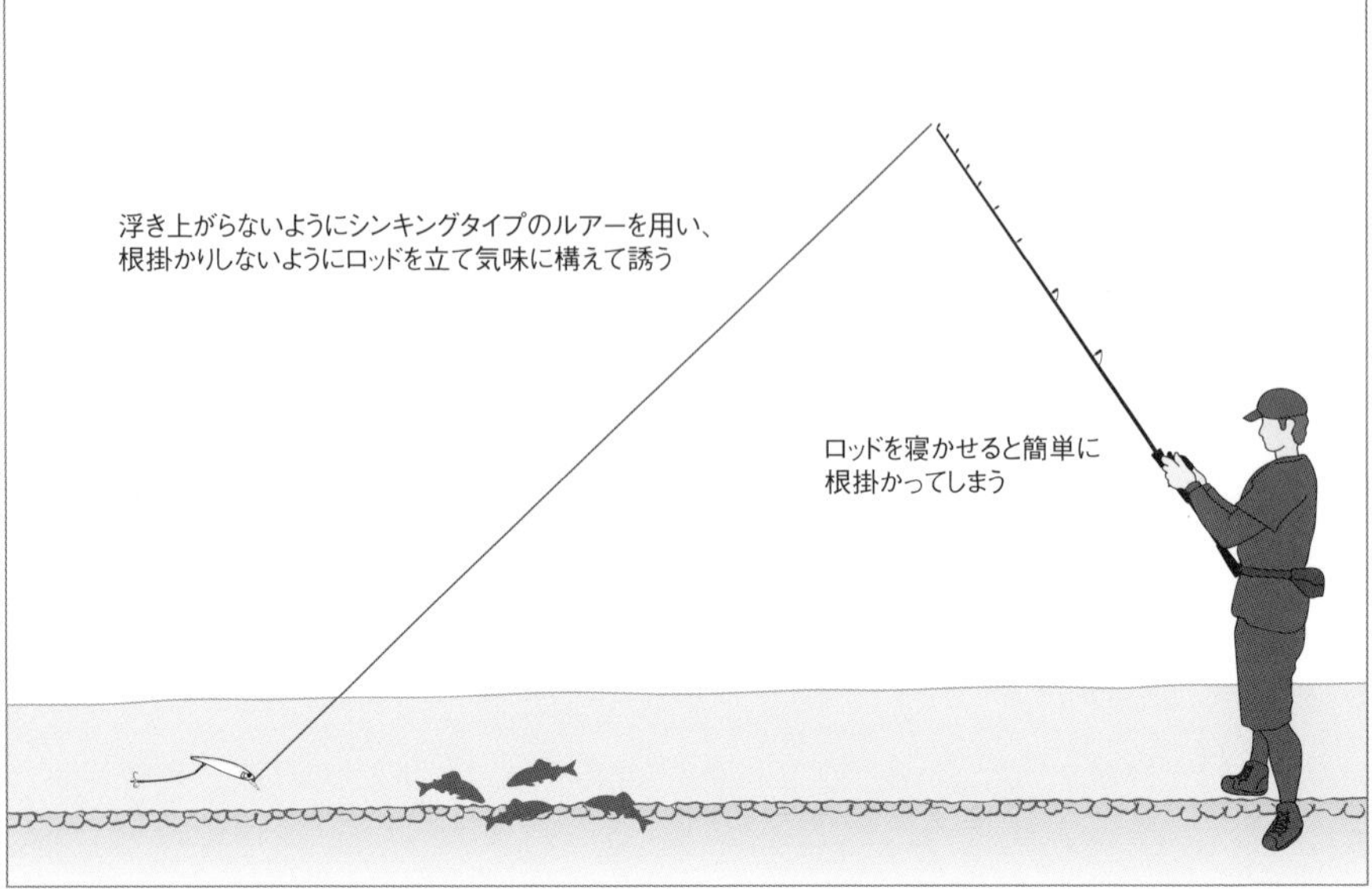
浮き上がらないようにシンキングタイプのルアーを用い、
根掛かりしないようにロッドを立て気味に構えて誘う
ロッドを寝かせると簡単に
根掛かってしまう

▲足首程度の水深しかないチャラ瀬でも、流れが生きている場所にはアユが付いている。浅いのでシンキングミノーが威力を発揮する

渇水時は全体的に川の流れが弱まるのでアユルアー向けのポイントが絞られます。友釣りならば水深のあるトロ場がポイントになりますが、やはり流れが生きている浅場が有望です。特に深場に隣接する瀬肩や瀬尻が鉄板ポイントです。周囲よりも深く掘れた溝があれば、ほぼ確実に縄張りアユが付いています。無駄に警戒させないよう歩き回らず静かに釣りましょう。

時にはスネほどの水深しかない場所にもアユは入っています。一見すると期待できそうもない小石が敷き詰められたような平坦なポイントでも、川底が輝いて見えたらルアーを入れてみることが大切です。アユがいれば活性が高く、ちょっとした小場所なのに連発することがあります。ただし、浅くて流れの緩い場所ではフローティングのルアーが使いづらいのでシンキングに交換し、ロッドを立て気味にして沈み具合を調整しながら釣りましょう。時間帯としては警戒心が薄まる朝イチか夕マヅメがチャンスです。

瀬肩は水通しがよく水温の低い淵やトロ場に近い。高水温期の有望ポイント

## 高水温期に起こる土用隠れは夕マヅメに瀬肩を静かに釣る

真夏で注目するのは水通しと水温です。友釣りには土用隠れという専門用語があります。年によってズレが生じますが、だいたい7月中旬からお盆にかけて川の水温が高まって流れの緩い浅場のアカが腐ってしまい、エサ場を失った多くのアユがトロ場や淵など水深のある場所に移動してしまう現象です。そんな高水温期のアユルアーは、少しでも水通しがよくて水温も周囲より低いスポットが好釣り場となります。例えば支流の流れ込みや本流なら瀬肩や瀬尻、酸素が溶け込む段々瀬などです。多くの場合、本流よりも支流の水温が低いので、合流点付近は必ず水温が下がります。支流の水質にもよりますが、冷たい水が流れ込んでいれば良質のアカがついていることが多く、アカを求めてアユが集まっています。そして本流筋の瀬肩と瀬尻、段々瀬の落ち込みは、川の勾配の変化点です。勾配が変化する場所は伏流水が底から湧き出しているので水温が下がりやすく、常に良質なアカが付いています。流速があって白泡が立っているので豊富な酸素が溶け込み、水温を下げるのと同時に外敵から身を守るブラインドの役割を果たします。ちなみにアユにとってはとても居心地のよい場所になります。アユが瀬の中に入るにはしっかり泳がなくてはなりません。真夏の日中はアユも体力を消耗しやすいので、夕マヅメがチャンスです。

高水温でアカが腐って浅場からアユが消えても、トロ場から近い流れのある瀬にはアユは縄張りを張っている。魚影も濃いので夕方には連続ヒットも

ステップアップするためのあれこれ

## 底が視認できない瀬の中では手に伝わる振動を頼りに集中

サラサラと流れる程度のチャラ瀬やザラ瀬の釣りに慣れてきたら、フィールドの難易度を徐々に上げていきましょう。水面に流れの筋が何本もできているような瀬や傾斜が複雑に変化する瀬。さらに川底が起伏に富んで溝になっていたり、いくつも段差があるなど、地形が入り組んでいる瀬を積極的に探ってみましょう。ロケーションが複雑になるほどゲーム性はアップしますし、良型のアユとの遭遇率も高まります。ただし、誤解をしてはいけないのが、流れが強いほど、水深があるほどアユが多いというわけではないということです。長いアユザオで流心を釣っている光景を見ると、いかにも深く立ち込んだほうが釣れそうな気になりますが、浅いチャラ瀬やザラ瀬でも充分に釣れます。立ち込むのは身の安全が確保できる股下までにしておきましょう。

そこそこ水深があったり、白泡に覆われていたりと底の状況が見えないブラインドの釣りは、手にブルブルと伝わってくるルアーが泳いでいる振動やコツコツと障害物に当たる感触を頼りに釣ります。慣れてくると振動の強弱で石に対してルアーがどの辺りに位置しているか、おおよそ分かるようになります。たとえば石の裏に入るとルアーの振動が弱まり、不意にテンションが抜けたようになります。ルアーが緩流帯に入った合図で、すぐ上に流れを変える大きな石があることが推測できます。ちなみに反転流が生じている裏の際まで近づけると、さらに振動が微弱になります。この違いを察知できるようになると、よりピンスポットでの攻略が可能になります。

◀縄張りアユをねらい撃ちにしていくアユルアーは、正確なルアーコントロールが釣果の鍵。手もとにルアーの振動を感じながら、石を探っていくことだ

続けて緩流帯からルアーを引っ張り出せば、再び流れが強く当たって振動が強く大きくなります。このタイミングで細かいシェイクや小さなトゥイッチを加えてルアーにヒラを打たせ、アカを食むような演出をします。そして、縄張りアユのアタックに備えてティップの動きや手もとに伝わってくる振動の変化に集中しましょう。

## 根掛かりはロッドを煽らず ラインを送ればほぼ抜ける

ルアーが泳いでいる間はティップにブルブルと一定のリズムで振動が伝わってきますが、根掛かりすると振動が途絶えます。根掛かりといっても掛けバリが底に引っ掛かるわけではなく、多くはルアーのリップが底石の隙間に挟まって抜けなくなっているだけです。軽くロッドを持ち上げつつテンションを抜いてラインをロッドで送れば、上層の流れに弛んだ分のラインが乗ってルアーを後方に引っ張るので簡単に抜けます。そして、すかさずラインを張れば再びルアーは潜るので、そのまま筋を外すことなく誘い上げを続けることができます。

なお、簡単なロッドの送り込みで外れなかった場合は、深さに応じて2～3mラインを流してから再びサミングしてラインを止めます。流れに乗って後方に流れたラインが流れを受けてルアーを後方に引っ張るので、ほぼこの動作で外すことができます。ただし、これは完全にルアーが浮き上がって大きく後方に流れてしまうので、筋がズレるなどしていたらピックアップして打ちなおしましょう。シンキングタイプのルアーも、この方法で引っ張り上げられるので、それほど根掛かりを怖がらなくても大丈夫です。特にラインに浮力のあるPEラインを使っていれば引っ張る力も大きくなるので、より外れやすくなります。

なお、ラインの送り込みで外れない根掛かりは、摘まんでピックアップしますが、膝よりも深い場所で流れの強い場所ともなると無理できません。足をすくわれないよう注意しな

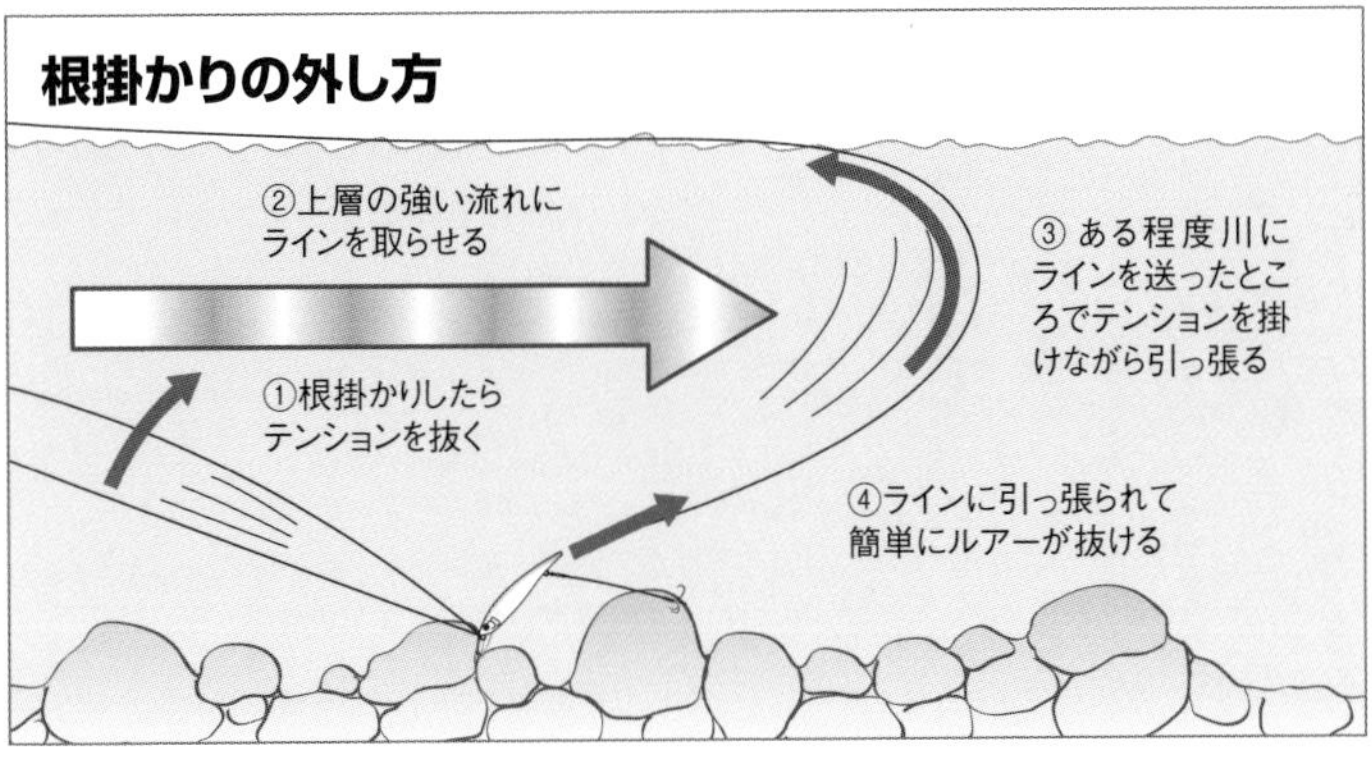

②上層の強い流れにラインを取らせる
③ある程度川にラインを送ったところでテンションを掛けながら引っ張る
①根掛かりしたらテンションを抜く
④ラインに引っ張られて簡単にルアーが抜ける

根掛かりの外し方

がら近づいて、友釣り用の根掛かり外しを使って回収するのがベターです。くれぐれも無理のないよう安全を確保して作業しましょう。

## 腹掛かりはバラシが増えるので ハリスに張りを持たせて対応

イカリ仕様の掛けバリ仕掛けの場合、ルアーと掛けバリを結ぶハリスの張りぐあいによって、縄張りアユの掛かりどころが変化することを頭に入れておきましょう。たとえば同じ掛けバリを使っていても、流れの強いザラ瀬や平瀬ではハリスがたなびくのでアユの背中に掛かりやすく、流れが弛みやすいチャラ瀬ではハリスがハリの重みで垂れ気味になるので腹に掛かる割合が増してきます。また、掛けバリが大きくなれば自重も増すので垂れやすくなります。腹掛かりはバレやすいので仕掛けを調整しましょう。

　ちなみに流れの緩いエリアを探る場合はハリスを太くして張りを強めることで、ある程度のお辞儀状態は軽減できますが、必要以上に張りを強めると今度はアタリを弾きやすくなります。この辺りのさじ加減が重要なので、釣り場で掛かりどころを見ながら仕掛けをローテーションさせてみましょう。現在は各メーカーからバリエーションに富んだイカリの仕掛けがリリースされているので、なるべく多くの種類を持参しましょう。ハリを離して配置しているチラシバリの仕掛けを使うのも手です。

　ちなみに仕掛けのハリスには、現在ナイロンとフロロカーボンが使われており、イカリ仕掛けの主流は硬度で勝るフロロカーボン、アユへの絡みを重視するチラシ仕掛けにはナイロンが多く使われています。

### 掛けバリの状態で掛かりどころが変わる

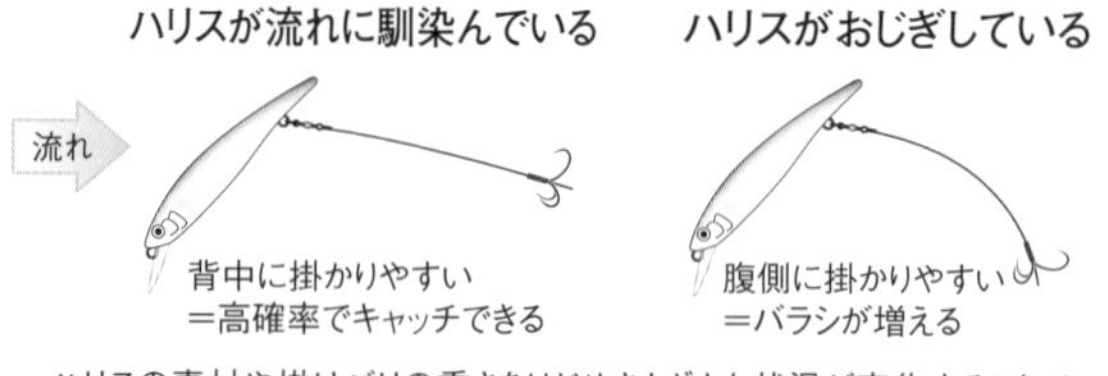
ハリスが流れに馴染んでいる
ハリスがおじぎしている
流れ
背中に掛かりやすい
＝高確率でキャッチできる
腹側に掛かりやすい
＝バラシが増える

ハリスの素材や掛けバリの重さをはじめさまざまな状況が変化することでハリスのなびきぐあいが変化する。
腹掛かりが多かったり、バラシを連発した時は掛けバリが流れに合っていないと考えてハリスやハリを替えてみる

## 石を舐める精度が重要なので デメリット多い遠投は避ける

アユルアーでロングキャストすることはありません。キャストといっても10m程度のショートキャストです。アユルアーのキモは1個の石を前後左右に探るような精度です。ルアー

◀闇雲にキャストとリトリーブを繰り返しても釣れないのでロングキャストは効率的な釣り方ではない

との距離が遠くなるほど正確なアプローチが難しくなりますし、根掛かりの頻度も増えます。ロングキャストした先での根掛かりは流れの筋を切りながら近づかなければならず、水深によっては外すのに相当苦労します。川の流れを受けながらの回収作業は体力の消耗も激しいので、そういった意味でもロングキャストは慎むべきでしょう。

また、近くに友釣りやアユルアーを楽しんでいる人がいた場合、ロングキャストすることでラインが交錯しかねません。友釣りの仕掛けは繊細な上に先にはオトリアユがセットしてあります。不用意なロングキャストが友釣りを台無しにしかねないので、くれぐれも注意しましょう。なお、友釣りはノベザオの釣りではありますがサオが長いだけに射程範囲が広く、思ってもいない場所にオトリアユを泳がせていることもあります。

まだアユルアーは芽吹いたばかり。アユ釣りのジャンルとして友釣りのように根付いていません。釣り場でのトラブルをきっかけに、その河川でのアユルアーが禁止されないよう、先駆けとなる我々がルールとマナーを守り、節度をもって楽しむことが極めて大切です。

## 友釣りでは攻め切れないオーバーハングに良型アユ

岸際のボサ周りは友釣りでは敬遠されがちなのでサオ抜けしています。特に葦や草木が覆い被さっているようなオーバーハングはシェードになっており、警戒心の薄い縄張りアユが幅を利かせています。取り回しの利くアユルアータックルなら無理なく攻略できるので、見逃さずにチェックしましょう。

キャスト精度に自信のある人は、ダウンクロスのピッチングでオーバーハングの奥にルアーを送り込みましょう。奥に着水したところでラインを張ると、縄張りアユがいればすぐに反応します。繊細なラインコントロールが求められるので、ベイトタックルが威力を発揮します。キャストに自信がない人はギリギリまで近づいてオーバーハングの中に直接ロッドを差し込み、提灯釣りの状態からラインを送り込んでサミングすると、ガツンと持っていかれます。

スピニングタックルの場合はオーバーハングの川上に立ち、流れを利用して奥にフローティングのルアーを流し込んでいきましょう。ルアーを水面に浮かべた状態でベイルを起こして流し込んでいき、オーバーハングの奥に入ったらベイルを戻してルアーを潜行させればオッケーです。また、ギリギリまで近づき、ロッド一杯までラインを引き出しておいて、ノベザオのようにルアーを振り込むような接近戦でも、オーバーハングがブラインドになっていればアユは当たってきます。

いずれのスタイルもアングラーが立ち位置を変えながらオーバーハングに沿って釣り下っていけば、数が稼げるはずです。

オーバーハングはサオ抜け場
ロッドを奥に突っ込んでから
ルアーを下流に流し込む
オーバーハングは友釣りでは攻められないのでアユの警戒心も薄い
ルアーをサオ先まで巻き取った状態でロッドをオーバーハングの奥に差し込み、サミングしながらルアーを流れに乗せる

## 上流に走る晩夏のアユにはスイープフッキングで対応

お盆過ぎからの終盤戦はアユも大きくなり、スリリングなやり取りが楽しめます。大きいアユはルアーに対する反応もシビアになってくるので、粘り強くルアーを見せ続けて挑発することが肝要です。終盤戦はアユが見えるよい石組のポイントで徹底的に粘るのもよいでしょう。特に小規模河川ではピンポイントに付いていることがありよさげな瀬で粘り切るスタイルが有効です。ちなみに縄張りアユが大きく育ったからといって、ルアーのサイズやシルエットまで大きくする必要はありません。

また、水際に草木が覆い被さっているエリアにも良型のアユが残っていることが多いようです。シーズンを通して共通していますが、長いサオを使う友釣りでは攻められない場所を考えながら重点的にチェックしていくと、釣れ残って大きく育ったアユに恵まれる確率が高まります。とにかく終盤は

開幕序盤ほど数は釣れないものの、お盆を過ぎるとアユも大きく成長しており、1尾の満足度が非常に高い。締め込みのパワーが段違い

サイズがいいので、掛かった際は無理に寄せようとしないことが大切です。時にはアユに引っ張られて一緒に川を下ることもあります。足を滑らせないよう安全を確保しながらファイトしましょう。

なお、基本的に良型アユのアタリは強烈ですが、逆に小さくコツンと軽く触れる程度の出方も少なくありません。これは掛かった時点で上流に向かって走る時に多いパターンです。テンションが抜けるような感触ですが、掛かっているのは瀬の強い流れをものともせず上流に向かってダッシュできる大アユです。不意にテンションが抜けるアタリは分かりづらいですが、迷わずアワセを入れましょう。夏を過ぎて大きく育ったアユは、ウロコが硬くなっているのでハリ先が立っているだけでハリのフトコロまで深く刺さり切っていないことが往々にしてあります。外れて悔やむ前に、しっかり食い込ませるようにベリーからバットを使ってテンションを掛けるスイープフッキングを入れましょう。

▼友釣りでは23㎝を超えたアユが大アユと呼ばれる。その川にいる一番大きなアユをねらい撃つのも面白い

# 魅力あふれる新境地 ノベザオスタイル

## リールが使えない河川で楽しむ 極めてシンプルなルアー釣り

リールを使うキャスティングスタイルのアユルアーが楽しめる河川が増えてきてはいるものの、まだ全国的に見れば一部でしかありません。その一方で20年ほど前に友釣り用の友ルアーが登場してから、多くの河川でルアーの使用に関しては解禁されています。遊漁規則でリールが使えない河川で何とかルアー釣りが楽しめないかと考案されたスタイルが、ノベザオを用いるルアー釣り「ノベルアー」です。

友釣りの要領でオトリアユの代わりにアユルアーをセットして釣るわけですが、生きたアユを使うわけではないので仕掛けのレイアウトは極めてシンプルです。サオも9mほどある友釣り用のサオではなく、サオ先に張りがある長めのノベザオなら何でも使えます。とりわけ張りの強い先調子のメバルザオや硬硬調の渓流ザオがマッチします。ズーム機能を搭載したモデルがベターです。軽い仕掛けを振り込むことを前提とした全体に軟らかい胴調子のノベザオは、ルアーの引き抵抗に負けて穂先が入り込んでしまうのでアユルアーには向きません。

ノベザオスタイルではラインが天井イトと水中イトに分けられていますが、分かりやすく言い換えるなら天井イトがメインラインで水中イトがリーダーです。ノベザオだけに仕掛け

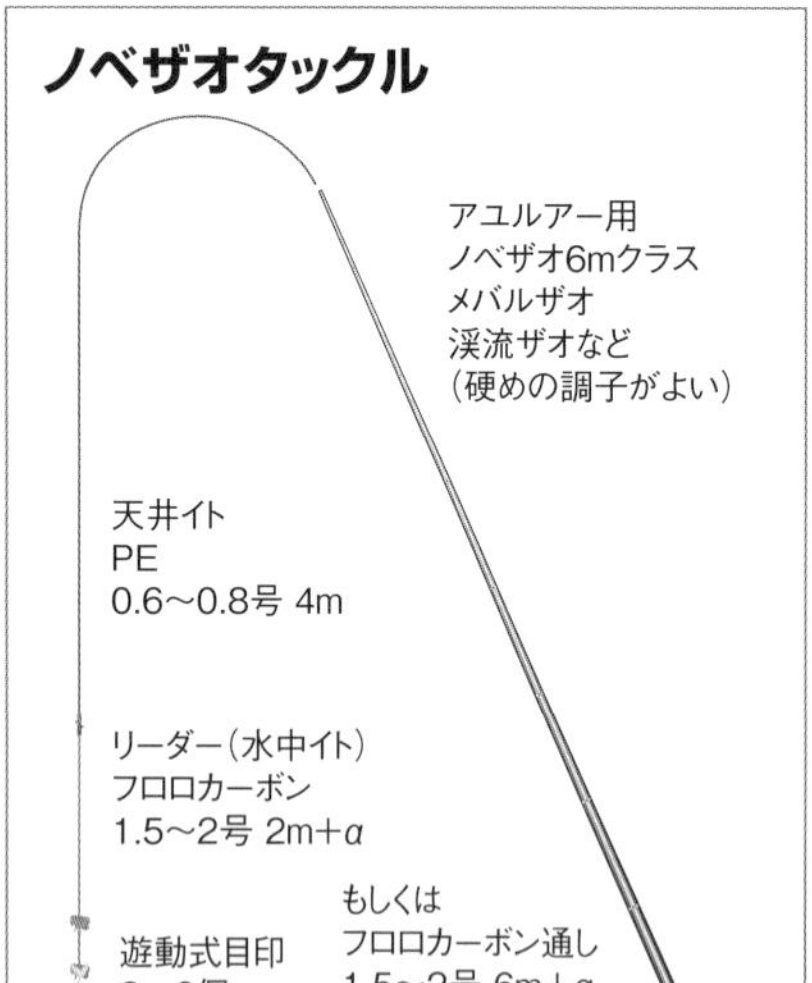

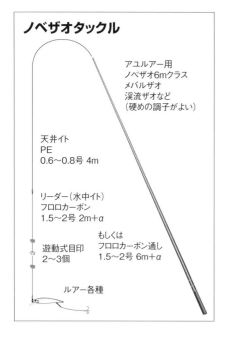

全長が長くなりますが、水中に浸って石などに擦れて傷むのは先端の2m程度です。傷付きやすい水中イトをこまめに交換して、天井イトは繰り返し使います。

なお、一般的に天井イトは水中イトよりも太いラインを使いますが、アユルアーでは感度を重視して細いPEラインを使うアングラーが多いようです。底にルアーが当たる振動をしっかり感じながら釣るためにも、伸びの少ないラインが

◀リールが使えない河川でアユルアーを楽しむために考案されたノベザオスタイル。友ルアーの釣りをベースにブラッシュアップして、よりシンプルで手軽になった

有効です。ただし、両岸に草木が生い茂る小規模河川では木の枝などにラインを引っ掛けがちですが、コシのないPEラインはそのまま絡んでしまうので、2号前後のナイロンやフロロカーボンが使いやすい場合もあります。フィールドにマッチした天井イトを使いましょう。ちなみにモノフィラメントラインを使う場合は、仕掛けの角度がひと目で分かるように視認性に優れる蛍光カラーがおすすめです。ちなみにサオ先からルアーまでフロロカーボンやナイロンを1本通しで使っても問題ありません。

なお、短いキャスティングロッドに比べると振動伝達率では劣りますが、短く持つなどして底石に当たる振動などを感じながら釣ることが大切です。

## キャスティングでは攻略不可の激流でもルアーが暴れず馴染む

釣り方のコンセプトは、アカの付いた石の際にルアーを入れて追い気のあるアユを掛けていくキャスティングスタイルと同じです。ノベザオスタイル最大のメリットはリールの使用が禁止されている河川でもアユルアーが楽しめることですが、リールが解禁されている河川においても抜群の威力を発揮します。そんなノベザオスタイルの魅力は単純明快に面白い

ことです。ラインを出すことができないので、ロッドの曲がりと全身を使ってアユの引きを受け止めるしかありません。このスリリングなファイトはノベザオならでは。さらにロッドのタメが効くので掛かったアユは外れにくく、深くて流れの強い場所にもルアーを入れられるので掛かるアユがひと回り大きくなります。

ノベザオのメリットはリーチの長さです。リーチを生かした精度の高いアプローチと攻略範囲の広さは、キャスティングスタイルに劣りません。しかもポイントに対して上流からアプローチするキャスティングタックルとは異なり、横からでもルアーを送り込むことができます。さらにダイレクトにルアーを操作するので、浮力のないソフトベイトやバイブレーションプラグといったルアーも難なく使いこなすことができます。川の筋を少しずつズラしながら広く探っていける点もノベザオの強みです。ただし、手もとの小さな動作でルアーが反応するので動かし過ぎにはくれぐれも注意が必要です。

なお、目まぐるしく変化する川の流れにロッド全体がスムーズに追従するのでアユルアーが暴れず、瀬の中でもピンポイントのロングステイが容易に実践できます。キャスティングスタイルでは受け流しに限界あるので、どうしても瀬の中ではルアーの挙動が不安定になる局面が多くポイントから外れがちになりますが、ノベザオは全体がしなやかなのでルアーの浮き上がりを抑え、キャスティングタックルでは釣りにならない状況下でもゲームを成立させられます。

## 繊細な誘い上げからファイトまでロッドを握るポジションで調整

サオ尻からルアーのフロントアイまでの長さを手尻といいます。ノベザオスタイルでは、この手尻の長さがキャストからルアーの操作、ファイト、ランディングに至るまで、すべてに大きく影響します。手尻の基本は0～10㎝。ルアーを操作しやすく、ねらったポイントにも入れやすい長さです。手尻をマイナス5～10㎝と短くすると、ロッドのパワーが生かされてアユとのファイトやランディングの抜きが楽に行なえるようになります。例えば終盤戦は掛かるアユが大きくなり、抜きたくても浮かせられずファイトに時間を要するようになってきますが、手尻を短くするだけでロッドがパワーアップしたかのような感覚で良型アユを抜けるようになります。そして、逆に手尻を10㎝以上長くすると、今度はルアーの動きが安定します。より強い流れの中でもルアーが浮き上がらずに馴染ませられるようになります。

このように手尻の長さひとつでロッドのフィーリングは大きく変わるわけですが、ノベザオはキャスティングタックルと違ってグリップのポジションが決まっているわけではないので、ラインの長さを調整しなくてもロッドの握りを変えるだけで対応可能です。つまり、手尻を短めにしておけば、あとはどのようにも対応できるというわけです。なお、元ザオを余らせて短めに持つと持ち重りが軽減されるので、長いロッドも

**手尻の長さを調整する**

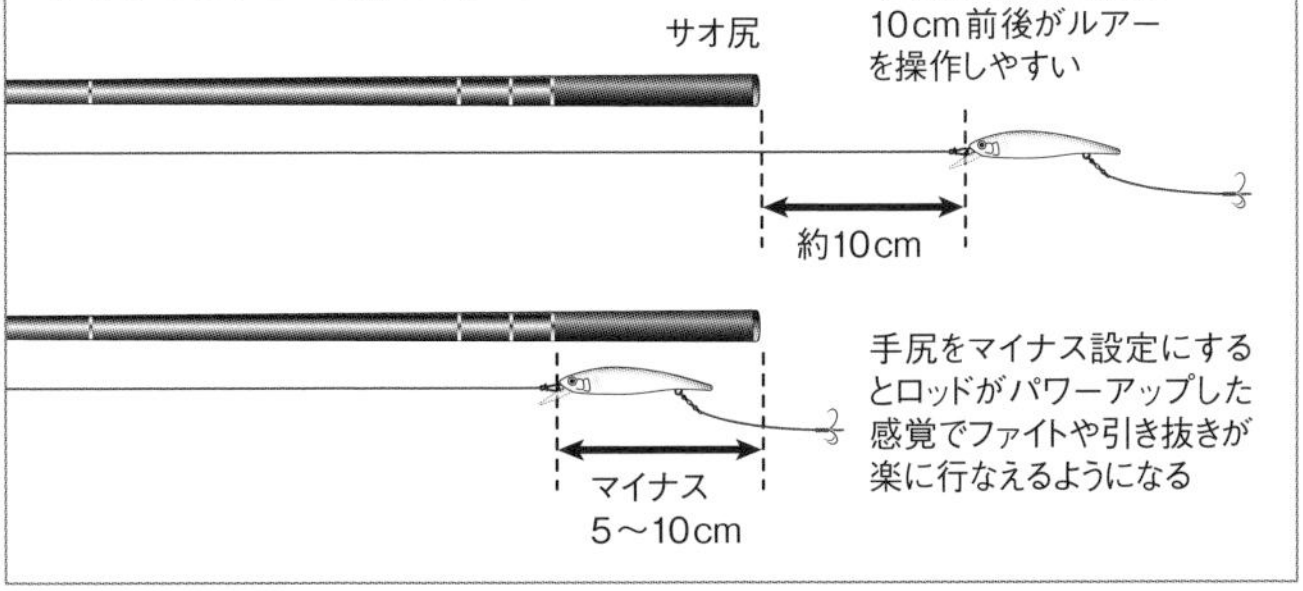
手尻は基本的に10cm前後がルアーを操作しやすい


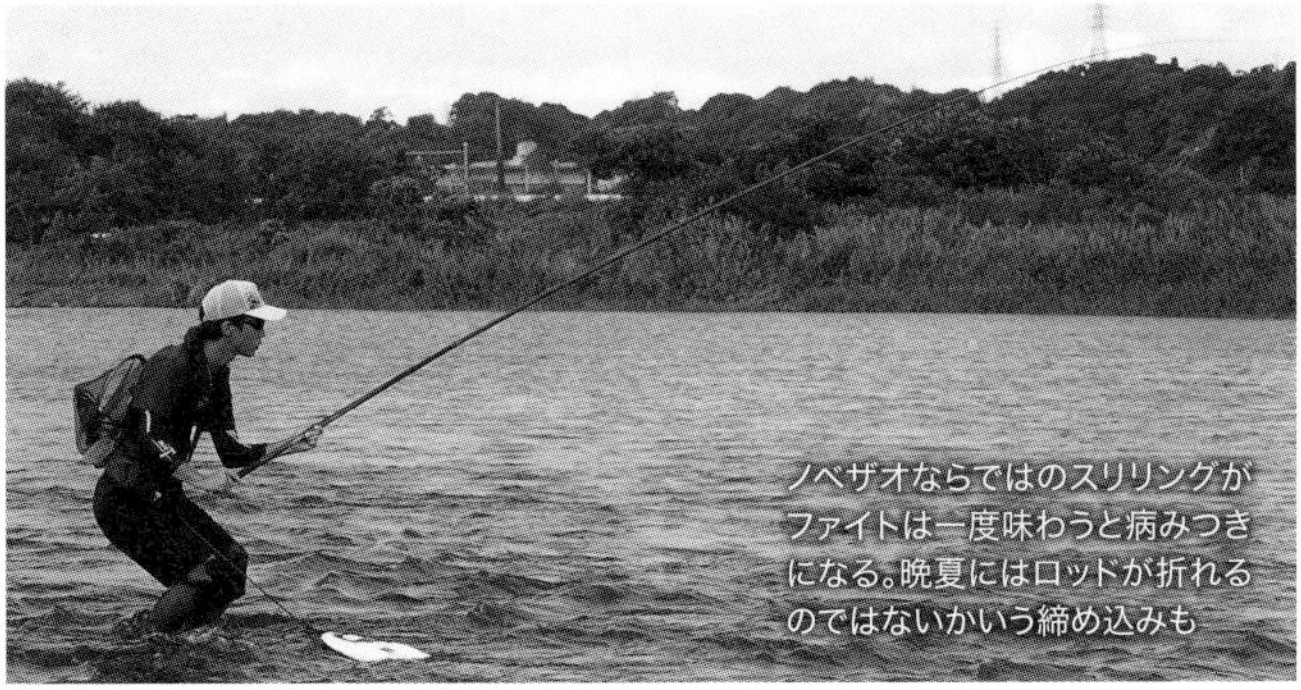
ノベザオならではのスリリングがファイトは一度味わうと病みつきになる。晩夏にはロッドが折れるのではないかいう締め込みも

**ロッドを短く持つ**

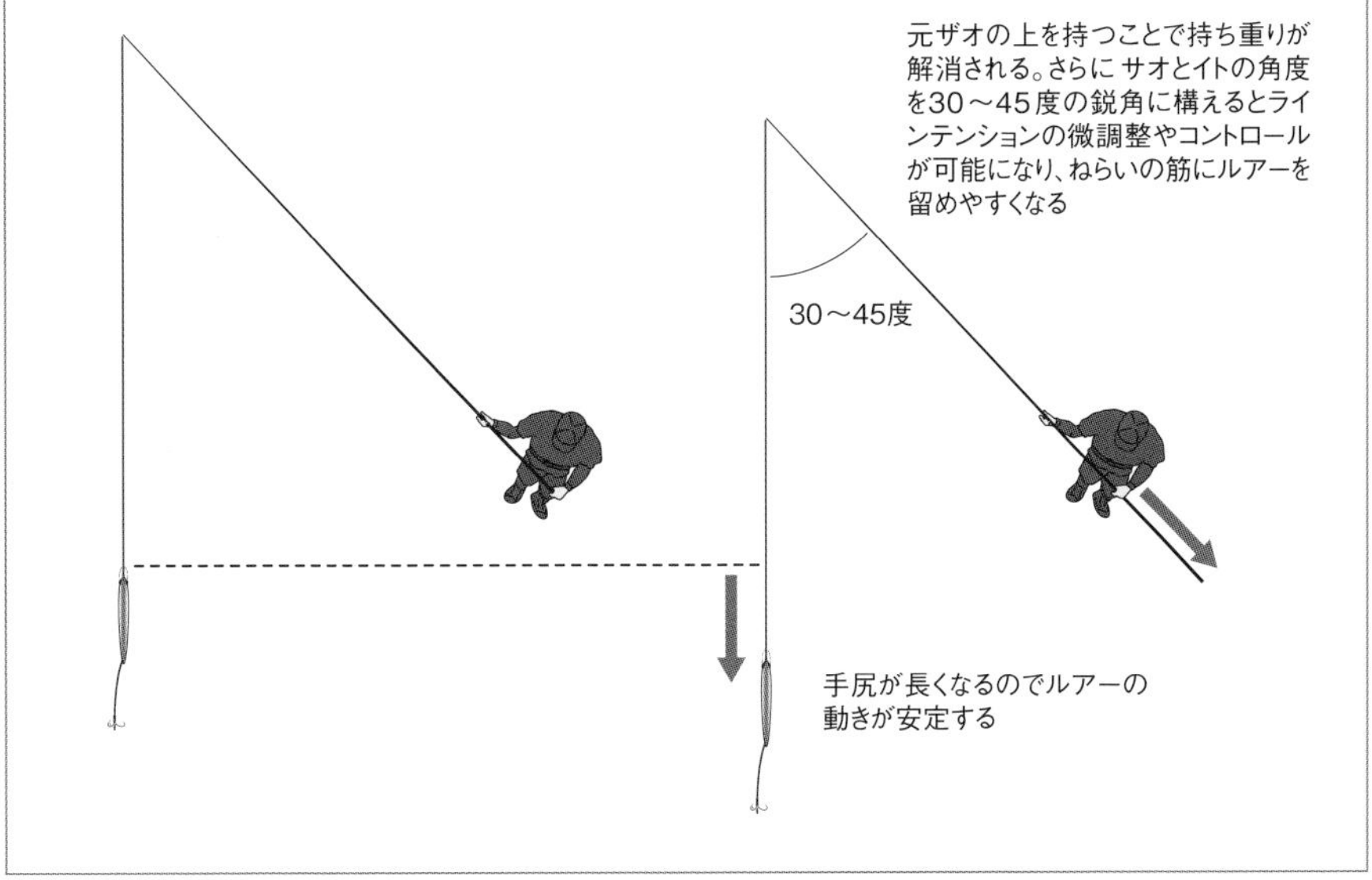

元ザオの上を持つことで持ち重りが解消される。さらにサオとイトの角度を30～45度の鋭角に構えるとラインテンションの微調整やコントロールが可能になり、ねらいの筋にルアーを留めやすくなる

軽く感じられます。同時に感度も鋭くなるのでラインの張り具合も繊細に調整できるようになります。ズーム機能を搭載しているロッドならば、より幅広いセッティングが可能になります。

## ロッドの寝かせと角度に注意してルアーを安定させて誘い上げる

ロッドが長くて軟らかいので、流れに対して角度は90度よりも川上に構えます。キャスティングロッドのように角度を浅くすると、アユを掛けた時点でノサれた状態に近く、締め込みをかわし切れずにラインブレイクしたり身切れを起こします。しっかり曲げることでノベザオはポテンシャルを発揮します。

釣り方の基本は、目ぼしい石の斜め奥に振り込んでルアーをドリフトさせながら寄せていきます。石の近くまでルアーが近づいたところでロッドを操作して石の上流に移動させたりバックさせます。やることはキャスティングと同じです。ルアーを振り込んだらロッドを寝かせ、ルアーが流れに馴染んだところでロッドを引き上げるように手前へ引き寄せてきます。反応が得られなければロッドを少し立てて手前の筋を探ります。これを繰り返して手前に刻みながら筋を探っていきます。

なお、ルアーのレンジを把握するために遊動式の目印が欠かせません。目印の位置は仕掛けの馴染ませ方で変わります。水面のすぐ上に一番下の目印が来るように調整します。ルアーを潜らせたい時はロッドを寝かせてラインを水面に対して平行に近づけていくので目印はサオ先寄りに、チャラ瀬などでロッドを立てる場面ではルアー側に移動させます。

ノベザオスタイルで大切なのは、ロッドを寝かせる角度です。ザラ瀬や平瀬では穂先が自分の目線の高さと同じになるまでロッドを寝かせます。友釣りではベタザオといわれています。ラインが流れに対して角度がなくなるので上層の強い流れの抵抗をかわしてルアーが潜りやすくなります。流れの弱いチャラ瀬など根掛かりが多い場所では目線よりも高く穂先を構えます。

流れに対するロッドの角度は「上ザオ45度」が友釣りでの基本とされています。オトリアユが暴れずコントロールしやすいとされており、同じようにルアーの挙動も安定させることができます。流れに対して90度前後で構えるとルアーはよく泳ぎますが、反面流れが強いポイントでは暴れて浮き上がりやすくなります。

アタリは明確です。それまでブルブルと泳いでいるルアーの振動が消えてグイッとロッドが持っていかれるので見逃す心配はありません。目印を見ていたら一瞬激しく振動してから川下に向かって勢いよく走っていきます。ロッドが入ったらタメを生かしてアユを止めて、慎重に手前に寄せます。ある程度近くまで寄せてきたらタモ網を手に取ってロッドを起こし、サオ先を高く掲げてアユを抜き上げ、手前に飛ばして

タモで受けてフィニッシュです。キャスティングと同じように掛かりどころが悪かったり、アユが大きかったりする場合は、水面に浮かさないようゆっくり足もとまで引き寄せ、ラインを手繰ってタモですくうランディングスタイルが安心です。

## ロッドは上流に向かって斜めに構える

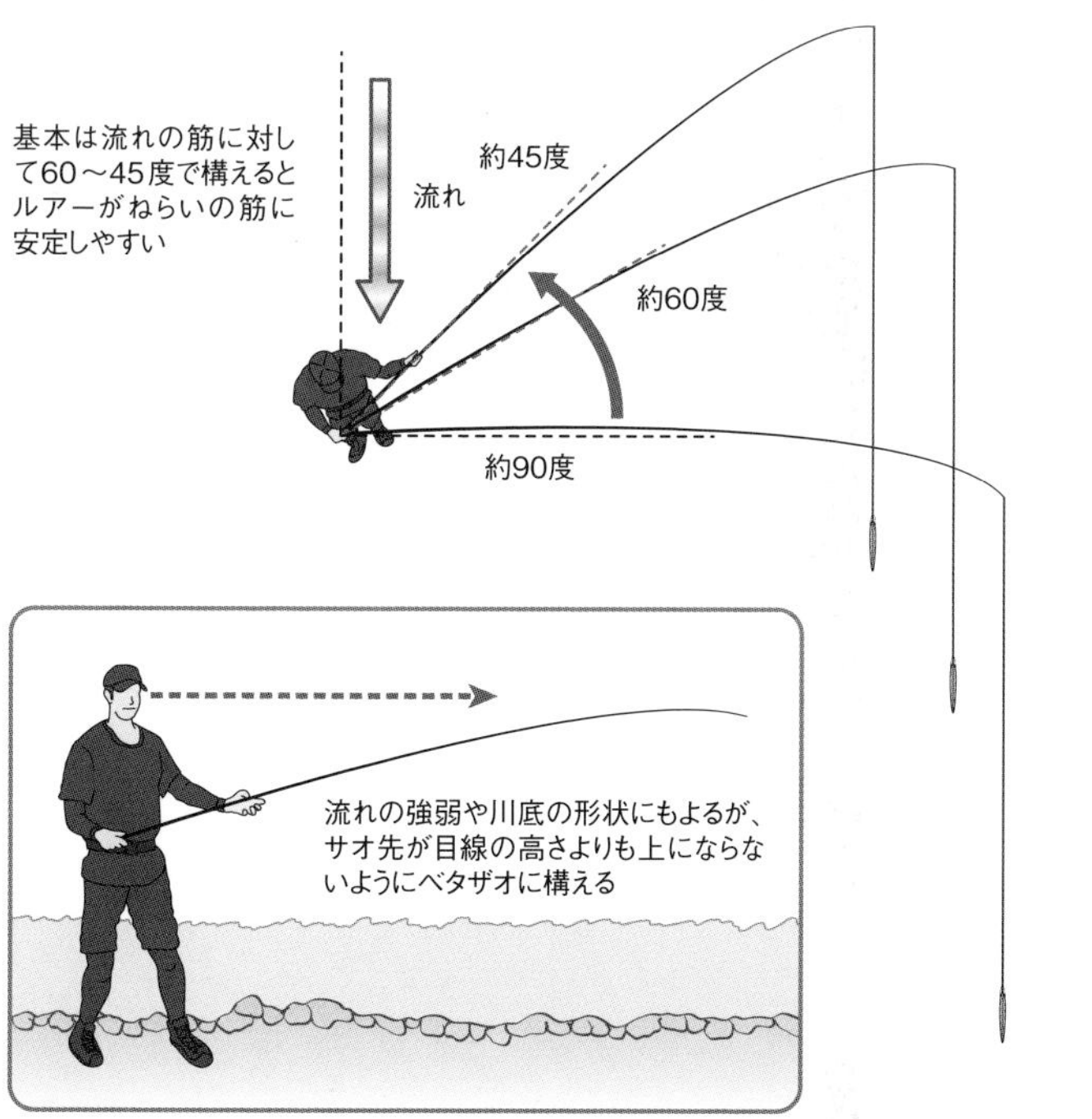
基本は流れの筋に対して60〜45度で構えるとルアーがねらいの筋に安定しやすい
流れ
約45度
約60度
約90度
流れの強弱や川底の形状にもよるが、サオ先が目線の高さよりも上にならないようにベタザオに構える

激流でもルアーが浮き上がらないノベザオの恩恵は大きい。キャスティングでは釣りにならない流れの中にしっかりルアーを馴染ませて縄張りアユを刺激する

# 上達の秘訣

## 情報や人の動きに惑わされず自分の目を信じて川を読む

早く上達したければ川読みのスキルを身に付けることが重要です。他のアングラーやショップの情報は参考程度にしておき、必ず自分の目で釣り場を見て、熟考して場所を決めることです。大勢のアングラーが並んでいる場所を見て、いかにも釣れそうだと安直に考えて入るのは典型的なハズレを引くパターンです。アユルアーの基礎ともいうべき川見を放棄していては、技術の向上は見込めません。

川見とは時期や地域を踏まえて川のコンディションを分析しつつ、アカの付きぐあいやハミ跡を見ながらポイントを絞り込むことです。川読みができるようになれば、初めて訪れるフィールドでも釣り場に迷うことはありません。釣り人で賑わっているエリアを避けて、自分が見てよさげに感じる場所にエントリーしましょう。

技術的にアユルアーのステップアップを目指すなら、ラインのテンションと角度を見極める力を養いましょう。ルアーをポイントに入れておけるかどうかは、ラインが受ける流れを感じながら受け流す繊細なロッドワークにかかっています。まさに釣果を左右する最も大切な部分です。やはり上達するためには実践です。いくら概要を理解できていても、実際に川に入ってロッドを振らない限りフィーリングはつかめません。時間をつくっては川に出向いてロッドを振りましょう。

タックルは予算の許す限り上級のモデルを買うことをおすすめします。基本的にタックルの価格と快適性は比例します。ストレスを感じなければ、それだけ釣りに集中できます。予算に限りがあるならば、リールよりもロッドに重きを置くべきでしょう。ただし、あくまでも釣りは趣味ですから、いろいろなタックルを試しながらあえて遠回りするのも楽しみ方としてはありです。自分なりの向き合い方を模索するというのもルアー釣りならではといえます。

◀川を見て釣って、どんなところにアユがいるのかを確かめていく作業が重要だ

▲一見フラットに見える瀬でも石組のよい流れの筋に集中してアユが付くことがある。その筋を見付けられれば連発ヒットになることも多い

## 釣行データを残しておけば未来の連続ヒットにつながる

1日の釣りが終わったら、納竿する際に簡単でいいので記録を残しておきましょう。当日の天候と水位、水温、水質といった川のコンディション、そして釣り方と釣果をまとめておきましょう。よく釣れた時のデータは同じ条件に遭遇した時にチャンスですし、貧果のデータと同じ状況ならば、早々に見切って大きく場所移動できるので時間の無駄がありません。

さらに当日の釣りで感じた不足点などを書いておけば、次の釣行で意識できるので一層上達が早まります。当日の反省と次回の課題は、アユルアーに限らず多くのエキスパートアングラーが実際に行なっています。アユルアーは新しいジャンルですから情報も少ないので、自分が現地で体験して残すデータこそ信頼できる価値ある情報になります。

インターネットの動画サイトにエキスパートたちが上げている動画は、もちろん参考になります。ただ漠然と実釣風景を見るのではなく、ポイントに対する立ち位置、ロッドの角度、ラインの張り加減、ロッドの曲げ具合、どのようにルアーを動かしているかなど、チェックすべき項目はたくさんあります。

ちなみに自分が得意とする釣り方ばかりに目が向きがちですが、動画で目を皿のようにして見るべきは、どうしてあんな釣り方をしているのか理解できない部分です。いつも同じ釣り方を繰り返しているだけでは釣果は大して伸びません。動画で理解できなかったことをフィールドで1時間でもいいので集中して試してみましょう。新しいことの積み重ねが、後に釣果として返ってきます。

アユルアーは数多の釣りジャンルのなかでも新しい釣りです。この先も次々と新しい釣り方が生まれてくるに違いありません。いろいろな釣り方を貪欲に学び、吸収してください。

## 技術的に及ばなくても積極的に動けば好釣果

安定した釣果を出せるようになるには、ザラ瀬の釣りを覚えることです。ザラ瀬はどの川にでも見られ、安全で体力を必要とせず、そこそこ水量があって流れも充分。練習するにはもってこいのステージです。さらに底石の大きさを意識することも重要です。なぜなら時期や水質によって良質なアカが付く石のサイズが変わるからです。開幕して間もない序盤や梅雨期の増水時は大きめの石が転がる平瀬がよく、真夏の渇水によってアカ腐れした時は小さめの石が敷き詰められたザラ瀬が有望です。

小ぶりのアユを数釣るのも楽しいですが、アユルアーに慣れてきたら大きなアユが釣れるフィールドへ出掛けてみましょう。縄張りアユは20㎝でも驚くほど強く締め込みますが、さらに23㎝あたりから急にパワーアップします。25㎝クラスのアユが釣れるフィールドが理想です。アユの20㎝と25㎝とではまったくの別物。パワーが段違いです。流れのある瀬で25㎝級を掛けようものなら、そのパワーに翻弄されて、ライトなタックルではまともに取り込むことができません。テクニック面で足りてない部分がよく分かります。

アユルアーで釣果を伸ばす効果的でシンプルな方法は、よく動くことです。釣れなくてもずっと同じエリアから動かない人は苦戦を強いられます。慣れないうちは釣り方に問題があるかもしれませんが、たとえテクニックが及ばなくても、積極的に移動して追い気の強いアユを探していけば、確実に釣果を伸ばすことができます。過去に釣れた実績のあるポイントに腰を据えても、当時と条件的に同じでなければ、さほど期待値は高くありません。ただ漠然と以前よく釣れたことがあるという記憶に頼るぐらいなら、先に推奨した釣行データを残しておくことです。よく釣れた時と同じ条件のポイントに入れば、少なくともハズレはありません。ただし、過去の実績データに基づいて好条件と思われる釣り場にエントリーしたとしても、白泡の下などを細かく100mほど探ってダメなら見切って移動が賢明です。アユルアーの武器である機動力を最大限に生かして釣果を伸ばしましょう。投げ釣りにはキスは足で釣れという格言がありますが、まさにアユルアーも足で釣果を稼ぐのです。

◀最短で上達するためにも課題を持って臨むことと釣行ごとの反省は欠かせない。しっかり記録として残しておくことも重要

# 強い瀬にルアーを入れるオモリ使い

## オモリで潜行角度を変えてゲーム性損なわず瀬を攻略

瀬と一言でくくっても形状はさまざまです。水深が増して流れも強くなるにしたがってルアーがスムーズに潜らず釣りづらくなってきます。水深があって底が取れなかったり、流れが強過ぎてルアーが飛び出してしまうような瀬には、オモリを使って対応します。そのスタイルは主に2パターンあります。1つはルアーにチューニングシンカーをセットする。もう1つはリーダーにアユ玉オモリを打つことです。

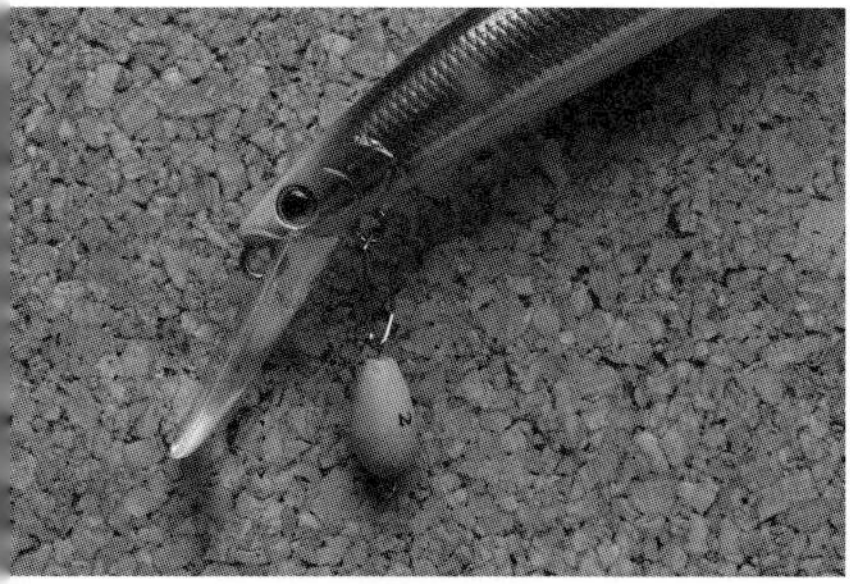
▲ルアーフックのフロントアイにセットするシンカー。ルアーをピンスポットで留めておきやすい

▲ルアーの上に丸玉オモリをセットする。ノベザオスタイルには非常に有効な釣り方だ

ルアーにセットする場合は、腹側のフロント部分に専用のアイが設けてあるルアーを使います。付けるシンカーは、ボートエギングやバスフィッシングに用いられるスナップ付きのシンカーがマッチします。流れや水深に応じて1～5gのシンカーをセットすれば、自重が増すことに加えて前バランスになって潜行角度が大きくなり、より深くて強い流れの中でも潜るようになります。高比重のタングステンシンカーを使えば、シンカーに受ける流れの影響はより小さくなります。ルアーにシンカーをセットするメリットは、アクションを妨げないのでゲーム性を損なわないことです。ただし、オトリアユでも入れられない激流の荒瀬になるとコントロールが難しくなります。

通常のフローティングミノーやシャッドをアユ用に改造して使っている人は、フックのフロントアイにシンカーをセットしましょう。チューニングする際にフロントフックの代わりにバランサーウエイトをセットしている場合は、さらに重いシンカーに交換しましょう。また、シンカーをセットするアイがない場合は、チューニング用の鉛シールを腹側のフロント部分やリップの裏側に貼ることで、ある程度の瀬は対応できます。

なお、通常はロッドを寝かせて釣りますが、ルアーが急角度で潜るのでやや立て気味に構えて、レンジを調整しましょう。石の前後に引いては戻す誘い方は、小さなリフト&フォールに切り替えます。あまり大きく持ち上げないことを意識しましょう。シンカーを使うと根掛かりしやすくなるので、流れの強さに応じてなるべく軽いシンカーを使うことが大切です。なお、押しの強い場所でミディアムライト程度の軟らかいロッドを使っているとティップが大きく曲がり込んで操作性に欠けるので、ミディアムヘビークラスのロングロッドがおすすめです。

シンカーを打ったルアーを泳がせるとレンジの把握が難しそうですが、通常の釣り方を同じでティップを注視していればおおよその見当はつきます。ルアーが底を切ればブルブルした振動が伝わってきますし、着底すると振動が消えます。立て気味に構えているのでティップの動きは分かりやすく、慣れれば上下にルアーを動かしながら広範囲に探れるようになります。

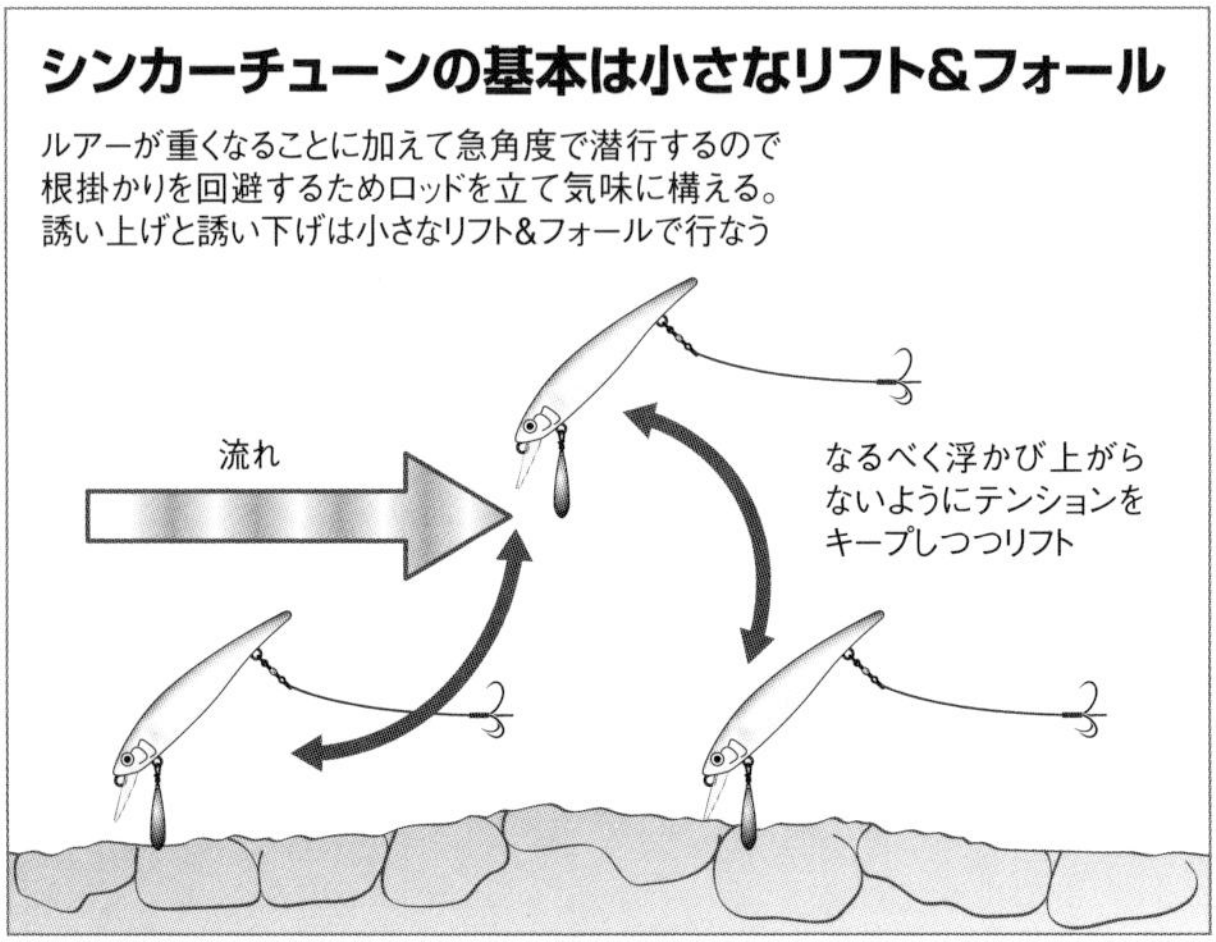
シンカーチューンの基本は小さなリフト&フォール
ルアーが重くなることに加えて急角度で潜行するので
根掛かりを回避するためロッドを立て気味に構える。
誘い上げと誘い下げは小さなリフト&フォールで行なう
流れ
なるべく浮かび上がら
ないようにテンションを
キープしつつリフト

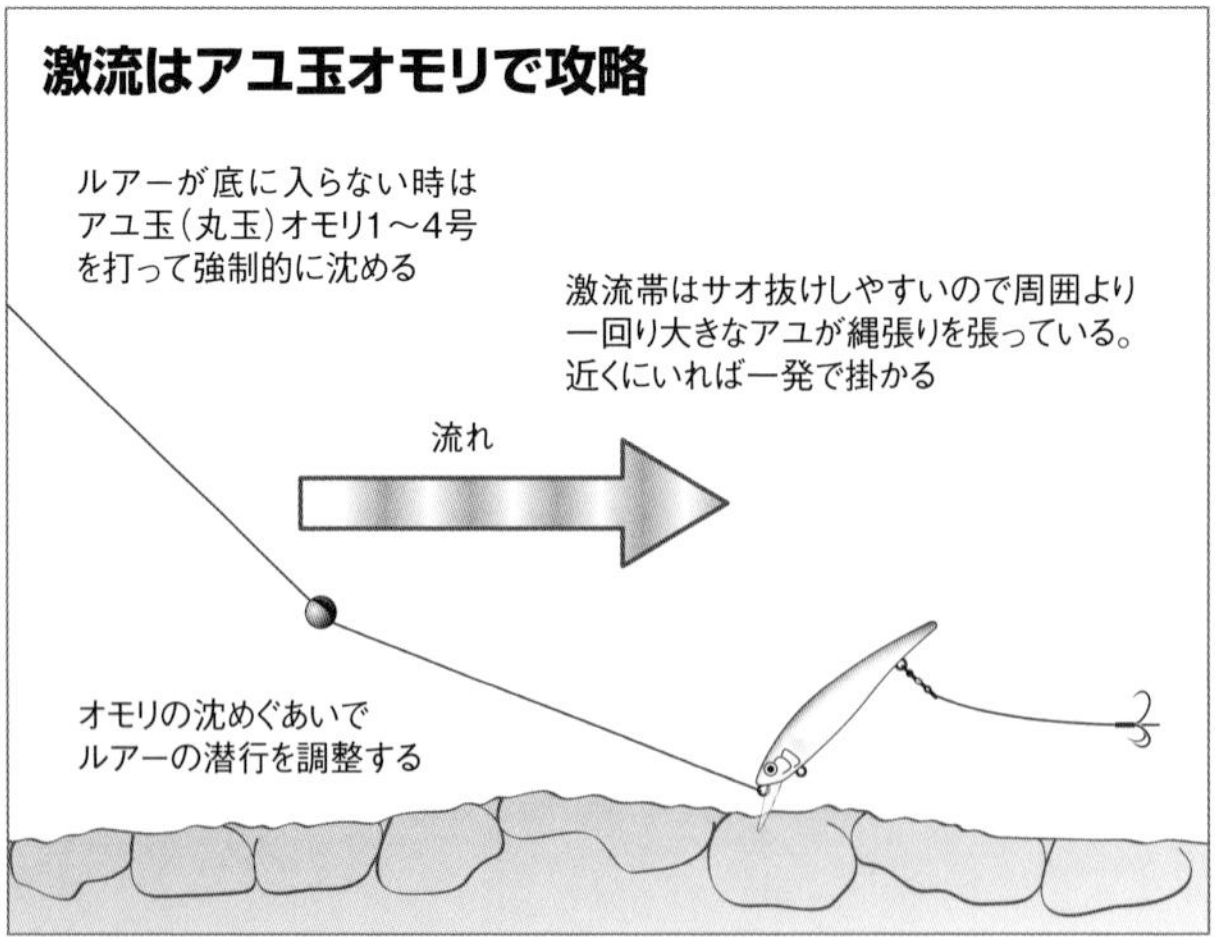
激流はアユ玉オモリで攻略
ルアーが底に入らない時は
アユ玉（丸玉）オモリ1～4号
を打って強制的に沈める
激流帯はサオ抜けしやすいので周囲より
一回り大きなアユが縄張りを張っている。
近くにいれば一発で掛かる
流れ
オモリの沈めぐあいで
ルアーの潜行を調整する

水深があって流れも強い瀬の中には良型アユが縄張りを張っている。通常の釣り方ではルアーは入らないのでサオ抜けしている。オモリを上手に使いこなせるようになればパラダイスだ

## アユ玉オモリを打てば激流の浅瀬も攻略エリア

白波を立てながら勢いよく流れる荒瀬やガンガン瀬は、通常の釣り方では攻略できませんが、晩夏には白泡の下に大アユが縄張りを張ります。そんな場所を攻略するのに威力を発揮するのがアユ玉オモリです。アユ玉オモリとは、友釣りに用いるゴム張りタイプの丸玉オモリです。オトリアユが弱って潜らなくなったり、流れの強い瀬で強制的に沈めたい場面でラインにセットします。

友釣りの使い方と同じようにルアーから10～30㎝離してリーダーに打ちます。イメージはスプリットショットリグです。オモリの重さは0・5～5号と幅広く、スナップ付きシンカーを打つ程度では送り込めない激流の中にも強制的に送り込むことができます。大きなシンカーをリーダーに打つと、どうしてもルアーの操作感は鈍くなりますが、大アユとの遭遇率が上がるのは大きな魅力です。特にリーチの長いノベザオスタイルには大きな武器になります。キャスティングスタイルでも安全な足場からルアーを入れられるようなら、アユ玉オモリを打って荒瀬を探ってみましょう。

# タモでアユをキャッチする！「引き抜き」上達のコツ

## 元ザオに添えた手を手前に倒し抜き上げたアユをタモで受ける

長いノベザオでアユを掛けた時は、友釣りと同じように前方で引き抜いて空中を飛ばし、タモ網で受けます。これは激しく波打ちながら流れる水面にアユを浮かせた状態で手前に寄せようとすると、アユが暴れてハリが外れてバラしてしまうからです。これが意外と難しく、手順を理解しないまま強引に引き抜いても、あらぬ方向にアユが飛んでいったり、手前に着水してしまったりと満足にタモ網で受けることができません。しっかり引き抜きの基本動作を覚えておきましょう。この引き抜きがスムーズにこなせるようになると、ファイト中のバラシが減るので釣果がアップします。

**1** まずはアユが掛かったら慌てず体勢を整えましょう。ガツンという衝撃とともにロッドが絞り込まれたところでグッとこらえ、ロッドの反発力を生かして掛け

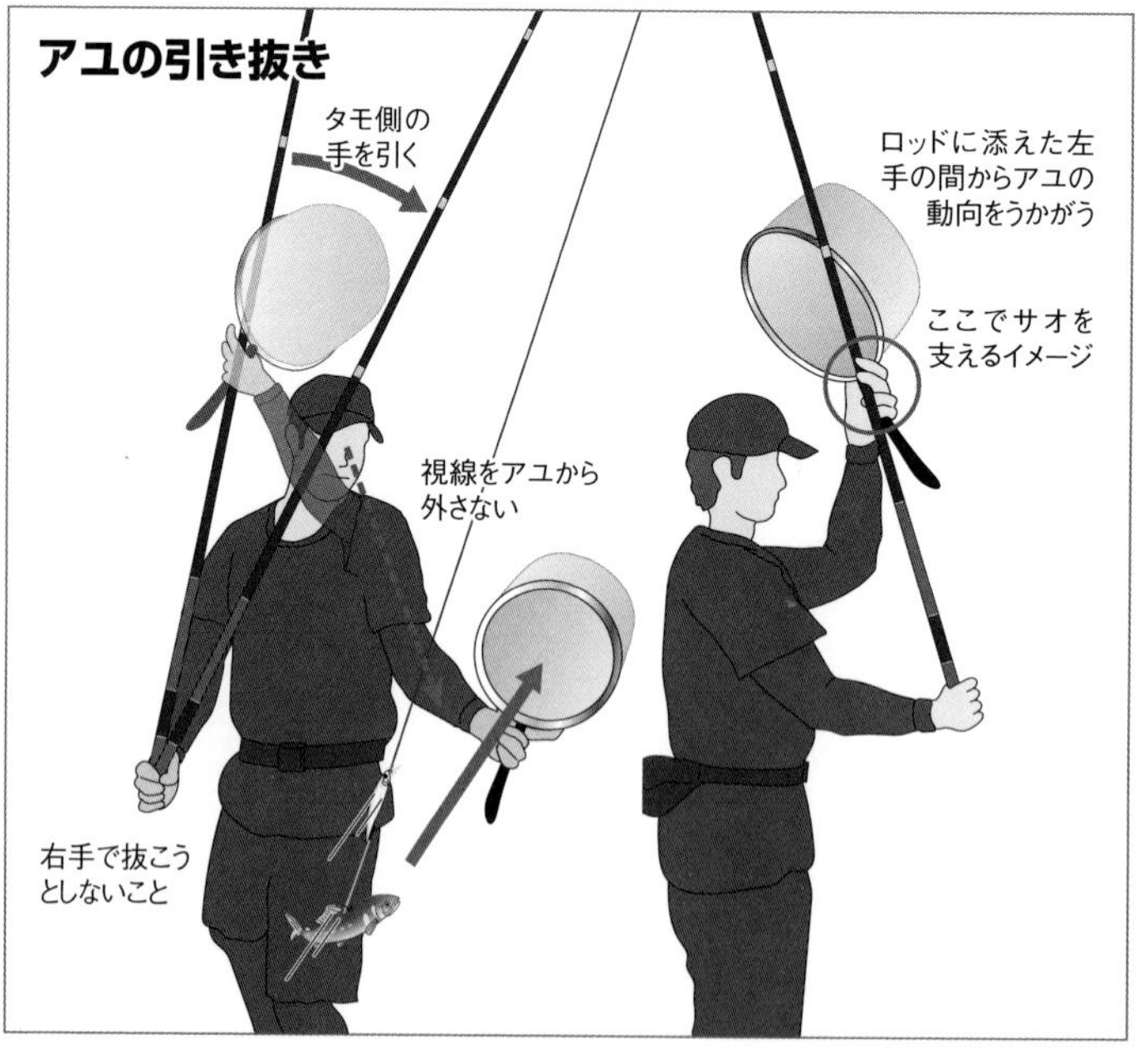

アユの引き抜き
タモ側の手を引く
ロッドに添えた左手の間からアユの動向をうかがう
ここでサオを支えるイメージ
視線をアユから外さない
右手で抜こうとしないこと

バリを深く食い込ませます。しっかり掛けたところでランディングの準備に入ります。

**2** 利き手でサオ尻を握ってロッドを起こしながら、腰に引っ掛けているタモ網を逆の手に取って元ザオに添え、ロッドを大きく突き上げます。

**3** そのままの姿勢でしばらく待っているとロッドの反発力に負けてアユが浮いてくるので、アユの背中が水面に浮く瞬間にタモ網を持つ手をグイっと手前に倒します。するとアユが水面を割ると同時に宙を舞い、自分に向かって飛んできます。

**4** 視線をアユから外さずタモに導いて、テニスラケットにボールを当てるイメージでタモの面で受けるようにします。

タモ網は、指でピストルの形を作り、人差し指と親指でタモの枠を押さえ付けながら、残りの３本で柄をホールドします。これでタモの口をアユに向けやすくなります。なお、無事にアユがタモ網に入ったからと安心してラインを緩めると激しく暴れて仕掛けをダメにしてしまうので、タモの中に入れた後もテンションをキープしておきましょう。

タモ網に向かってアユを飛ばす時に重要なのは抜き上げの動作です。サオ尻を握っている利き手を突き上げて抜き上げようとすると、タモ網のない側にロッドが傾いてしまい、アユはタモを構える側とは逆方向に飛んでいってしまいます。これではまともなランディングは困難です。必ずタモ網を握って添えた手を使って引き抜きましょう。するとロッドは逆手側に引かれて必然的にアユはタモ網側に飛んできます。加えて抜き上げる直前にタモ網を手に取るのではなく、アユを掛けた直後にタモを握ってからサオに手を添えれば、ファイトとランディングに余裕が持てます。

タモの持ち方
タモ枠がアユに対して正面を向くように持つ
指でピストルのカタチをつくり親指と人指し指でタモの枠を押さえ付けて固定し残りの3本で柄を握る

なお、引き抜きが難しいと判断した時は、アユが水面を割らないよう注意しながら手前に寄せてラインを手に取り、充分に引き寄せたところで水中イトを摘まんですみやかにタモですくい取りましょう。

# 川の立ち込み方と歩き方

川歩きは浮き石に注意

## 重心を低くして立ち込んで底石につま先を押し付ける

アユルアーはポイントの川上からアプローチするので、安全かつスムーズに立ち込めるようになれば攻略できる範囲が広がります。重要なのは重心を低くすることと川の流れを受け流す足の置き方です。

立ち込んでいる時に重心を高くしていると、流れに押されて姿勢を崩した時に足をすくわれて転倒しやすくなります。常に少しヒザを曲げて重心を低くして立ち込みましょう。特に押しが強い場所ほど足を曲げ、重心を下げて踏ん張ります。そして、ねらいたい石の川上に立った時、足もとの川下に動かない大きな石が沈んでいたら、ロッドを倒す逆側の足をつっかえ棒のように乗せて踏ん張ります。軽くヒザを曲げつつ親指に力を込めて足の裏を石に押し付け、逆側の太もで流れを背負うように川下を向きます。また、川上に石が沈んでいたらロッドを倒す側の足を引っ掛け、くるぶしを中心に内側全体で抱えるようにホールドしましょう。そして川下側の足に体重を乗せることでより安定感が増します。

底石を上手に活用して安全を確保して体力の消耗を抑えましょう。なお、流れの抵抗が一気に大きくなるので、股上以上の水深には立ち込まないほうが賢明です。実際、あまり深い釣り場ではアユルアーは成立しにくい傾向があります。

川を横断する際は、辿り着きたい場所の上流から立ち込んで、流れを受けつつ斜めに下りながら渡ります。なるべく大きな石を頼りに歩を進めていきますが、増水時や河川工事の後は大きな石でもグラつくことがあるので油断は禁物です。

## グラつく浮き石を踏まないよう足場を確保しながら釣り下る

瀬を釣り下る時はつま先で石を捉えながらゆっくり降ります。階段を降りるかのように川下を向いて進むと、足をすくわれやすく危険です。登山の急勾配を下る場合と同じように上流側に体重をかけてバランスを取り、足先を石に引っ掛けながら慎重に釣り下りましょう。そして川下の形状と流れの筋を確認しながら、荒瀬に向かう筋には乗らないよう注意しましょう。

最も転倒しやすいのが、浮いてグラついている川底の石を不用意に踏んだ時です。足先を掛ける時に少しでもグラついたら、体重を乗せてはいけません。特に勢いよく流れている瀬の中では川面が波立って底のようすがボンヤリとしか分かりません。一歩ずつ慎重に歩を進めます。少しでも怖いと思ったら戻りましょう。

また、石の隙間に足先がスッポリとハマり込んでしまうほど石組みが粗いエリアも危険です。足首の上まで挟まると流れが強い場所では簡単に抜けないので、そのままバランスを崩して転倒することがあります。石組みが粗いと感じたら近寄らないことです。

自然を流れる川で楽しむ釣りですから、転倒のリスクはゼロにはできません。いざという時の対処の方法を常に頭に入れながら安全に立ち込みましょう。

▲大きく移動する時は引き舟を手に持って歩く

瀬の中での基本的な構え

下流側にあるグラつかない大きめの
石に足を乗せて踏ん張る。足の親指
に力をこめると安定する
下流側に乗せる石がない時は上流に
ある石に引っ掛けてもよい


## 流されても上半身が浮く ライジャケの装着を推奨

この先、足しげく通ううちに足を滑らせて流されることもあるかと思います。川底にアカが付いていたり、泥を被っているような場所でバランスを崩して転ぶと、身体全体に流れを受けて強く押されるので簡単には立てません。流れが強い場所なら膝下ほどの水深でも立つことは困難です。最も重要なのは流れされた時に慌てないことです。自動膨張式のライフジャケットや浮力材の入ったゲームベストを着用していれば、少なくても肩から上を水面上に確保できるので安心ですが、岩などに身体をぶつけないよう足を川下に向けて、下流を見ながら流されることが肝要です。泳げると泳げないでは切迫ぐあいは異なりますが、慌てて無理に泳ごうとするほど溺れる危険度が増します。

また、流されながら危険を感じた場合は、ためらわずタックルを手放して身の安全を確保することに専念しましょう。ジャンルを問わず釣り人が溺れる時は、大抵タックルを握りしめたままです。タックルが大切なのは分かりますが、命を守ることを優先してください。

第4章

# アユを味わう

# アユの締め方と保存の方法

## 鮮度を落とさないよう納竿したら氷で締める

アユといえば食味が大きな魅力です。まさに夏の味覚ですが、その爽やかな美味しさを引き出すには締め方が極めて重要です。味を落とさないように持ち帰って美味しくいただきましょう。

アユは腸(はらわた)を味わいます。川から上がったら氷水で素早く締めます。朝一にコンビニでかち割り氷を買って小型クーラーに入れておけば、昼には半分に溶けているので、そこに生かしておいたアユを入れます。最初は激しく暴れますが、すぐに締まっておとなしくなります。この時に少量の塩を入れておくとアユがあまり変色しません。

締めた後も水に浸していると水膨れするので、氷水から取り出して水気を切ります。釣り場でアユのフンも出してしまうと帰宅後の一手間が省けます。腹を押さえるように肛門に向かって2〜3回しごけばフンが出ます。出てきたフンを洗い流したらジップロックに並べてクーラーに入れ、その上から氷を被せて持ち帰りましょう。

## 一晩おいて砂を抜きより美味しく食べる

砂の多い河川や増水したタイミングで釣ったアユの多くはアカと一緒に砂も食べているので、生かして持ち帰って砂抜きをするのもよいでしょう。一晩おけばフンと一緒に砂を排出するので美味しく食べられます。アユを生かしておくには友釣りで使われるオトリ缶があると便利ですが、アユルアーを始めたばかりで持っていない人は大きめのバッカンなどを使って生かしておきましょう。

一晩おく際の注意点は、水温を下げておくことと水質を保つことです。バッカンにアユを移したら、すぐにエアーポンプをセットして常に酸素を送ります。さらにコンビニで売っている板氷を袋のまま浮かべておけば水温が上がらず、アユの運動量が落ちて弱りにくくなります。また、時間が経過してフンで水が汚れてくると酸欠を起こしやすくなるので、ようすを見て新鮮な水に入れ替えるのが理想です。水道水はカルキが入っているのでミネラルウォーターを使いましょう。

## その日に食べる分以外は冷凍保存でストック

締めて持ち帰ったアユは、その日に食べる分以外は冷凍保存しましょう。冷凍する際は、なるべく空気に触れないよう真空状態にして保存することが大切です。真空パック器を使うのがベストですが、1尾ずつ入れられるアユ用の冷凍袋にアユと一緒に少しの水を入れ、そのまま水を張った容器に沈めて袋内の空気を抜くと軽い真空状態にできます。冷凍袋で真空状にできたら、さらに冷凍焼けしないように大きめのジップロックに数尾ずつ並べ、密封して冷凍しましょう。釣った日付も書いておくとベターです。なお、塩焼きで食べるつもりならば、竹串に刺してから冷凍すると調理する時に非常に楽です。

▲ジップロックに並べたアユの上に氷を被せて持ち帰る

▲塩も一緒に入れるとアユの色が保たれる

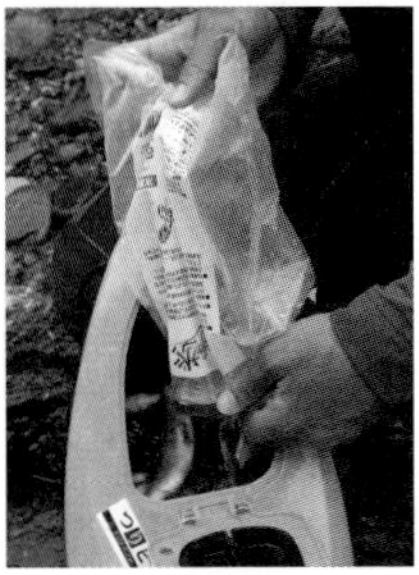
▶引き舟を立てて中にブロック氷を入れる締め方も簡単

### 冷凍保存の方法

◀アユ用の冷凍袋を利用すると保存しやすい

◀袋にアユと少量の水を入れる

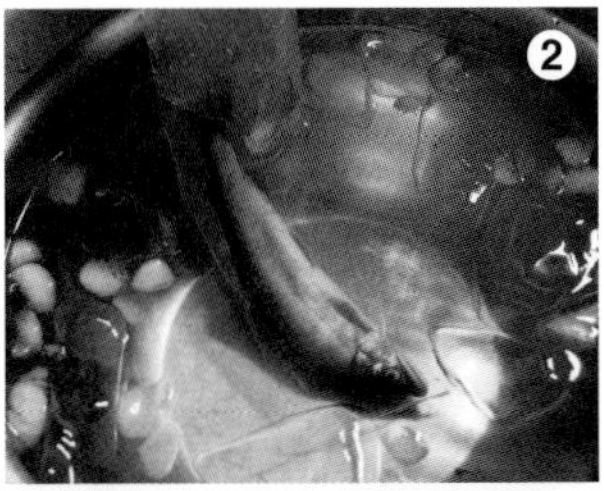
◀水を張った容器に沈める

◀空気を抜くと真空状態になる

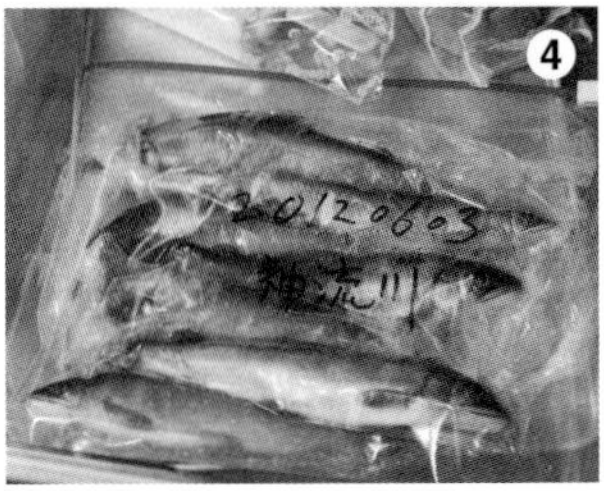
◀ジップロックに並べて冷凍へ

# 魚焼きグリルで美味しく仕上げる！塩焼きの方法

## 塩焼きは火加減の調整しだいじっくり焼こう！

アユ料理といえば、まずは何をおいても塩焼きです。シンプルゆえに奥が深く、焼き方しだいで出来栄えに雲泥の差がつきます。炭火を使ってじっくり焼くことができれば最高ですが、ここでは多くの家庭で用いられる魚焼きグリルを使った絶品の塩焼き方法を解説します。

**グリルによる塩焼きの基本行程**

- **グリルを弱火で温める**
- **弱火で5〜10分**
- **中火で1分**
- **ひっくり返して弱火で4分**
- **中火で1分**
- **もう一度ひっくり返して弱火で1分**
- **グリルの中で5分蒸らして完成**

※「両面焼きグリル」を想定しています。「片面焼きグリル」を使用する場合は焼き加減を見ながら調整

**1 冷凍したアユを流水で解凍**／冷凍庫から出したら冷凍袋に入れたまま流水で解凍します。5分を目安にして表面の氷が溶ける程度で完全解凍はしません。解凍している間にグリルを温めておきます

**2 塩振り**／キッチンペーパーでアユの水気を拭き取ってから、30㎝以上離して軽く塩を振ります。背ビレと尾ビレには焦げないよう指で塩をまぶします。塩振りを完了したらグリルに並べます。数が少ないほうが全体にムラなく焼き上がります

**3 表面を弱火で5分から10分焼く**／最初の弱火段階は身の内部まで乾かすイメージで、キツネ色になるまで乾かします。5分を過ぎたら1分ごとに焼け具合を確認しましょう。長くても10分程度です

**4 中火に上げて表面を1分から2分ほど焼く**／振りかけた塩が浮き出たのを確認したところで中火にして1〜2分。表面に焼き目をつけます

**5 ひっくり返して裏面を弱火で4分から6分ほど焼く**／串を摘まんでアユをひっくり返し、弱火で4分焼きます。キツネ色になるまで身を乾かします

**6 中火で裏面を1分から2分焼く**／キツネ色になったら中火に上げて、焼き目がつくまで1～2分焼きます

**7 表面に戻して弱火で1分から2分焼く**／表面にひっくり返して弱火で1～2分焼き、滲み出てきた水分を飛ばします

**8 火を止めてグリルの中で5分ほど蒸して完成**／表面から水分が飛んでいれば、そのままグリルの余熱で焼き上げたアユを5分ほど蒸らして完成

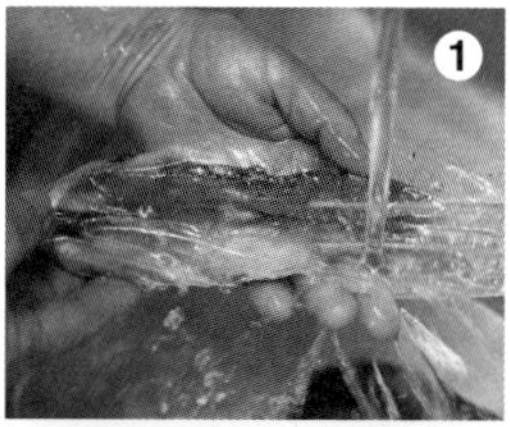
1
◀冷凍袋に流水を当てて解凍。半解凍から焼くので冷凍する前に串打ちしておくとよい

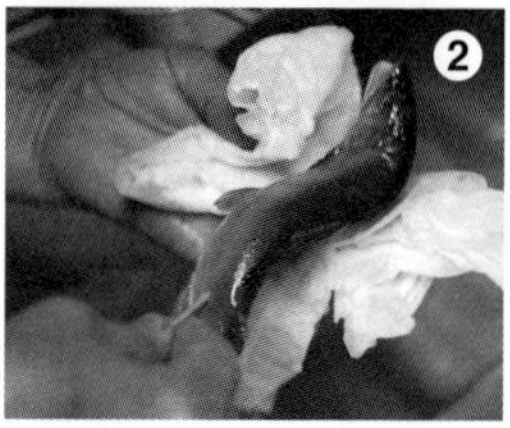
2
◀キッチンペーパーでしっかりアユのヌメリと水気を拭き取る。ウロコは取らない

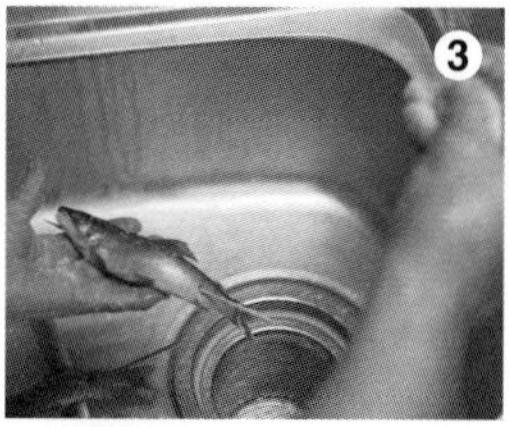
3
◀アユから30㎝以上離して塩を振る。粗塩はダマになりやすくしょっぱくなるので安価な精製塩の食塩を使う

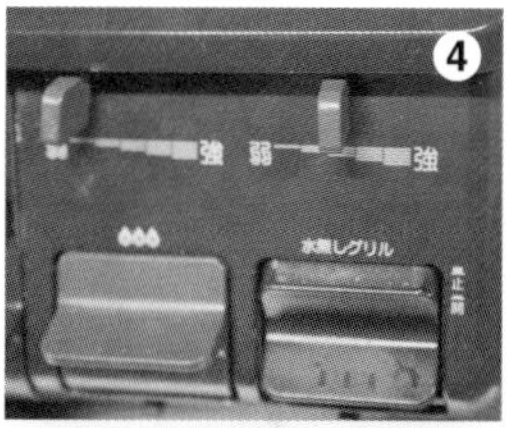
4
◀グリルの火加減と焼きの時間はシビア。焼き色を見ながら調整する

5
◀アユがキツネ色になって振りかけた塩が浮いてきたら火を中火にして焼き目をつける

6
◀表面を二度焼きして水分を飛ばしたら火を切り、グリルの余熱で焼き上げたアユを5分ほど蒸らす

7
❼盛り付けて完成。熱々をいただく

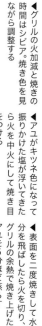

キャスティングスタイルで楽しめる
# 厳選！ 全国アユルアー釣り場

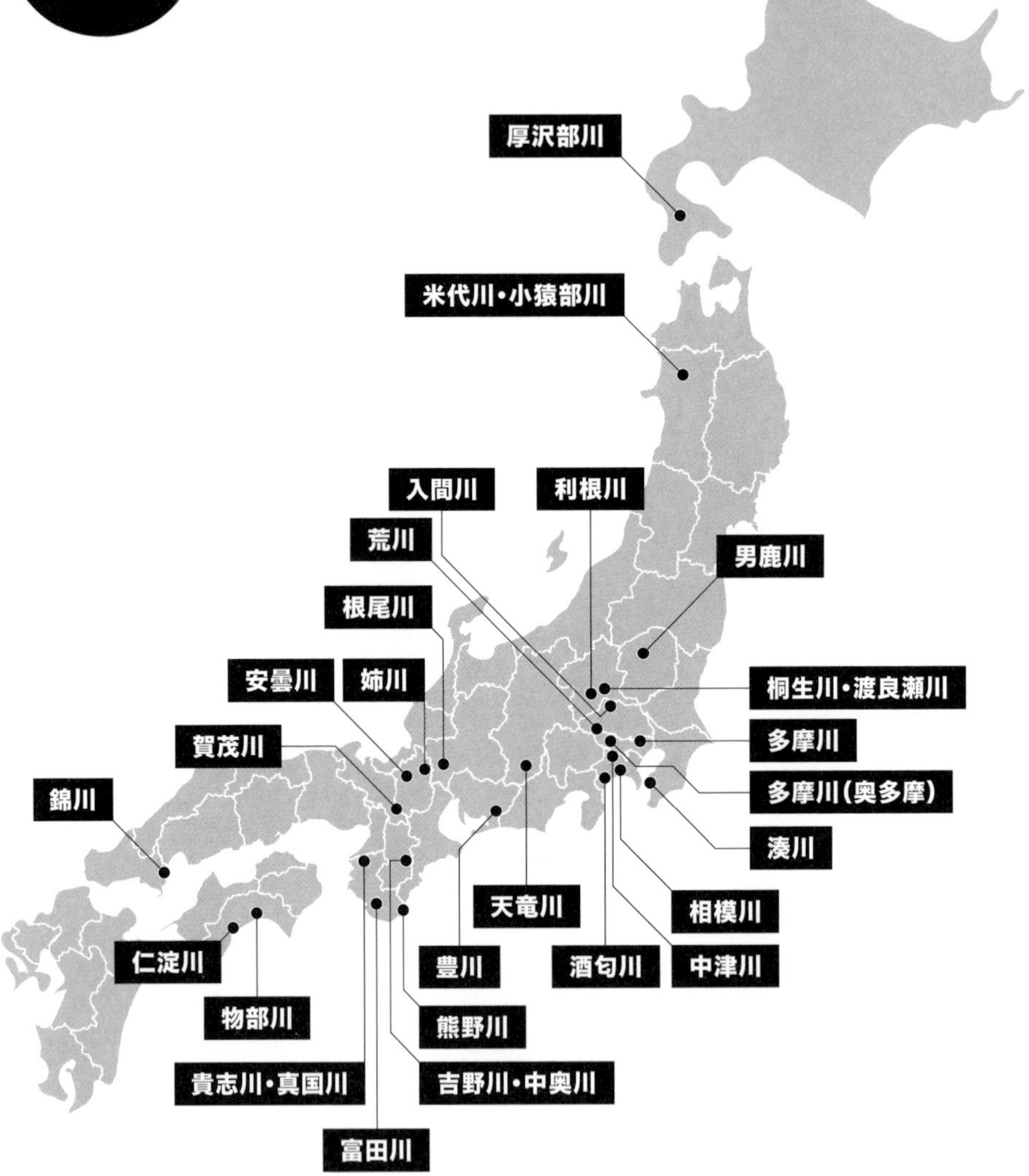


※2023年5月のデータをもとに作成しています。

## 北海道　厚沢部川（あっさぶがわ）管轄漁協：厚沢部河川資源保護振興会 Tel.090-6213-3528

# 道産子アユが入れ掛かりになる道南の小河川

北海道にもアユ釣りが楽しめる河川は点々とある。中でも渡島半島を流れる道南の河川は天然アユの入れ掛かり釣り場として知る人ぞ知るフィールド、アユルアーがおすすめの釣り場が厚沢部川である。厚沢部町を流れて日本海に注ぐ二級河川でアユルアーが可能なエリアは厚沢部河川資源保護振興会の管轄区間全域。

おすすめエリアは本流の俄虫橋上流の３km間と支流の安野呂川と鶉川だ。特に支流は規模が小さいながらも瀬が適度に連なっており、ポイントを見つけやすいのが特徴だ。こうした友釣りでは探りにくい小河川はアユルアーが好適な釣り場でもある。本流を含め、どの川にも釣り人が少ない。活性の高い個体を探して広範囲をテンポよく探ると好釣果が得られる。

北海道の釣期は短い。お盆のころには婚姻色が出る魚もいて落ちを意識し始める。盛期は7月いっぱいである。またヒグマの生息地でもあることから単独釣行を避けて熊鈴や熊スプレーといった熊対策も必需品だ。

解禁日：例年7月1日
入漁料：日券1500円・年券6000円
放流量：23年度＝なし
天然遡上：あり

## 秋田県　米代川・小猿部川　管轄漁協：鷹巣漁協 Tel.0186-63-2887

# 東北屈指の天然アユ河川ねらいは中下流域の支流

能代平野を流れる米代川の流程は１３０km余。幾筋もの支流や沢が枝を広げる大水脈だ。天然遡上のよい年は、多くの友釣りファンが束（１００尾）釣りに沸くほどのアユ資源に恵まれ、上流部では尺まで育つ大アユがサオを絞る年もある。流域全体で漁協が細かく分かれ、複数の組合が管轄しているのも特徴。それぞれの管轄で異なる遊漁券が必要なのと、遊漁規則も異なるので注意したい。その中でアユルアーがＯＫなのが鷹巣漁協である。

米代川本流はあまりに広大で水量も多くルアーでの攻略は難しい。おすすめは支流の小猿部川だ。大館能代空港から車で2分ほど、秋田自動車道・鷹巣ICからも数分と遠征する釣り人にもアクセスのよさが魅力だ。川幅が狭くねらいが絞りやすいことから入門者でもポイントが見つけやすい。おすすめエリアは空港周辺から上流５〜６kmの流域である。釣りやすい平瀬が続くため、テンポよく移動を繰り返すとよいだろう。なお友釣り専用区も設定されており、この区間でのアユルアーは禁止されている。

解禁日：例年7月1日
入漁料：日券1000円・年券6500円
現場売り500円増
放流量：23年度＝人工産50kg
天然遡上：あり

## 栃木県　男鹿川(おじかがわ)

管轄漁協:おじか・きぬ漁協 Tel.080-2263-8884

# アユキャンも楽しい! 爽やかな小渓流

日本初のテンカラ専用区を設けるなど先進的な取り組みで注目を集める栃木県のおじか・きぬ漁協。2023年時点では栃木県でアユルアーを楽しめるのはこの漁協だけ。昨年からアユルアーの区間を設け、友釣りファンだけでなく多くのルアーマンでにぎわい始めた。

アユルアーの主要釣り場となる男鹿川は福島県境の男鹿岳に発し鬼怒川に注ぐ。ルアー可能区間は五十里湖より上流の三依地区で芹沢橋より下流5.5kmとなる。完全放流河川であるが、短い区間にアユが濃密放流されていることから釣果を得られる確率は高く、透明度が高いため各所に食みアユの姿が見えるだろう。おすすめエリアは芹沢橋付近である。例年、特にこのエリアは魚影が濃くなる傾向にある。チェックしておきたいポイントだ。

ロッジ古代村にはキャンプ場もあり盛夏にはキャンプと合わせた釣行計画を練るのも楽しい。釣ったアユの塩焼きを味わいながらすごす夜は最高だろう。なお遊漁券は電子遊漁券のフィッシュパスでも買える。

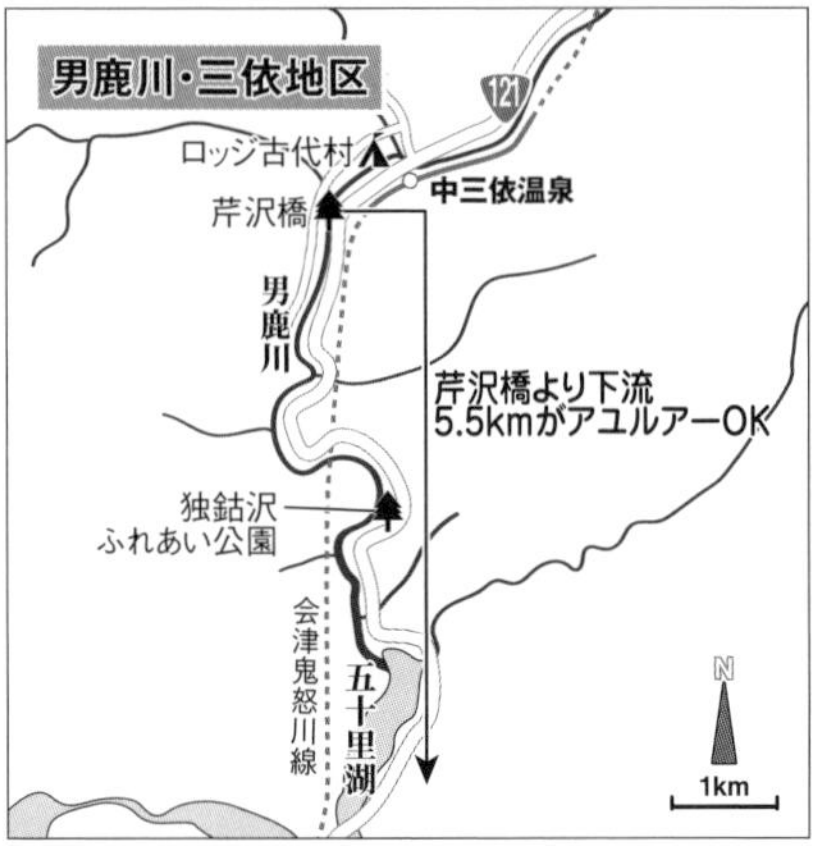


解禁日:例年7月1日
入漁料:日券3000円・年券1万円
現場売り6000円
放流量:23年度=ダム湖産4万2450尾
天然遡上:なし

## 群馬県　利根川

管轄漁協:群馬漁協 Tel.027-221-6712

# 阪東太郎の良型アユは盆過ぎからが面白い!

利根川は新潟県、群馬県境を源とし関東を北から東へと流れる日本三大河川のひとつで、「阪東太郎」と称される。流域面積は日本一を誇り、首都圏の水がめとして重要な役割を担う。ダムがあることで水温が上がりにくく、アユ釣りが面白くなるのは盆過ぎからといわれる。アユルアーファンも急増中で、天然遡上のよかった22年は多くのルアーマンでにぎわった。

群馬漁協の管轄区間でアユ釣りのメイン釣り場となるのは、前橋ゴルフ場北端標識～中央大橋。この区間内の各橋の周辺や河川敷内には駐車スペースが多い。到着してからすぐに釣りを始めることができ、区間全体に広い瀬が多いのも特徴だ。おすすめエリアは大渡橋周辺である。友釣りの実績が高いエリアなので釣り人が多い傾向にあるが、友釣りのサオ抜けポイントを見つけることができれば釣果が伸びる。ただし、他の人のポイントを荒らしてしまったりイトが絡まったりしないようにキャストと移動

解禁日:例年6月1日
入漁料:日券2000円・現場売り4000円
年券1万1500円
放流量:人工産150kg
天然遡上:あり

## 群馬県　桐生川・渡良瀬川

管轄漁協：両毛漁協 Tel.0277-32-1459

解禁日：例年 桐生川6月下旬 渡良瀬川7月上旬
入漁料：日券2000円・年券1万1500円
現場4000円
放流量：23年度＝集計中
天然遡上：あり

### お盆以降がねらいめ！テンポよく探りたい

群馬県、栃木県境の皇海山から発し北関東を流れて利根川に流入する渡良瀬川。その上流域を管轄するのが両毛漁協である。渓流魚のC&Rエリアが人気だが、夏場はアユルアーを楽しめる川として注目を集める。桐生川と渡良瀬川の両河川でアユルアーが可能だ。MAP内に示した位置までが両毛漁協の管轄なので注意すること。またC&Rエリアは原則としてシングルのバーブレスフックを使用しなければ釣ることができない。アユルアーを楽しむならエリア外に入るのがよい。

友釣りの実績でいえば松原橋の前後がここ10年は好調である。ルアーでねらうには少し川幅が広いため上流の瀬をねらうのがよさそうだ。ただし、太田頭首工の上流100m、下流200mは禁漁区なので注意。一方、桐生川は川幅が狭いためポイントが絞りやすく、サイトフィッシングを楽しめる箇所も多い。一ヵ所で粘らず移動しながらテンポよくねらうと好釣果が得られる。

## 千葉県　湊川

管轄漁協：湊川漁協 Tel.043-967-2355

解禁日：例年6月1日～
入漁料：日券2000円・年券5000円
放流量：人工産5000尾
天然遡上：あり

### 千葉県内で楽しめる希少なアユ釣り場

千葉県内にはオトリ店があるような友釣り人気河川はない。しかしアユの棲む川は流れている。富津市を流れ東京湾に注ぐ二級河川の湊川もそのひとつだ。湊川漁協の管轄区間は全域でアユルアーの使用が可能だ。

おすすめエリアは湊川支流の相川である。河口部の上総湊港から車で約10分の場所にある介護施設「どんぐりの郷」付近の川田橋から入川しやすい。瀬や淵が多く混在しており、川幅も狭いためねらう場所を絞りやすいのが特徴だ。テンポよく釣り上がっていくのが釣果を伸ばすコツだが、他の釣り人がねらっているアユを散らさないように慎重に歩こう。上流側に人が多い場合は川を下って行った先にある館山自動車道の下もおすすめ。川田橋付近には駐車場がないので農作業に支障のない場所を探して駐車すること。

## 埼玉県　入間川

管轄漁協:入間漁協 Tel.0429-73-2389

解禁日:6月1日
入漁料:23年度=日券2100円
現場売り3000円・年券7500円
放流量:23年度=海産300kg・人工産700kg
天然遡上:なし

### 初期のおすすめは新寺《にってら》取水堰周辺
### 後期は下流の運動公園

入間川は埼玉県を流れる典型的な都市河川である。荒川の支流としては最長で豊水橋〜入間大橋間で約23㎞のサイクリングロードが整備されている。このため区間の下流部は自転車を用いた移動が便利だ。

入間漁協の管轄区間では飯能市の新寺取水堰〜川越市の八瀬大橋でアユルアーの使用が可能だ。おすすめエリアは区間上流域の千歳橋、新寺取水堰周辺と下流域の豊水橋、広瀬橋、新富士見橋の周辺だ。上流域は友釣りファンも多く実績が高く、ルアーでの釣果も期待できる。下流域は川近くの運動公園などに駐車スペースがあり入川しやすい。9月以降シーズン終盤になると落ちアユが溜まり、大型が期待できる。ルアーの大きさを替えるなど、普段と異なるアプローチを試してみるとよいだろう。

## 埼玉県　荒川

管轄漁協:埼玉中央漁協 Tel.048-521-2919

解禁日:例年6月1日(日の出から)
入漁料:日券2100円・現場売り2600円
年券8400円
放流量:23年度=人工産300kg
天然遡上:あり

### おすすめエリアは深谷市と
### 熊谷市にある天然アユが主体の瀬

荒川は埼玉県秩父市の甲武信ヶ岳を源とし埼玉県、東京都を流れて東京湾に注ぐまさに都市部を流れる大河川。アユルアーが可能な区間は、埼玉県深谷市・花園IC付近の関越自動車道荒川橋〜埼玉県鴻巣市と熊谷市を結ぶ大芦橋まで。

おすすめエリアは深谷市・植松橋下流の埼玉県立深谷はばたき特別支援学校前、熊谷市・明戸堰の周辺、荒川大橋の上流だ。いずれのエリアもポイントとなる瀬が多く、アユのストック量も多い。特に荒川大橋上流は解禁初期から実績が高いエリアといえる。県立深谷はばたき特別支援学校前は河川敷内に、熊谷市明戸堰の周辺はハクチョウ観察者用の駐車スペースに、荒川大橋は周辺の運動公園の駐車場と駐車場所には困らない。魚道や堰の周辺は禁漁区となっている箇所もあるので確認してから釣りをすること。

## 東京都　多摩川(奥多摩)

管轄漁協:奥多摩漁協 Tel.0428-78-8393

解禁日:例年6月中旬(23年度は17日)
入漁料:日券2000円・現場売り3000円
年券8400円
放流量:23年度=人工産1500kg
天然遡上:あり

### 8月に入ってから スイッチオン!

奥多摩漁協が管轄するのは東京都西部を流れる多摩川水系の上流部である。御岳周辺など上流域は友釣りファンが多くルアーは禁止。そして今年からアユルアー可能エリアとして設けられたのが東京都羽村市の小作取水堰~羽村取水堰までだ。解禁初期はアユが少なく、アユが降ってくる8~10月に期待できる。

遊漁規定としてルアーを投げてよい範囲が立ち位置の半径20m以内と規定されている。このためピッチングやショートキャストを主体としたアプローチを心掛けること。おすすめエリアは両岸にある駐車場前の瀬だ。入川してからすぐに探れるポイントなのでチェックしておきたい。

掛けバリはアユバリのみ使用可能でイカリは4本、チラシ、ヤナギ3は本まで。下バリまでの長さは20㎝以内。ルアーはミノータイプのみ使用可能だ。

## 神奈川県　多摩川

管轄漁協:川崎河川漁協(HP参照)

解禁日:例年6月1日
入漁料:日券1000円・年券5000円
放流量:23年度=人工産200Kg放流
(追加で160Kg放流予定)
天然遡上:あり

### 江戸前アユが釣れる! 激アツな都市河川

東京都と神奈川の県境を流れる多摩川には「江戸前アユ」とも呼ばれる天然アユが東京湾から遡上してくる。管轄漁協は細かく分かれ、東京都と神奈川県でも漁協が異なる。その中でアユルアーを許可しているのが先に紹介した奥多摩漁協と川崎河川漁協である。

アユルアーが可能な区間は多摩川原橋からガス橋までの川崎側だ。特に釣果がよく聞かれるのは多摩川五本松公園の前に広がる瀬だ。川を歩いて横断できるほど浅いので探し歩いて魚影が多い石の周辺をしつこく流すのが吉。22年は20㎝ほどの個体が追加放流された8月ごろが好調であった。解禁当初から天然アユは見られるが追いが弱い印象である。放流魚と比べるとサイズが小さいということが影響しているのかもしれない。調布取水堰からガス橋までの下流域にも瀬があり、アユが付いている可能性はある。広く探って釣り場を開拓するのも楽しい。

## 神奈川県　相模川

管轄漁協：相模川第一漁協 Tel.042-763-2726

解禁日：例年6月1日
入漁料：日券1500円・現場売り2500円
　　　　年券1万2000円
放流量：23年度＝1万1000kg
天然遡上：あり

### ただいま人気沸騰中！東日本を代表するアユルアー釣り場

相模川は東京近郊の天然遡上河川として友釣りファンに人気の釣り場だ。そして2022年からアユルアーによる遊漁者が急増した釣り場でもある。遡上がよい年はルアーで30尾以上という素晴らしい釣果が出ることもあり、特に盛夏の夕方は高活性な魚が多い。

相模川第一漁協の管轄区間では昭和橋～湘南大橋でアユルアーの使用が可能だ。座架依橋から下流の釣り場は23年度から新区間として設定された。広範囲に釣り場があるが、アユルアーで釣果が見込めるのは瀬のあるエリアだ。特におすすめは座架依橋の下流。瀬やテトラ帯、トロ瀬などのさまざまなポイントが混在する。

なおアユルアー可能エリアでも友釣りやコロガシ釣りを楽しむ人もいる。ルアーを投げる際は他の釣り人との距離を充分に取り、お互いに譲り合って釣りをしていただきたい。

## 神奈川県　中津川

管轄漁協：相模川第一漁協 Tel.042-763-2726

解禁日：例年6月1日
入漁料：日券1500円・現場売り2500円
　　　　年券1万2000円
放流量：23年度＝1万1000kg
天然遡上：あり

### 水美しく天然アユも多い 相模川の一大支流

相模川支流の中津川も友釣り場として大人気の河川である。相模川に比べ水質がクリアで浸かっていて気持ちがよい。釣れるアユも香りがよい。アユルアーが可能な区間は才戸橋～相模川合流点まで。23年から新たにアユルアー可能区間として設定された釣り場で、遡上がよい年は区間全域にアユが付いている。目指すポイントは瀬であることから点々と探っていくのがおすすめだ。

新しく設定された釣り場なので実績ポイントを挙げにくいが、おすすめのエリアはアユが濃密な相模川との合流点付近である。河川敷に駐車場があるのでアクセスもしやすい。また入川しやすい才戸橋下流の瀬もおすすめだ。下川入スポーツ広場に駐車して河川に下りることができる。友釣りファンもいることから釣り人との間隔を充分に取り、トラブルのないようにルアーをキャストすること。

## 神奈川県　酒匂川

管轄漁協：酒匂川漁協 Tel.0465-37-4277

- 解 禁 日：例年6月1日
- 入 漁 料：日券1500円・現場売り2500円
  年券1万2000円（要写真1枚）
- 放 流 量：23年度＝人工産4500kg
- 天然遡上：あり

### 23年度から アユルアー可能河川に仲間入り！

酒匂川といえば都心近郊の人気友釣りフィールドである。相模湾からの天然遡上が多い年は10月の終盤まで多くのアユ釣りファンでにぎわう。友釣りのイメージが色濃い河川だが、23年度からアユルアーが可能な区間が設けられた。

アユルアーができるのは神奈川県足柄上郡開成町と大井町を結ぶ足柄紫水大橋～小田原市富士道橋までの下流域。友釣り区間と重なるエリアなので周囲の釣り人のようすをよく確認してポイントやキャストコースを選ぶこと。区間全体にポイントが広がっているためテンポよく見切りをつけて移動するとよい。瀬をねらうのが基本だが、流れが左右に寄るスポットが熱い。濁りやすいのが難点の川だが、濁りが出ない程度の雨の日は釣り人が少ない。のびのびとルアーを操ることができるだろう。

## 長野県　天竜川

管轄漁協：下伊那漁協 Tel.026-523-0327

- 解 禁 日：例年6月上旬
- 入 漁 料：日券2000円・現場売り3000円
  年券1万円（要写真1枚）
- 放 流 量：23年度＝湖産・海産・人工産合わせて4300kg
- 天然遡上：なし

### おすすめは 支流の阿智川と飯田松川

長野県諏訪湖から愛知県、静岡県の三県を流れて太平洋に注ぐ一級河川。下伊那漁協の管轄区間では本流の万年橋下端より下流、JR飯田線切石駅付近を流れる飯田松川や飯田市と下條村境を流れる阿智川全域でアユルアーの使用が可能である。

天竜川本流は水量が多く流れも強いため、ルアー操作の難易度は高く上級者向けのエリアである。釣果を伸ばすにはシンカーを使用し、深く潜るルアーを使うとよい。阿智川と飯田松川は本流に比べ水量が少なく瀬が多いためルアーの操作がしやすくポイントも見つけやすい。入門者はここで練習してから本流にチャレンジしてみるとよいだろう。いずれも河川敷の駐車スペースを利用することができる。

## 岐阜県　根尾川

管轄漁協：根尾川筋漁協　Tel.058-134-2251

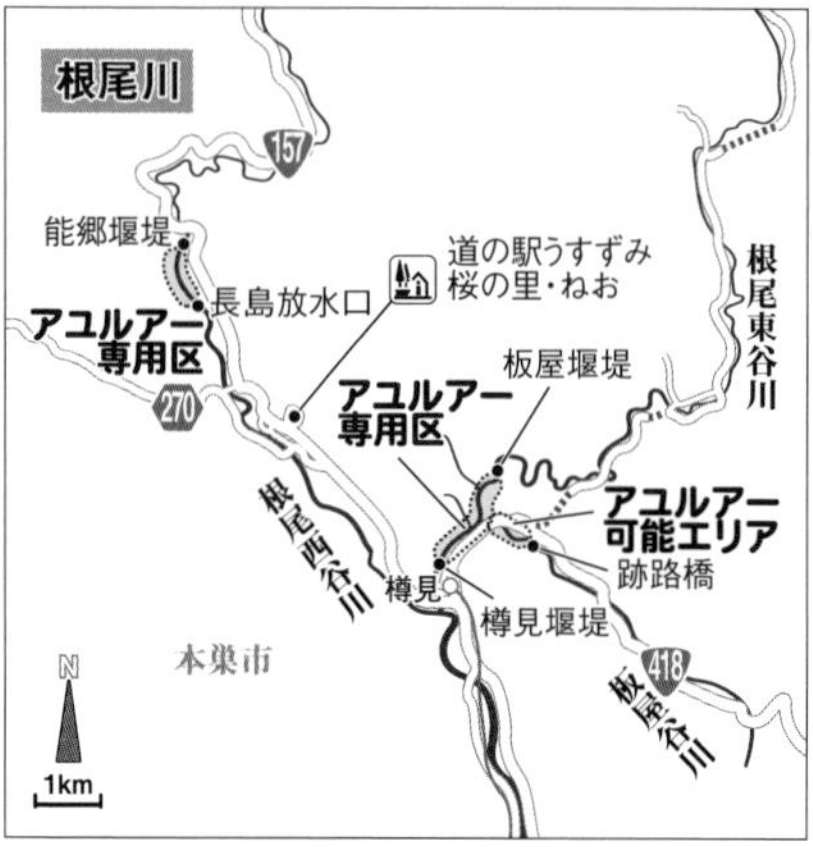


- 解禁日：例年6月下旬（23年度は6月24日）
- 入漁料：日券2200円・現場売り4200円　年券1万1000円
- 放流量：23年度＝5000kg
- 天然遡上：あり

### 変化に富んだ瀬には密度の濃い放流アユ

岐阜県本巣市と瑞穂市を流れ木曽三川の一つである揖斐川に注ぐ一級河川だ。根尾川筋漁協の管轄区間では根尾西谷川の能郷堰堤～長島放水口、根尾東谷川の板屋堰堤～樽見堰堤、板屋谷川の跡路橋～根尾東谷川合流点がアユルアーの使用が可能である。

おすすめエリアは根尾西谷川の能郷堰堤～長島放水口と根尾東谷川の板屋谷川の合流点付近。根尾西谷川の能郷堰堤～長島放水口エリアは約1㎞、根尾東谷川と板屋谷川の合流点付近は約600ｍにわたって瀬や淵が連なっている。いずれのエリアも川沿いに15台ほどの駐車スペースが用意されているためすぐに釣りを始めることができる。遊漁券の販売所の一覧をＨＰで確認することができるので、必ず購入すること。

## 愛知県　豊川

管轄漁協：豊川上漁協　Tel.053-622-2116

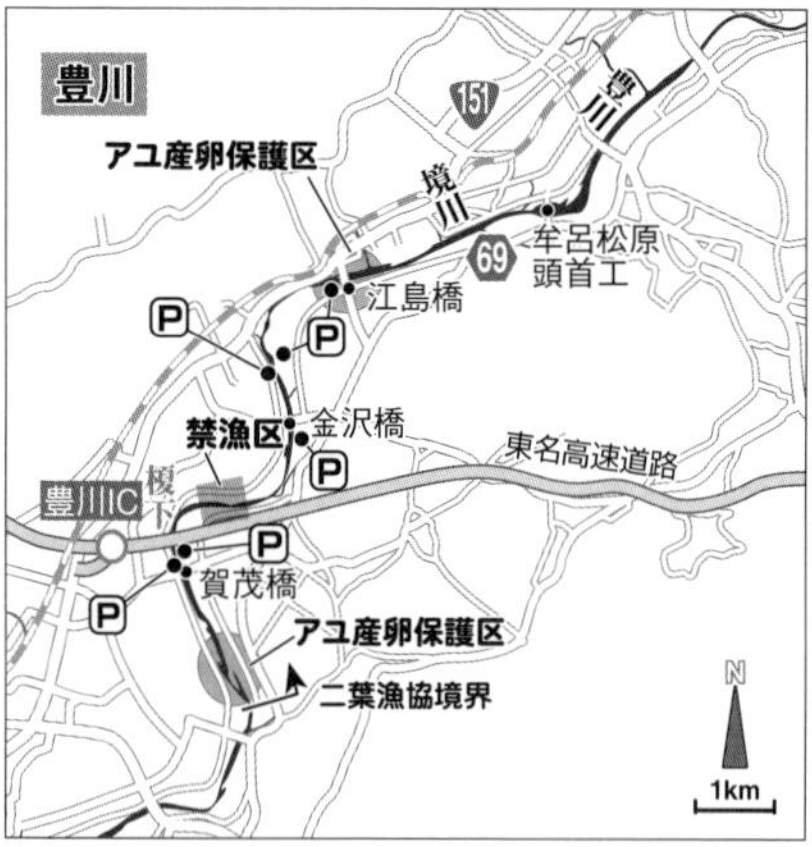


- 解禁日：例年6月上旬～中旬 23年度＝6月15日
- 入漁料：日券2000円・現場売り500円増し　年券1万2000円
- 放流量：人工産1万2000尾
- 天然遡上：あり

### 天然アユが豊富な区間で入れ掛かりも期待大

愛知県東部、三河山地の水を集め、三河湾に流れ込む豊川では２０２２年からキャスティングのアユルアーの釣りが解禁された。区間として設定されたのは、放流魚よりもアグレッシブに追う傾向にある天然遡上のアユが多いエリア。牟呂松原頭首工よりも下にある江島橋から賀茂橋までだ。天然遡上が良好な年は川のヘチまでピカピカになる。アタリは強烈ながら小型が多いので、なるべく流心付近のよい石周りを探りたい。

23年度は昨年よりも区間と期間を広げているため今後も楽しみな河川である。エントリーはそれぞれの橋の下からが容易である。なお、榎下から上流の２００ｍは7月31日まで禁漁区として設定されている。産卵保護区となっているのは江島橋上流２５０ｍから同下流２５０ｍまでの区間と二葉漁協境界から上流３００ｍまで。

## 滋賀県　姉川

管轄漁協：姉川上流漁協 Tel.090-3488-4064

- 解禁日：例年7月上旬
- 入漁料：日券＝解禁日から3日間3000円
  解禁4日目以降2500円・解禁1ヵ月以降2000円
  解禁2ヵ月以降1500円・年券8000円
- 放流量：湖産180kg　　天然遡上：あり

### 琵琶湖流入河川の激アツ釣り場のひとつ

日本百名山のひとつ伊吹山を源として琵琶湖に注ぐ滋賀県有数の大型河川である。地図で示した下流漁区境界より上流域が管轄となっていて、全域でアユルアーの使用が可能だ。琵琶湖流入河川のアユルアー釣り場として、認知度の高い安曇川に比べると穴場的な釣り場だが、湖産アユならではの追い気が強い個体が多く、ルアーにも反応しやすい。

おすすめの釣り場は小泉ダムから曲谷まで。小泉ダムよりも上流域は放流アユが主体になり、下流域は天然アユが多くなる。漁協の話では小雨が降っているときのほうが、バラけたアユが一箇所に集まりやすい傾向にあるそうだ。無数に泳いでいるアユのなかでも特に縄張り意識の強い個体がルアーに反応する。石のハミ跡を見てしっかりポイントを選定したい。言わずもがな偏光レンズは必須だ。なお、伊吹発電所～小泉ダム間は禁止区域となっているので注意すること。

## 滋賀県　安曇川（あどがわ）

管轄漁協：廣瀬漁協 Tel.090-3618-9303（サノ方）

- 解禁日：例年6月第2土曜日（23年度は6月10日）
- 入漁料：日券2200円・現場売り3000円
  年券8800円
- 放流量：23年度＝1500kg
- 天然遡上：あり

### 湖産アユの名川はアユルアーの名川！

安曇川は京都府と滋賀県を流れて琵琶湖に注ぐ淀川水系の一級河川だ。友釣りファンには琵琶湖からの遡上が多い年は「簡単に束（１００尾）釣りができる」とも言われる。それだけ追い気の強いアユに満ち満ちた釣り場なのだ。上流から葛川漁協、朽木漁協、廣瀬漁協と3つの漁協が管轄しており、アユルアーが可能なのは下流部の廣瀬漁協の管轄区間で、合同井堰～新安曇川大橋までだ。区間全体に瀬が多くルアーでねらいやすいポイントが豊富である。なにしろヘチまで黄色いアユが随所に見られる。気になった瀬を探りながら移動してみるとよいだろう。

駐車スペースは川沿いに多数設けられている。釣り人が多い場合は「漁場入口」の看板を探して移動してみるとよい。また友釣りと区間が重なるため他の釣り人との間隔を充分に開け、マナーを守って楽しもう。

## 京都府　賀茂川

管轄漁協：賀茂川漁業協同組合 Tel.075-495-3112

解禁日：例年5月28日
入漁料：日券3000円・年券8000円
現場売り日券4500円・年券9600円
放流量：23年度＝200kg
天然遡上：あり

### 千年の古都を潤す憩いの川でアユルアーに興じる

京都といえば外国人が行き交う世界的な観光地だ。そして川床料理の料亭がずらりと並ぶ賀茂川（鴨川）にも天然アユは遡上する。アユルアーが楽しめるメインエリアは地図で示した一帯だ。上流域は渓流相、下流域はベタッとした市街地の平坦な流れになる。

おすすめエリアは上流域だ。下流域に比べ小型が多いものの流れがあって石も大きくポイントにメリハリがある。特に雲ヶ畑エリアは大きな石が多いためポイントを絞りやすくアユルアーのイチ押しポイント。ルアーロッドならではの手返しのよさを活かしてテンポよく探るのも楽しいし、ノベザオで流れを丁寧に探っても面白い。アユを掛けるコツはアユの付いた石にルアーを留めてアピールし続けることである。

## 奈良県　吉野川・中奥川

管轄漁協：川上村漁協 Tel.074-652-0543

解禁日：例年6月上旬（23年度は6月3日）
入漁料：日券3000円・現場売り各2000円増
年券8000円（70歳以上・中学生・身障者5000円）
放流量：海産1000kg　湖産140kg
天然遡上：なし

### 山間の渓谷でヌメリの強い美形＆美味アユがヒットする

紀ノ川は奈良県、和歌山県を流れ紀伊水道に注ぐ一級河川。奈良県内では吉野川と呼ばれ和歌山県に入ってからは紀ノ川と呼ばれる。川上村内であれば紀ノ川全川でアユルアーの使用が可能。

おすすめは県道258号線沿いを流れる支流の中奥川である。瀬が連続するのが特徴で、放流量も多く解禁初期から好釣果が期待できるエリアだ。玉砂利のチャラ瀬にもギラギラと苔を食むアユが見える。この川のアユは香りがよく、鱗がきめ細かくヌメリが強いのも特徴である。食味も非常によい。

他の釣り人がいる場合はアユを散らさないように歩こう。入川しやすいのは吉野川との合流点から車で3分ほどの十二社神社とその先の粉尾公民館付近だ。各所に入川道の看板があるため先行者がいる場合は看板を頼りに別のポイントを探すとよいだろう。車は交通の妨げにならない位置に停めること。

## 和歌山県　富田川

管轄漁協：富田川漁協 Tel.0739-47-0710

解禁日：例年6月1日
入漁料：日券3300円・現場売り1100円増
年券1万1000円（要写真1枚）
放流量：海産900kg
天然遡上：あり

### 南紀の知られざるアユルアー可能河川

果無山脈を源に南紀白浜町の富田で太平洋へ注ぐ富田川は総延長41㎞の2級河川。和歌山県内の支流を除いたアユ釣り河川のなかでは唯一ダムがない川であり水質もよい。全体的に石が小さく流れが緩やかで安全な川相である。友釣りファンには広く知られているがルアーマンの認知度は低い。

さて、肝心のキャスティングアユルアー釣り場は、鮎川新橋から紀勢本線がかかる鉄橋の下まで。下流よりも上流のほうがよく釣れるので必然的に鮎川新橋周辺がおすすめである。数年前にこの釣りを解禁したばかりなのでルアーに関する情報は少ないが、動き回ってランガンする人よりは、ここぞというポイントで動かず粘っている人のほうが数を伸ばす傾向にある。おすすめの釣期はシーズン後期である。8月後半〜10月ごろの型がよくなる時期のほうがルアーサイズとマッチするためか釣果がよい。

## 和歌山県　熊野川

管轄漁協：熊野川漁協 Tel.0735-21-4193

解禁日：例年6月1日
入漁料：日券3300円・年券1万1000円
現場売り1000円増
放流量：23年度＝海産・人工産合わせて2700kg
天然遡上：あり

### おすすめは四村川、大塔川、赤木川などの支流群

奈良県、和歌山県、三重県を流れ、太平洋に注ぐ熊野川は紀伊半島を代表する大河川である。雨量が多いため水量が豊富だ。本流から広がる水脈が幾筋も走る。熊野本宮大社〜熊野速玉大社の流域は「紀伊山地の霊場と参詣道」の一部、いわゆる「熊野古道」があり世界遺産に登録されている。

熊野川漁協がアユルアーを許可したのは23年度からである。広大な川なのでおすすめのエリアは支流の三越川、四村川、大塔川、赤木川、小口川、和田川、高田川だ。各支流の上流部は川幅が狭くポイントが絞りやすい。このため瀬を探しながら移動するのがおすすめである。いずれも友釣りの区間であり、他の釣り人との間隔を充分にとってキャストし、近くを歩く際は挨拶をするなどして安全に移動すること。車は交通の妨げにならない場所であれば駐車できる。集落の方が利用する回転場には停めないようにしたい。

## 和歌山県　貴志川・真国川

管轄漁協：貴志川漁協 Tel.073-495-2114

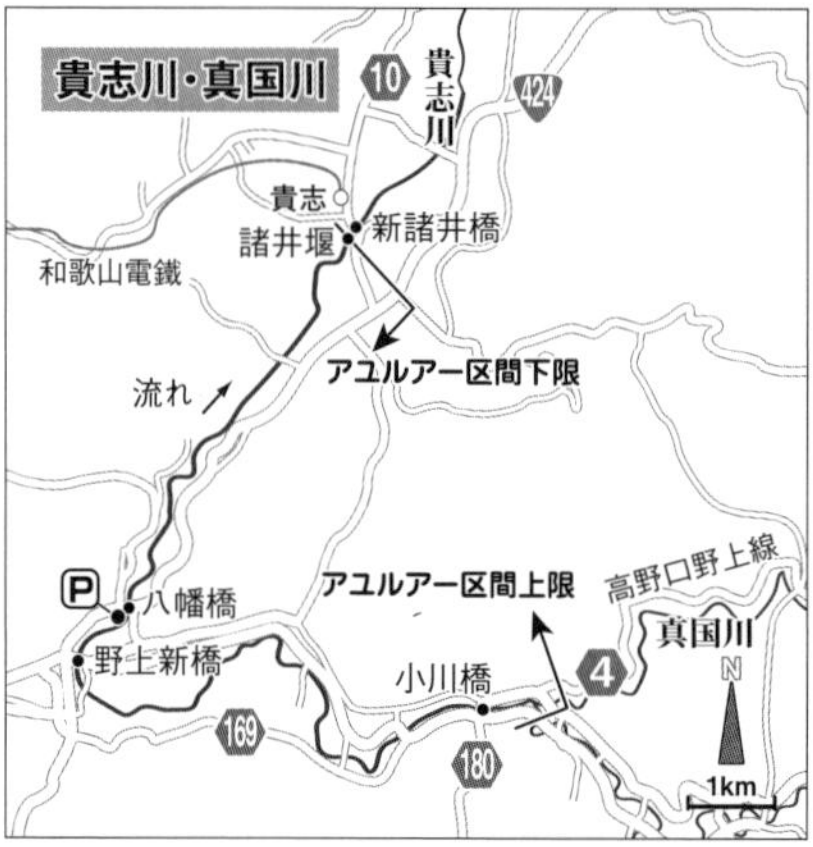


解禁日：例年6月上旬（23年度は6月4日）
入漁料：日券2200円・現場売り3200円
年券1万1000円（18歳以下は無料）
放流量：23年度＝人工350kg、海産370kg
天然遡上：あり

### いち早くアユルアーファンに支持されてきた川

貴志川は和歌山市街地から近く、いち早くアユルアーの使用を許可してきた川だ。関西のアユルアーファンに大人気の釣り場で、盛期となる7月以降は多くのルアーファンでにぎわう。ダムがないため美しい渓相を楽しめるとともに濁りが残りにくいのが特徴だ。

貴志川漁協の管轄区間では諸井堰～真国川との合流点から上流1つ目の橋、真国川の全域がアユルアーの使用が可能（禁漁区を除く）。おすすめエリアは区間下流域と真国川全域だ。下流域は川幅が広いためルアーのキャストがしやすい。特におすすめは八幡橋の周辺。橋の西側に駐車スペースがあり、車で1分ほどの位置にコンビニもある。真国川は川幅が狭くキャストが難しいがポイントを絞りやすい。ねらう場所に困ったらこちらへ移動してみるとよいだろう。

## 山口県　錦川

管轄漁協：錦川漁協 Tel.0827-41-1029

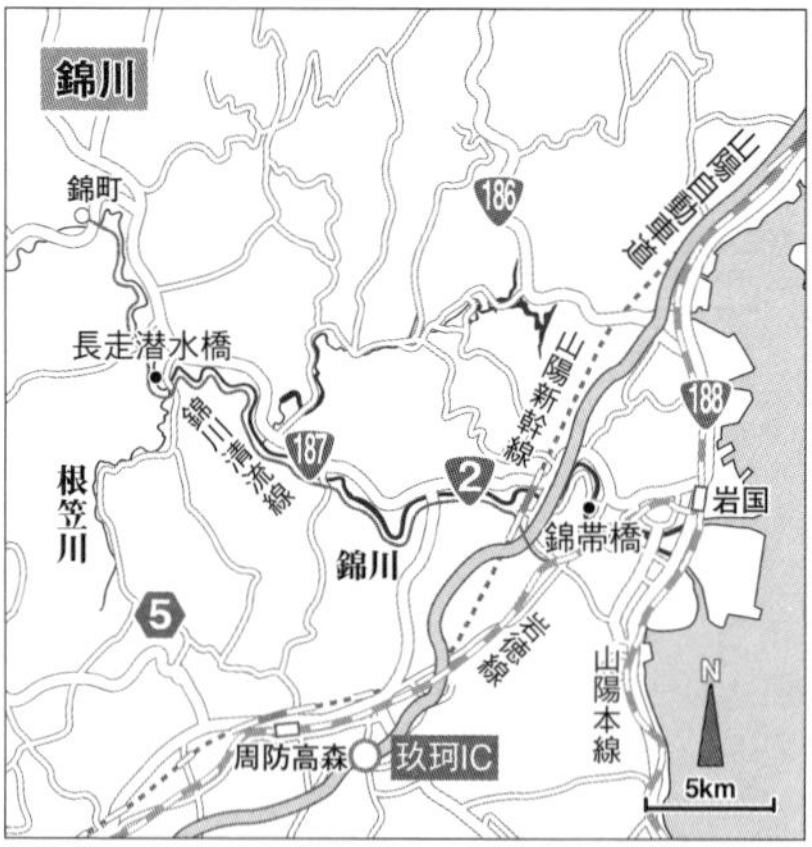


解禁日：例年6月1日、支流は6月15日
入漁料：日券2000円・現場売り1000円増
年券8000円
放流量：海産、海産と湖産のハイブリッドなど
合わせて3250kg　天然遡上：あり

### 数釣りから大アユまで楽しい名川

錦川といえば日本三名橋のひとつ岩国の錦帯橋が有名だ。中国地方の中でも安定した天然遡上があるアユ河川としても人気で友釣りファンは多い。上流から下流までいくつかの漁協に分かれており、アユルアーが可能なのは下流域を管轄する錦川漁協である。このエリアは数も釣れるがシーズン後期に尺アユが釣れる大アユ河川としても人気を博す。

キャスティングによるアユルアー可能区間は、長走潜水橋から錦帯橋までとなっている。このエリアの川相は小石底で平坦である。変化に乏しいためポイント選定に迷うが、瀬肩や瀬落ちの周辺や川底のカケアガリにねらいを絞って探るとよい。また反応が薄いときはそのエリアにアユが薄いことも考えられる。大胆に移動することをおすすめする。アユの多い場所には人も多いので目安にしてもよいかもしれない。ただし、ほかの釣り人の邪魔にならないように着水音やトレースコースなどに気を配ること。

## 高知県　物部川

管轄漁協：物部川漁協 Tel.0887-53-3224

解禁日：例年5月15日
入漁料：日券2000円・現場売り3000円
年券7000円
放流量：23年度＝人工産2200kg
天然遡上：あり

# 豊穣の高知アユを体感！ 空港近くの濃密天然遡上釣り場

高知空港のすぐ側を流れる物部川は白髪山を源とし土佐湾に注ぐ一級河川だ。天然遡上が豊かな高知県下の河川ではアユルアーをいち早く許可した川として注目を集めている。住宅街を流れ下る都市型河川だが、アユの味はよく全国のアユの食味を競う「清流めぐり利き鮎会」では平成23年にグランプリ、平成26年には準グランプリを獲得している。

杉田ダムより下流は5月15日から、上流は7月1日からアユルアーの使用が許可されており、物部川全域でアユルアーの使用が可能である。川全体にアユが付きやすい瀬が多く、どこでも楽しめる。特におすすめエリアは戸板島橋〜物部川橋の中間にある世代（さんじゅうだい）と呼ばれるエリアと物部川橋上流である。世代は瀬が広いためテンポよく探ること。物部川橋上流は周辺に駐車場と公衆トイレがあるため女性や子どもにもおすすめだ。友釣りファンも多いのでお互いに気持ちよく釣りを楽しめるようにしたい。

## 高知県　仁淀川

管轄漁協：仁淀川漁業協同組合 Tel.088-893-2300

解禁日：例年6月1日
入漁料：日券2000円・年券8000円（75歳以上・身体障害者は4000円）現場売り2000円増
放流量：23年度＝人工産5093kg
天然遡上：あり

# 仁淀ブルーでもアユルアーはOK

高知県のアユ名川といえば仁淀川である。透明度の高い上流域は「仁淀ブルー」と称されるほど青々として美しい。雨量が多く水量が豊富で流れが強い。天然遡上も安定している。例年9月以降は入れ掛かりになることから友釣りファンの人気は高い。そんな名川で23年度からアユルアーが可能になった。

アユルアー可能区間は3ヵ所の友釣り専用区を除く全域である。おすすめエリアは勝賀瀬、出来地、鎌井田だろう。勝賀瀬はポイントが広いため先行者がいてもポイントを選びやすい。河原が広いため釣りだけでなく川遊びやキャンプも楽しめる。出来地はポイントまでのアクセスがよく、近くに飲食店もあるため入門者にもおすすめだ。鎌井田は仁淀川本流の人気ポイント。大石があり良型のアユが付いている。

友釣りファンも多い人気河川であり、他の釣り人との間隔を充分に取ることが肝心だ。

縄張り本能を刺激する
# はじめてのアユルアー

---

2023年7月1日発行

編　者　つり人編集部
発行者　山根和明
発行所　株式会社つり人社

〒101-8408　東京都千代田区神田神保町1－30－13
TEL 03－3294－0781（営業部）
TEL 03－3294－0782（編集部）

印刷・製本　港北メディアサービス株式会社

乱丁、落丁などありましたらお取り替えいたします。

ISBN978-4-86447-718-5 C2075

つり人社ホームページ　https://tsuribito.co.jp/
つり人オンライン　https://web.tsuribito.co.jp/
釣り人道具店　http://tsuribito-dougu.com/
つり人チャンネル（You Tube）　https://www.youtube.com/channel/UCOsyeHNb_Y2VOHqEiV-6dGQ